Despierta al líder
que llevas dentro

Despierta al líder que llevas dentro

Amplía horizontes en busca de lo esencial

LUIS CARVAJAL

G2000

© Centro de Libros PAPF, SLU., 2025
Gestión 2000 es un sello editorial de Centro de Libros PAPF, SLU.
Av. Diagonal, 662-664
08034 Barcelona
www.planetadelibros.com

Primera edición: mayo de 2025
Depósito legal: B. 6.878-2025
ISBN: 978-84-9875-591-6
Composición: Realización Planeta
Impresión y encuadernación: Gómez Aparicio Grupo Gráfico
Printed in Spain - Impreso en España

PEFC Certificado

Este libro procede de bosques gestionados de forma sostenible

PEFC

PEFC/14-38-00305   www.pefc.es

A mi mujer, Cristina, y a mis hijos, Luis y Victoria:
los tres sois mi luz y mis maestros diarios.
A mis padres, Jaime e Isabel, y a mis tres hermanos,
Ana, Jaime y Victoria, gracias por creer siempre en mí
y por sembrar en mi interior la semilla
de la curiosidad y la perseverancia.

Sumario

Cuarta parte
Aceptación, plenitud y trascendencia

Introducción

Este libro nace de una convicción: la verdadera felicidad y el éxito trascienden los logros, ganancias y títulos que acumulamos. *Despierta al líder que llevas dentro* es una invitación a emprender un viaje de autodescubrimiento, a cuestionar las métricas convencionales del éxito y a redefinir lo que significa *liderar* en un mundo que nos desafía a «ser más» pero que rara vez nos pregunta «quiénes queremos ser».

En estas páginas te animo a explorar quién eres más allá de tus roles y responsabilidades, a examinar tus motivaciones más profundas y a cultivar la coherencia entre tus valores y acciones. No encontrarás aquí fórmulas mágicas ni atajos hacia la cima, sino un compañero de viaje en la búsqueda de un propósito que sea afín a tu esencia. Te desafío a abrazar tu vulnerabilidad como fuente de fortaleza y a desarrollar un liderazgo que no sólo inspire a otros, sino que también te proporcione una sensación de bienestar estable. Contempla la posibilidad de cuestionar tus propias creencias, de reexaminar tus motivaciones más íntimas y de descubrir cómo el verdadero éxito y la felicidad surgen cuando alineas tu vida profesional con tus valores fundamentales.

Nuestro ritmo de vida es cada vez más frenético, lleno de incertidumbres en nuestro trabajo, en nuestra familia y en la sociedad en general. En medio de todo este ajetreo, muchos caemos en la trampa de buscar nuestra confianza y felicidad en lugares equivocados. Buscamos el aplauso y la aprobación de los demás, creyendo que eso nos hará sentir valiosos. Perseguimos ascensos, títulos, el próximo gran proyecto o resolver ese problema tan complejo, pensando que, al alcanzar esos objetivos, por fin seremos felices.

Sin embargo, esta felicidad es, en el mejor de los casos, pasajera y, en el peor, una ilusión que nos mantiene atrapados en un ciclo interminable de persecución de nuevas metas, proyectos o desafíos. Es como lo que muchos autores de desarrollo personal y finanzas, incluido Robert Kiyosaki, en su libro *Padre rico, padre pobre*, han denominado la *rueda de hámster*: un ciclo en el que corremos sin cesar, hasta que, inevitablemente, la rueda se detiene y nos encontramos desorientados, preguntándonos por el verdadero sentido de nuestros esfuerzos.

Te invito a reconectar con la naturaleza de tu ser, esa parte de ti que quizá has olvidado en busca del éxito profesional o de la seguridad económica. Este libro busca despertar las cualidades innatas que todos poseemos, pero que a menudo quedan enterradas bajo capas de expectativas sociales, creencias adquiridas y presiones profesionales. Te animo a redescubrir la curiosidad insaciable que te llevaba a cuestionarlo todo, la valentía que te permitía enfrentar lo desconocido sin temor al fracaso, el juego como fuente de creatividad, o la humildad que te hacía reconocer cuánto tenías por aprender.

Al mismo tiempo, te desafío a canalizar estas cualidades hacia un propósito mayor, inspirándote en los ideales y valores que admirabas de esos referentes que tenías cuando eras más joven. Te invito a buscar tu proyecto personal con claridad y convicción, a desarrollar la fortaleza necesaria para enfrentarte a adversidades y también a cultivar la resiliencia que te permita levantarte después de cada caída.

Durante los últimos quince años, como socio de Egon Zehnder, una de las firmas líderes a nivel mundial en consultoría de liderazgo y búsqueda de ejecutivos, mi carrera ha evolucionado hacia el ámbito del desarrollo del talento. En este entorno, yo mismo he tenido la oportunidad de ayudar a ejecutivos de diferentes ámbitos a enfrentarse a desafíos relacionados con su propio proceso de desarrollo como líderes. Esta experiencia ha mejorado mi comprensión de la importancia del factor humano en el éxito empresarial y ha despertado una pasión por ayudar a las personas a desarrollar su potencial y su capacidad de impacto. Acompañarlos y ayudarlos no sólo ha sido un privilegio, sino también una fuente de aprendizaje e inspiración constante.

Antes de mi experiencia en Egon Zehnder, fui socio en Bain & Company, donde desarrollé una sólida base en estrategia, enfocándome en sectores de alta tecnología y telecomunicaciones. Mi experiencia también incluye una etapa como consultor en Accenture, donde trabajé en la implementación de soluciones tecnológicas estratégicas para grandes corporaciones. Además, he fundado y gestionado empresas en áreas como marketing digital y consultoría de gestión, lo que me ha permitido obtener una perspectiva empresarial amplia y entender de primera mano los desafíos de emprender y liderar en entornos de alta competencia.

He tenido la suerte de trabajar en varios países, entre ellos, España, Brasil, México y Alemania, lo que me ha brindado una perspectiva verdaderamente global y una capacidad para conectar con personas de diversas culturas y sectores. También formo parte de patronatos y roles de asesoría en organizaciones como la Fundación Princesa de Girona, Endeavor, FIES, ACG, Chapter Zero y otras fundaciones, donde continúo impulsando el desarrollo de talento.

Este libro busca destilar la esencia de mis conversaciones con cuarenta personas que son referentes en diferentes ámbitos, charlas en las que hablamos de talento y liderazgo. Estas conversaciones son el resultado de las dos primeras temporadas de mi pódcast *Talent Pills*, entrelazándolas con mi propia experiencia y mis reflexiones a lo largo de mi vida profesional, buscando ofrecerte una guía, espero que práctica, pero, sobre todo, buscando ayudarte a reflexionar y animándote a la acción. En cada episodio del pódcast, no sólo busco comprender qué hace que ciertos líderes sobresalgan por sus logros profesionales, sino que intento ir más allá y buscar su capacidad humana, su capacidad de inspirar y transformar. En cada uno de ellos, a su manera, he podido observar destellos de felicidad real, he podido observar un estado de plenitud que va mucho más allá de sus logros profesionales, redefiniendo por completo el significado de la expresión *tener éxito*.

Entre mis invitados se encuentran líderes empresariales que han transformado industrias enteras, desde la de banca hasta la de tecnología, demostrando que la innovación y la ética pueden ir de la mano. He conversado con CEO de organizaciones globales de salud, expresidentes de bancos que ahora fomentan el emprendimiento, fundadores de fondos de *venture capital*, emprendedores de éxito que han revolucionado sectores como la robótica industrial, el *e-commerce* y la logística, así como con expertos en transformación digital y en inteligencia artificial (IA). También he tenido el privilegio de conversar con emprendedores sociales cuyas historias de superación personal se han convertido en catalizadores de cambio para comunidades enteras, desde fundadores de organizaciones no gubernamentales (ONG) que proporcionan educación tecnológica en África hasta activistas que luchan por la inclusión y la diversidad. El mundo de las artes nos ha ofrecido perspectivas únicas a través de directores de orquesta y productores musicales que han demostrado cómo la pasión y la autenticidad pueden traducirse en liderazgo inspirador. Médicos, científicos, filósofos, sacerdotes y educadores han expresado sus visiones sobre cómo preparar a las futuras generaciones para los desafíos del mañana y cómo buscar un propósito en nuestro liderazgo.

Así, he tenido también la suerte de mantener una conversación con Jaime Carvajal, mi padre, probablemente la persona a la que más admiro, con una larga y distinguida carrera en el mundo financiero y empresarial. Sus perspectivas, siempre valiosas, nos ayudan a mantenernos activos y útiles a la sociedad después de una intensa vida ejecutiva, demostrando así que la contribución y el crecimiento personal no tienen límite de edad.

La diversidad de experiencias y momentos vitales de nuestros invitados no es casual, sino que refleja mi firme creencia en que el liderazgo auténtico trasciende sectores, culturas y disciplinas. Ya sea dirigiendo una gran corporación, liderando un equipo creativo o impulsando el cambio social, los principios fundamentales de un liderazgo más humano son universales.

Confío en que, a través de estas conversaciones, busques ir más allá, que comprendas que tu rol en la vida también va mucho más allá del éxito individual o corporativo, y que reconozcas tu responsabilidad para generar un impacto positivo en tus equipos, en la organización en la que sirves, en tu familia y en la sociedad en su conjunto. Te invito a disfrutar y aceptar cada etapa de tu carrera con entusiasmo y apertura, incluso si te lleva por caminos difíciles o poco convencionales.

Te propongo que cuestiones los discursos convencionales sobre el éxito y el liderazgo. A medida que te sumerjas en las páginas de este libro, hazlo con una mente abierta y un corazón receptivo. Toma lo que te resulte afín, cuestiona lo que te desafíe y, sobre todo, permite que estas historias y lecciones te inspiren a reflexionar sobre tu propio viaje vital.

Considera continuar esta exploración escuchando los diferentes episodios de mi pódcast *Talent Pills*, disponible en las principales plataformas y en YouTube. Cada conversación ofrece nuevas perspectivas y profundiza en las ideas que iremos explorando aquí.

Este libro no es sólo un libro más sobre liderazgo. Es una invitación a repensar lo que significa tener éxito y vivir una vida plena. Aquí encontrarás historias reales, ideas y preguntas que te harán reflexionar, todo diseñado para sacudirte de esa *rueda de hámster* en la que quizá te sientas atrapado.

A lo largo de estas páginas descubrirás herramientas prácticas para navegar la complejidad del mundo actual. Aprenderás a desarrollar una mentalidad ágil y adaptable, crucial en un entorno empresarial en constante cambio. Te mostraré cómo cultivar la inteligencia emocional, una habilidad fundamental para construir relaciones sólidas y liderar equipos diversos. Además, exploraremos juntos cómo integrar la tecnología y la innovación en tu estilo de liderazgo sin perder el toque humano.

También aprenderemos de los mejores en el arte de la toma de decisiones éticas en situaciones complejas. A través de casos reales y dilemas a los que se han enfrentado líderes de diversas industrias, aprenderás a equilibrar las demandas del negocio con tus valores personales y el bienestar de tu equipo. Este libro te ayudará a desarrollar un marco ético sólido que te permita tomar decisiones difíciles con confianza y claridad.

Por último, pero no menos importante, este libro te ofrecerá una nueva perspectiva sobre el equilibrio entre la vida personal y la vida profesional. Más allá de las típicas recomendaciones de gestión del tiempo, exploraremos cómo integrar tu pasión y propósito en todos los aspectos de tu vida. Descubrirás cómo alinear tu carrera con tus valores más profundos, cómo nutrir relaciones significativas fuera del trabajo, y cómo contribuir a tu comunidad de manera que enriquezca tanto tu vida personal como tu liderazgo profesional.

Mi esperanza es que, al cerrar la última página del libro, no sólo tengas nuevas ideas, sino que te sientas inspirado para reescribir tu propia historia vital. Que te animes a liderar no sólo desde tu puesto de trabajo, sino desde el centro de tu ser. Que te atrevas a ser más tú, en todas las facetas de tu vida.

Este libro no es un fin en sí mismo, sino el comienzo de una conversación. Una conversación contigo mismo, con tus valores más profundos y con el líder que llevas dentro.

Primera parte

Descubriendo tu voz

1

Tu ser físico y mental

Tu visión se volverá clara solamente cuando puedas mirar dentro de tu propio corazón. Quien mira hacia fuera sueña, quien mira hacia dentro despierta.

CARL JUNG, psiquiatra y psicólogo

En mi búsqueda por comprender qué distingue a los líderes verdaderamente excepcionales, he tenido la fortuna de conversar con una amplia variedad de personas brillantes e inspiradoras. En estas conversaciones he observado ciertos patrones que diferencian a los líderes de éxito de aquellos líderes que, además de haber conseguido infinidad de logros, tienen una sensación de plenitud y felicidad.

Todos ellos tienen una voz única, distintiva, auténtica y sin ego. Todos ellos han aprendido a mirarse a sí mismos con sinceridad, a reconocer sus fortalezas y debilidades, y a abrazar su verdadera esencia. Este autoconocimiento les ha permitido liderar desde un lugar de genuina integridad, inspirando a otros no sólo con unas palabras lógicas y convincentes, sino con la totalidad de su ser.

He visto cómo estos líderes contagian y generan un cambio

positivo que se extiende mucho más allá de sus equipos y organizaciones. Impactan sobre comunidades enteras, inspiran movimientos de cambio social, y trascienden mucho después de que hayan dejado sus cargos ejecutivos.

Este primer capítulo es una invitación a mirar hacia dentro, a explorar quién eres y qué es lo que realmente resuena a la par que tu corazón, un primer paso para encontrar tu voz. Exploraremos qué significa estar en sintonía con nuestro ser físico y mental. No se trata sólo de estar en forma, comer bien o tener pensamientos positivos. Profundizaremos en cómo reconectar con las señales sutiles de nuestro cuerpo, en la comprensión de los patrones de nuestros pensamientos y en cómo estos aspectos están íntimamente ligados.

¿Por qué comenzar este viaje con el ser físico y mental? La respuesta es tan simple como fundamental: porque nuestro cuerpo y nuestra mente son los vehículos a través de los cuales experimentamos el mundo, y, sin embargo, en el ajetreo de nuestras rutinas, a menudo perdemos la conexión con estos aspectos básicos de nuestra esencia como seres humanos.

La única forma en la que podemos comenzar este viaje es empezando por uno mismo. Como nos recuerda uno de mis primeros invitados a *Talent Pills*, exdirectivo de BBVA y experto en «liderazgo consciente», Ricardo Forcano: «Es imposible liderar a nadie si no somos capaces de liderarnos a nosotros mismos». Este mensaje, aparentemente sencillo, encierra una complejidad que a menudo subestimamos. Conocerse a uno mismo no es una tarea trivial; requiere valentía y una disposición a la vulnerabilidad que muchos encontramos más que difícil.

El autoconocimiento implica la capacidad de mirarse al espejo sin complejos, sin miedos y con sinceridad. Este ejercicio conlleva un proceso de reflexión y, a menudo, de enfrentamiento con verdades incómodas sobre nosotros mismos, desafiando nuestras percepciones preconcebidas y obligándonos a cuestionar nuestras creencias más arraigadas.

En este sentido, es interesante considerar la perspectiva de los jesuitas, magistralmente capturada en el libro *El liderazgo al estilo de los jesuitas*, de Chris Lowney. Los jesuitas, reconocidos por su capacidad de influencia y liderazgo, consideran el auto-conocimiento como la piedra angular más importante. Para ellos, el autoconocimiento no es simplemente una herramienta de desarrollo personal, sino el fundamento esencial sobre el cual se construye toda capacidad de influir en los demás.

Los jesuitas entienden que un líder que no se conoce a sí mismo está mal equipado para guiar a otros. Argumentan que sólo a través de una comprensión de nuestras motivaciones, valores y limitaciones podemos desarrollar la autenticidad y la integridad necesarias para inspirar y dirigir eficazmente. Este enfoque jesuita resalta la idea de que el autoconocimiento no es un fin en sí mismo, sino un medio para lograr un liderazgo más efectivo y una vida más plena y significativa.

En el contexto del liderazgo moderno, esta perspectiva jesuita sobre el autoconocimiento adquiere una relevancia aún mayor. En un entorno caracterizado por la complejidad, la incertidumbre y el cambio rápido, los líderes necesitan más que nunca una base sólida de autoconocimiento. Esta base les permite disponer de una brújula interna que los guía mientras navegan por las complejidades del mundo actual, toman decisiones difíciles y conducen a sus organizaciones hacia un futuro incierto.

Mi invitado a *Talent Pills* Ricardo Sunderland, que también es mi socio en Egon Zehnder de la oficina de San Francisco, *coach* de CEO de 30 de las 100 organizaciones más importantes del mundo y autor del libro *The energy advantage*, enfatiza la importancia de la energía física y de reconectar con nuestro cuerpo como base para el autoconocimiento. En sus palabras: «La importancia de estar relajados, descansados y sanos reside en que te permite sentir tu cuerpo. Cuando sientes tu cuerpo puedes notar esta energía de la que estamos hablando».

Sunderland profundiza en esta idea, explicando: «Lo primero que tenemos que activar son nuestros sentidos. Eso es lo que rige el primer nivel de energía y está asociado con la salud de nuestro cuerpo físico y con la intención de sentir placer por medio de nuestros sentidos. Para ello necesitamos reaprender a sentir nuestro cuerpo».

En nuestra sociedad orientada al rendimiento, muchos de nosotros hemos desarrollado el hábito de desconectar de nuestras sensaciones físicas, especialmente en el entorno laboral. Esta desconexión entre nuestra vida profesional y nuestra experiencia corporal tiene consecuencias profundas. Esto puede llevar a una toma de decisiones menos intuitiva, a relaciones laborales menos auténticas y, a largo plazo, a un agotamiento físico y emocional significativo.

En este capítulo exploraremos los cuatro aspectos que considero fundamentales para mejor entender, escuchar y conectar con tu ser físico y mental: la exploración del cuerpo, los patrones de pensamiento y creencias, la conexión mente-cuerpo y las prácticas de meditación y silencio.

1.1. Exploración del cuerpo: señales, sensaciones y salud

La exploración del cuerpo es el punto de partida. Este proceso implica una investigación de quiénes somos a nivel físico, cómo nos relacionamos con nuestro cuerpo y cómo éste influye en nuestra experiencia del mundo. Nuestro cuerpo es nuestra primera interfaz con el mundo, y las señales que nos envía son una fuente de información fundamental sobre nuestro estado interno y nuestra relación con el entorno.

En palabras de Sunderland: «El primer paso implica prestar atención consciente a nuestras sensaciones físicas, que son la base de nuestra experiencia emocional. Este nivel fundamental está íntimamente ligado a nuestra salud física y a nuestra capacidad de experimentar placer a través de nuestros sentidos. El desafío aquí es volver a aprender a sentir y escuchar a nuestro cuerpo, algo que muchos de nosotros hemos olvidado».

Sunderland sugiere prácticas como la respiración consciente y la exploración corporal. Estas técnicas nos permiten sintonizar con las sensaciones físicas que a menudo son los primeros indicadores de nuestros estados internos. Al prestar atención a estas sensaciones podemos empezar a reconocer las señales tempranas de diferentes estados emocionales y mentales. Nos recuerda que este proceso de reconexión puede ser duro al principio. Años de desconexión pueden hacer que las sensaciones corporales se sientan incómodas o abrumadoras inicialmente. Sin embargo, con práctica y paciencia, esta reconexión puede convertirse en un hábito que te permitirá tener una mayor conciencia de tu cuerpo y de tu energía, aumentar tu resiliencia frente al estrés y mejorar tu capacidad de toma de decisiones basadas en una comprensión más completa de tus estados internos.

Otro de mis invitados a *Talent Pills*, Rodrigo Aguirre de Cárcer, destacado *peace coach* y, anteriormente, director general de eBay en España, enfatiza la importancia de esta práctica: «Cuando comienzas a prestar atención a tu cuerpo y a conectarte con él, es como si empezaras a recargar tu energía vital. Al sintonizar con tus sensaciones físicas, estás activando un proceso de revitalización. Es como si estuvieras enchufando tu batería interna a una fuente de energía. Poco a poco, empiezas a sentir físicamente cómo tu energía se renueva y tu vitalidad aumenta».

Para reconectar con nuestro cuerpo, podemos desarrollar una práctica de atención corporal que vaya más allá de los hábitos básicos de salud. Una técnica que nos recomienda Sunderland es el conocido *body scan* o *exploración corporal consciente*. Esta práctica implica recorrer mentalmente todo nuestro cuerpo, desde los dedos de los pies hasta la coronilla, prestando atención a cada sensación, tensión o emoción que encontremos. Al hacerlo regularmente, empezamos a desarrollar un mapa sensorial de nuestro cuerpo, aprendiendo a reconocer señales sutiles que antes pasábamos por alto.

Otra práctica es la *escucha corporal activa* durante nuestras actividades diarias. Esto implica hacer a lo largo del día pausas regulares en las que respiraremos de forma consciente, para así sintonizar con nuestro cuerpo. Por ejemplo, antes de una reunión importante, podemos tomarnos un momento para notar cómo se siente nuestro cuerpo: ¿hay tensión en los hombros?, ¿cómo es nuestra respiración?, ¿sentimos un nudo en el estómago? Esta conciencia nos permite ajustar nuestra postura, nuestra respiración o nuestro estado mental antes de enfrentar situaciones desafiantes.

La exploración del cuerpo también implica prestar atención

a nuestra salud física. Esto va más allá de intentar evitar enfermedades; se trata de optimizar nuestro bienestar físico para poder funcionar en nuestro máximo potencial. Incluye aspectos como la nutrición, el ejercicio, el sueño y el manejo del estrés. Como Sunderland señala: «Obviamente, muchos CEO se olvidan de dormir bien, comer bien o hacer ejercicio. Cuando les pregunto cuánto tiempo duermen en promedio, muchos se ponen a calcular y me dicen que, más o menos, unas cinco horas». Esta falta de atención a nuestro ser físico y mental tiene un impacto directo en la calidad de nuestras decisiones y en la forma de relacionarnos y de liderar. Y eso afecta a nuestra capacidad de innovar y de enfrentarnos a los desafíos, así como a nuestra habilidad para inspirar y motivar a los demás.

Sin querer entrar en detalle en este sentido, investigaciones recientes en neurociencia y psicología han resaltado la importancia del sueño, el ejercicio y la nutrición para nuestro bienestar físico y mental:

- Estudios liderados por expertos como el doctor Matthew Walker, de la Universidad de California en Berkeley, han demostrado que el sueño es fundamental para la toma de decisiones, la creatividad y la regulación emocional, habilidades esenciales para la toma de decisiones ejecutivas y el liderazgo de equipos.
- El ejercicio, según investigaciones publicadas en revistas científicas reconocidas, no sólo mejora la salud física, sino que también potencia el rendimiento cognitivo, incluyendo la función ejecutiva y la memoria.
- La nutrición ejerce un papel fundamental en nuestra salud mental y cognitiva, según investigaciones recientes. Estudios liderados por expertos, como la doctora Uma Naidoo, de la Universidad de Harvard, han revelado que nuestra dieta influye directamente en el funcionamiento cerebral y el bienestar mental. Una alimentación adecuada no sólo mejora nuestras capacidades cognitivas a corto plazo, sino que también puede tener un efecto protector contra enfermedades neurodegenerativas a largo plazo.

Estas investigaciones enfatizan la necesidad de un enfoque holístico en el cuidado personal, reconociendo tanto que el bienestar físico es la base sobre la que se construye nuestra capacidad cognitiva como el impacto que tiene en nuestro estilo de liderazgo y en nuestro bienestar emocional.

Os animo a iniciar este proceso de reconexión corporal de manera gradual y sostenible. Más allá de los hábitos fundamentales de una buena alimentación, descanso adecuado y ejercicio regular, os invito a incorporar momentos de pausa escuchando al cuerpo de forma consciente a lo largo del día: al llegar al trabajo (sobre todo antes de una reunión complicada), al llegar a casa o en momentos concretos del día. El objetivo es fomentar una rutina que os permita reconectar con vuestro ser físico y mental con cierta constancia.

1.2. Patrones de pensamiento y creencias

Nuestros patrones de pensamiento y creencias son los lentes a través de los cuales percibimos e interpretamos el mundo. Estos patrones, a menudo formados desde muy jóvenes a través de la educación recibida de nuestros padres, de experiencias tempranas y de creencias adquiridas, se han arraigado en nosotros a lo largo de los años, condicionando cómo nos vemos a nosotros mismos, cómo nos comportamos, qué decisiones tomamos y cómo nos relacionamos con los demás.

El psicólogo cognitivo Aaron Beck, fundador de la terapia cognitiva, argumenta que nuestros pensamientos y creencias son los principales determinantes de nuestras emociones y comportamientos. Beck sostiene que muchos de nuestros problemas de comportamiento y muchas de nuestras limitaciones surgen de patrones de pensamiento distorsionados o irracionales.

En el contexto del liderazgo, estos patrones de pensamiento y creencias pueden tener un impacto significativo en nuestro día a día. Por ejemplo, una creencia limitante, como «No soy bueno para hablar en público», puede impedir que un líder comunique eficazmente su visión a su equipo. Por otro lado, una creencia empoderada, como «Voy a disfrutar hablando en público, porque este reto me va a ayudar a aprender y crecer», puede fomentar la curiosidad y la adaptabilidad.

Rodrigo Aguirre de Cárcer enfatiza la importancia de cuestionar nuestras creencias heredadas: «Necesitamos entender las creencias que hemos heredado, porque, literalmente, filtramos nuestra realidad a través de ellas. Cuando investigamos estas creencias y nos damos cuenta de que no son ciertas —y nunca lo son completamente—, comenzamos a experimentar una verdadera libertad a nivel conceptual».

Este enfoque nos invita a reflexionar sobre nuestros propios relatos, los que hemos construido sobre nosotros mismos, nuestras capacidades y nuestras limitaciones. A menudo, estos relatos están basados en experiencias pasadas o en expectativas externas que hemos internalizado. En la mayoría de los casos, estos relatos son falsos y pueden estar limitando nuestro potencial sin que nos demos cuenta.

Consideremos el caso de Lorena (no es su nombre real), una ejecutiva de alto nivel a quien conocí cuando era CEO de una empresa relevante en España. Ella siempre había creído que, para ser respetada en su campo, dominado por hombres, debía mantener un estilo de liderazgo firme, ejecutivo e inflexible. Esta creencia, formada a lo largo de sus años en consultoría estratégica y como directiva en un entorno latinoamericano, la llevó a adoptar un estilo autoritario que le granjeó respeto, pero que también creó tensión en su equipo y limitó su capacidad para formar conexiones auténticas con sus colegas. Sólo cuando Lorena comenzó a cuestionar esta creencia pudo ver cómo estaba limitando su efectividad como líder. Al examinar sus experiencias pasadas y las expectativas que había interiorizado, Lorena se dio cuenta de que su creencia no era una verdad universal, sino una interpretación basada en circunstancias específicas de su pasado.

Este proceso de cuestionamiento hizo que Lorena pudiera desarrollar un nuevo patrón de pensamiento, lo cual le permitió ser una líder fuerte y respetada mientras mostraba empatía y vulnerabilidad. Es decir, una líder asertiva. Este cambio en su creencia tuvo un impacto claro en su estilo de liderazgo. Lorena comenzó a mostrar más autenticidad con su equipo, a escuchar más activamente y a ser más flexible en su enfoque. Como resultado, no sólo mantuvo el respeto de sus colegas, sino que también mejoró significativamente el desempeño y la moral de su equipo. Todo ello, además, contribuyó de forma muy significativa en su propio bienestar mental y emocional. Es decir, un líder puede tener todas las habilidades técnicas necesarias para su trabajo, pero si sus patrones de pensamiento lo llevan a actuar de forma distinta a su esencia, entonces su impacto y su bienestar se verán comprometidos.

El proceso de cambiar nuestros patrones de pensamiento no es fácil ni rápido. Aguirre de Cárcer sugiere: «Cuando entras en relación con ellas [las creencias], ahí es donde te vas dando cuenta de que puedes ir cambiando y puedes irte reajustando de una manera que es menos amenazante y donde tienes más esperanza de poder cambiar».

Nuestras creencias no son enemigos a vencer, son partes de nosotros mismos con las que podemos dialogar y negociar. Implica desarrollar una curiosidad genuina por identificar, nombrar y conocer estos patrones de pensamiento, estas creencias adquiridas, a reflexionar sobre nuestros propios procesos mentales, observando nuestros pensamientos sin juzgarlos y cuestionando las suposiciones que subyacen a nuestras creencias.

En nuestra conversación de *Talent Pills*, Carmen García de Andrés, presidenta de la Fundación Tomillo, reflexiona sobre su propia experiencia para identificar y examinar sin juicio sus patrones de pensamiento: «Muchas veces, nuestras creencias limitantes son las que nos impiden ser los líderes que queremos ser. Necesitamos tener el coraje de examinar estas creencias y preguntarnos si realmente sirven a nuestro propósito y [nuestra] visión». Al hacernos más conscientes, y al trabajar activamente para modificar aquellos que ya no nos sirven, podemos abrir nuevas posibilidades para nuestro crecimiento personal y profesional.

1.3. La conexión mente-cuerpo

La conexión mente-cuerpo es un concepto que ha ganado una creciente atención en las últimas décadas, tanto en la investigación científica como en las prácticas de liderazgo y desarrollo personal. Esta conexión reconoce que nuestros estados mentales tienen un impacto directo en nuestro bienestar físico, y viceversa. Comprender y cultivar esta conexión puede tener un impacto en nuestra efectividad como líderes y en nuestra calidad de vida en general.

En palabras de Jesús Sainz, economista y empresario de reconocido prestigio: «Yo sostengo que el esqueleto humano es como las torres de Colón, que se sustenta desde arriba. El esqueleto humano se sustenta desde las neuronas y, si tú tienes las neuronas activas, el esqueleto, la fuerza física y el cerebro te funcionan, pero igual o mejor que de joven, porque, además, te aprovechas de la experiencia que ya tienes. Si tienes ilusiones y mantienes las neuronas activas, te aseguro que puedes hacer muchas cosas a la vez». Cultivar esta conexión mente-cuerpo no sólo mejora tu bienestar personal, sino que también aumenta tu capacidad para inspirar y guiar a otros, especialmente en tiempos de cambio y adversidad.

Durante siglos, la filosofía occidental ha estado dominada por el dualismo cartesiano, que considera la mente y el cuerpo como entidades separadas. Esta visión, propuesta por René Descartes en el siglo XVII, ha influido en el pensamiento científico y filosófico, llevando a una comprensión fragmentada del ser humano. Sin embargo, la investigación moderna en neurociencia, psicología y medicina ha demostrado que la mente y el cuerpo están íntimamente conectados y se influyen mutuamente de manera constante.

Los avances en neurociencia han sido particularmente reveladores en este aspecto. La investigación en el campo de la psiconeuroinmunología, iniciada por Robert Ader en la década de 1970, ha demostrado cómo los estados mentales pueden influir directamente en el sistema inmunológico. Estudios posteriores han revelado que el estrés crónico puede suprimir la función inmune, mientras que estados mentales positivos pueden fortalecerla.

Esto ha llevado a una comprensión más holística de la salud, donde los factores psicológicos se consideran tan importantes como los físicos en el mantenimiento del bienestar.

Estas investigaciones han tenido un impacto directo en nuestra comprensión del liderazgo y del desarrollo personal. Reconocer la interconexión entre mente y cuerpo nos lleva a adoptar enfoques más integrales en el desarrollo de líderes, enfoque para los que el cuidado de la salud física y mental se entiende como igualmente crucial para el rendimiento y el bienestar.

Esta conexión se manifiesta de múltiples formas en nuestra vida diaria. Nuestro cuerpo puede responder con tensión muscular, aumento de la frecuencia cardíaca o problemas digestivos. Por otro lado, cuando nos sentimos físicamente relajados y en forma, nuestra mente tiende a estar más clara y enfocada.

Ricardo Sunderland enfatiza la importancia de esta conexión: «No podemos separar nuestra salud mental de nuestra salud física. Como líderes, necesitamos estar atentos a ambas. Un cuerpo sano fomenta una mente clara, y una mente equilibrada contribuye a un cuerpo saludable».

Yaiza Canosa, fundadora y CEO de GOI, compartió con nosotros en *Talent Pills* su experiencia personal sobre la importancia de esta conexión: «Me di cuenta de que cuando descuidaba mi salud física, mi capacidad de liderazgo se veía afectada. Ahora hago del ejercicio y la alimentación saludable una prioridad, y noto una gran diferencia en mi energía y claridad mental en el trabajo».

Canosa subraya cómo el cuidado del cuerpo no es un lujo, sino una necesidad para un liderazgo efectivo. Su experiencia demuestra cómo la atención a nuestra salud física puede tener un impacto directo y positivo en nuestra capacidad mental y nuestra efectividad como líderes. Al reconocer y nutrir la conexión entre nuestra mente y nuestro cuerpo mejoramos nuestro bienestar personal.

1.4. Prácticas de meditación y silencio

Hasta ahora hemos visto que la exploración de tu cuerpo, el entendimiento de tus patrones de pensamiento y la conexión mente-cuerpo son la base fundamental para nuestro autoconocimiento y desarrollo como líderes. En cada uno de estos apartados hemos visto prácticas que nos ayudan a fortalecer esta conexión. Pero entre estas prácticas, la meditación y el cultivo del silencio destacan por su eficacia y profundidad.

Ricardo Forcano comenta la eficacia de esta rutina: «Para poder centrar tus pensamientos, tienes que estar en silencio, algo que cuesta trabajo. Para poder centrar tu cuerpo tienes que respirar. Por eso en muchos casos mezclas la respiración con tratar de estar en silencio, porque en la respiración distraes los pensamientos, y, entonces, eso te permite ir entrenándote para estar en silencio y, al mismo tiempo, conectado con el cuerpo». Esta práctica ofrece un espacio para apaciguar la mente, observar nuestros pensamientos sin juzgarlos y conectar con una parte recóndita de nosotros mismos.

Pablo d'Ors, invitado de *Talent Pills*, sacerdote y escritor de éxito, ofrece una perspectiva preciosa sobre el poder del silencio. En su aclamado libro *Biografía del silencio: breve ensayo sobre meditación*, D'Ors describe la meditación como un camino de transformación personal que nos lleva a una mayor conciencia y plenitud: «El silencio no es la ausencia de sonido, sino la presencia de una calidad de ser. Es un estado de receptividad y apertura en el que podemos escuchar la voz de nuestra propia alma».

El padre D'Ors sostiene que la práctica regular del silencio nos ayuda a desapegarnos de nuestros pensamientos y emociones, permitiéndonos observarlos sin identificarnos completamente con ellos. Este distanciamiento nos proporciona una nueva perspectiva sobre nosotros mismos y nuestras experiencias, lo cual fomenta una mayor claridad mental y estabilidad emocional.

En sus propias palabras: «El silencio es estructuralmente humilde. Yo no puedo decir "Me callo mejor que tú", claro, y eso sí que se puede decir con la palabra y con la acción. Es un espacio donde el ego difícilmente puede entrar». Esta observación de D'Ors es particularmente relevante para los directivos, que a menudo operan en entornos donde, a veces, la asertividad y las decisiones ejecutivas son una necesidad. El silencio ofrece un contrapunto oportuno, un espacio donde podemos observar nuestros pensamientos y nuestras motivaciones sin la presión constante de actuar o demostrar algo.

La investigación científica respalda los beneficios de la meditación y el silencio. Un estudio publicado en la revista *Psychiatry Research: Neuroimaging* encontró que la práctica regular de meditación durante ocho semanas produjo cambios en la densidad de la materia gris en regiones del cerebro involucradas en el aprendizaje y la memoria, la regulación emocional, el procesamiento autorreferencial y la toma de perspectiva.

Ricardo Sunderland enfatiza la importancia de la meditación en el desarrollo de la energía física y mental: «La meditación combina el silencio mental con la atención a la respiración. La respiración consciente nos conecta con el cuerpo. Al combinar ambos, aprendemos gradualmente a aquietar la mente mientras mantenemos una conexión con nuestro cuerpo». La meditación sirve como puente entre la mente y el cuerpo, permitiendo una integración de ambas dimensiones.

Para muchos, la práctica de la meditación y el silencio puede parecer un lujo en medio de agendas apretadas y responsabilidades urgentes. Sin embargo, es precisamente en estos momentos de quietud cuando pueden surgir las ideas más innovadoras y las soluciones más creativas. La meditación mejora la claridad mental y la capacidad de concentración, y también aumenta la capacidad de manejar el estrés.

Rodrigo Aguirre de Cárcer ofrece una perspectiva adicional sobre los beneficios de la meditación: «Es muy importante desarrollar rutinas en tu día a día que te animen a cultivar el silencio [...]. La meditación es una buena manera de hacerlo. Dedica tiempo al día a escuchar lo que dice tu cabeza. Eso "neuromodula" y genera una serie de circuitos nuevos que te permiten que un día puedas tener más libertad para entender y gestionar a la "loca de la casa", porque, claro, la "loca de la casa" siempre está ahí arriba, tomando las riendas de todas nuestras acciones, o de la mayoría, y eso provoca mucho caos».

Santa Teresa de Jesús utilizaba esta metáfora de la *loca de la casa* para describir cómo la imaginación puede desbordarse y distraernos de nuestros objetivos y tareas diarias, creando un estado de caos mental. En su obra *Las moradas*, santa Teresa habla sobre la importancia de la introspección y la oración para calmar esta mente inquieta y lograr una conexión más profunda con uno mismo y con lo divino. Como ella misma escribió: «La imaginación es la loca de la casa. Yo he procurado más de veinte años recogerla con cuantas diligencias he podido, y no me ha aprovechado nada».

Enric Benito, oncólogo y experto en cuidados paliativos, subraya cómo el silencio puede ser una puerta de entrada a aspectos más insondables de nuestro ser, permitiéndonos acceder a conocimientos y comprensiones que normalmente están ocultos por el ruido de nuestras vidas cotidianas: «Es importante cultivar el silencio. Porque el ruido de aquí no te deja escuchar la verdad con la que estás conectado siempre. Porque, cuando no hay mente, el lenguaje del alma es la intuición». Al cultivar el silencio y reducir el ruido externo e interno, podemos acceder a una comprensión más auténtica de nosotros mismos, conectándonos con una sabiduría innata que a menudo queda eclipsada por la actividad mental constante.

Ricardo Forcano comparte su experiencia personal con la práctica del silencio: «Yo siempre lo he disfrutado porque voy mucho a la montaña; y la montaña, cuando estás a 3.000 metros, es de los pocos sitios donde puedes oír el silencio, pero si no sales del entorno urbanita es muy difícil el silencio exterior, que en cierto modo es necesario para alcanzar el interior».

Esta reflexión de Forcano nos recuerda la importancia de crear espacios de silencio en nuestras vidas, incluso en medio de entornos urbanos ruidosos. Sugiere que el silencio exterior puede ser un camino que facilita encontrar ese silencio interior. Para Forcano, la meditación fue un ejercicio difícil al comienzo. Como para cualquier cosa, meditar bien requiere práctica, con la dificultad añadida de que los resultados no los ves en el corto plazo. En sus propias palabras: «La meditación es como aprender un nuevo idioma o un instrumento musical. Al principio, puede parecer frustrante y sin sentido, pero, con la práctica constante, se convierte en una habilidad natural y enriquecedora. La clave está en la persistencia y en no juzgar la experiencia».

Para aquellos que deseen comenzar una práctica de meditación, D'Ors ofrece algunos consejos prácticos en su libro *Biografía del silencio*:

1. Comienza con sesiones cortas: empieza con períodos de meditación de sólo 5 o 10 minutos al día; esto hace que la práctica sea menos intimidante y más manejable.
2. Establece una rutina: medita a la misma hora y en el mismo lugar cada día, para crear un hábito.
3. No te juzgues: no te critiques a ti mismo por las distracciones o la inquietud mental; la clave es observar los pensamientos sin juzgarlos.
4. Usa un ancla: céntrate en la respiración o en una palabra o frase repetitiva (un mantra) para ayudar a mantener el enfoque.
5. Sé paciente: recuerda que la meditación es una práctica a largo plazo; los beneficios a menudo son sutiles y acumulativos.
6. Integra la conciencia en la vida diaria: lleva la atención plena a las actividades cotidianas, no sólo durante las sesiones formales de meditación.
7. Acepta las dificultades: habrá días en que meditar parezca imposible o inútil; acepta estas experiencias como parte del proceso.

El padre D'Ors enfatiza que la meditación no consiste en alcanzar un estado especial ni en tener experiencias extraordinarias; más bien se trata de familiarizarse con nuestra propia mente y aprender a estar presentes en nuestra vida tal como es.

El viaje hacia el autoconocimiento a través de la exploración del ser físico y mental es fundamental para el desarrollo de un liderazgo pleno. A lo largo de este capítulo hemos explorado cuatro aspectos clave de este proceso: la exploración del cuerpo, los patrones de pensamiento y creencias, la conexión mente-cuerpo y las prácticas de meditación y silencio.

Hemos aprendido que reconectar con nuestro cuerpo no sólo mejora nuestra salud física, sino que también nos proporciona una fuente de información sobre nuestro estado interno y una «batería adicional» que te ayuda a renovar tu energía y a aumentar tu vitalidad. Nuestros patrones de pensamiento y creencias dan forma a nuestra percepción del mundo y nuestro comportamiento, y desafiarlos puede abrir nuevas posibilidades de crecimiento y desarrollo. La conexión mente-cuerpo nos recuerda que nuestro bienestar físico y mental están intrínsecamente ligados, y que cuidar de uno inevitablemente beneficia al otro. Finalmente, las prácticas de meditación y silencio nos ofrecen una posibilidad muy efectiva para nuestro autoconocimiento y para desarrollar una mayor claridad y equilibrio.

Este proceso de autoexploración y autoconocimiento no es un lujo, sino una necesidad; en última instancia, es el cimiento fundamental sobre el cual se construye una vida plena y significativa, y nos permite alcanzar un estado de bienestar integral. Ese proceso es la base necesaria para que nuestras acciones estén alineadas con nuestros valores, y gracias a él podemos influir positivamente en nuestro entorno y en las vidas de quienes nos rodean.

Antes de continuar, te invito a detenerte un momento y reflexionar. Para ayudarte a interiorizar lo que hemos explorado y a dar los primeros pasos en tu propia transformación, te propongo que consideres las siguientes preguntas. Tómate tu tiempo para responderlas, quizá escribiendo tus pensamientos en un diario o discutiéndolas con un mentor o un amigo de confianza:

- ¿Cuándo fue la última vez que te detuviste a escuchar realmente a tu cuerpo? ¿Qué te estaba diciendo?
- Piensa en una creencia limitante que hayas tenido sobre ti mismo. ¿Cómo ha afectado esta creencia a tu liderazgo o a

tu vida personal? ¿Qué evidencia tienes de que esta creencia podría no ser cierta?

- ¿De qué manera tu estado físico (por ejemplo, tu nivel de energía, tu alimentación o tu calidad de sueño) afecta a tu toma de decisiones y a tu capacidad de liderazgo?
- ¿Cuál ha sido tu experiencia con la meditación o el silencio? Si no has practicado antes, ¿qué te impide empezar? Si ya lo haces, ¿qué beneficios has notado?
- ¿Qué pequeño paso concreto puedes dar hoy mismo para mejorar tu conexión mente-cuerpo y tu nivel de autoconocimiento? Apúntalo.

En el próximo capítulo exploraremos cómo podemos llevar este autoconocimiento al dominio de las emociones. Descubrir la importancia de comprender y manejar nuestras emociones potencia nuestra efectividad como líderes, fortalece nuestras relaciones y tiene el poder de crear un impacto positivo en la vida de la gente que nos rodea.

2

Tu mundo emocional

Entre el estímulo y la respuesta hay un espacio. En ese espacio está nuestro poder para elegir nuestra respuesta. En nuestra respuesta yace nuestro crecimiento y nuestra libertad.

VIKTOR FRANKL, psiquiatra y
superviviente del Holocausto

En el capítulo anterior comenzamos a buscar nuestra voz con un mayor conocimiento y conexión con nosotros mismos, abordando nuestro ser físico y mental. Este primer paso nos permitió empezar a desvelar las primeras capas de nuestra identidad, comprendiendo aspectos de nuestro ser que quizá habíamos pasado por alto por estar inmersos en la vorágine de la vida profesional. Esto nos ha proporcionado cimientos sólidos, y hemos comenzado a desentrañar las motivaciones que impulsan nuestras acciones y nuestras decisiones.

Pero ¿por qué es tan importante identificar y gestionar nuestras emociones? En primer lugar, porque las emociones tienen un papel fundamental en cada aspecto de nuestras vidas. Influyen en nuestras decisiones, moldean nuestras interacciones y determinan en gran medida nuestra capacidad para inspirar y motivar a otros. Sin embargo, en el mundo empresarial tradicional, a menudo se nos ha enseñado a suprimir o ignorar nuestras emociones, considerándolas una distracción o una debilidad.

Esta desconexión emocional puede llevar a decisiones miopes, a conflictos interpersonales y, en última instancia, a un estilo de liderazgo frustrante. Por el contrario, los líderes que han desarrollado una fuerte autoconciencia emocional son más resilientes frente a los desafíos, más empáticos en sus relaciones y más capaces de crear equipos motivados y felices a su alrededor. La autoconciencia emocional es, en esencia, el puente que conecta nuestro autoconocimiento interno con nuestra acción externa en el mundo real; es el eslabón necesario entre saber quiénes somos y actuar en consecuencia.

Durante décadas, el paradigma dominante en el liderazgo corporativo ha sido el de la objetividad y el control emocional. Se nos ha enseñado que las emociones no tienen lugar en un liderazgo ejecutivo. La perspectiva de mantener la «cabeza fría» en la toma de decisiones tiene sus propios defensores y argumentos sólidos. Un representante destacado de esta visión es el reconocido Jim Collins, autor de *Good to great: por qué algunas empresas dan el salto... y otras no* y otros libros de gestión empresarial que han tenido mucha repercusión en nuestra formación como líderes. Collins enfatiza la importancia de la disciplina y el pensamiento racional en el liderazgo: «La grandeza es una cuestión de elección y disciplina consciente. No se trata de circunstancias. Se trata de conciencia». La filosofía de que el liderazgo efectivo y la toma de decisiones se basan en la disciplina y el control consciente, más que en respuestas emocionales, ha sido un pilar fundamental durante décadas.

Sin embargo, la investigación moderna en neurociencia y psicología organizativa está revelando una verdad muy diferente: nuestras emociones ejercen un papel crucial en cada aspecto de nuestro pensamiento y comportamiento, incluido nuestro liderazgo. Daniel Goleman, psicólogo y autor pionero en el campo de la inteligencia emocional, en su libro *Primal leadership* (escrito junto con R. Boyatzis y A. McKee) relata este cambio de paradigma: «El líder ha sido, y seguirá siendo siempre, el que sintoniza con las emociones de las personas y las mueve en una dirección emocionalmente positiva». Goleman, en su lugar, posiciona la inteligencia emocional y la capacidad de manejar tanto las propias emociones como las de los demás en el mismo centro de la toma de decisiones.

Esta dimensión más inconsciente y más intuitiva, pero no por ello menos importante —a menudo denominada *sabiduría corporal* o *inteligencia somática*—, es un aspecto esencial pero frecuentemente subestimado en la toma de decisiones. En un entorno donde has trabajado tu autoconocimiento físico y mental y has sido capaz de identificar y gestionar tus emociones, este proceso te será mucho más intuitivo. En esos momentos es más importante de lo que crees escuchar a tu cuerpo y escuchar tus emociones. Tu ser está neurogenéticamente preparado para ayudarte en estos procesos.

António Damásio, neurocientífico portugués y autor de *El error de Descartes*, ha investigado extensamente la conexión entre el cuerpo, las emociones y la toma de decisiones. Según Damásio, nuestras decisiones están influenciadas por señales corporales y emocionales que a menudo operan bajo el umbral de la conciencia. Damásio argumenta: «La razón pura no es suficiente para tomar buenas decisiones. Necesitamos la guía de los "marcadores somáticos" que nuestro cuerpo nos proporciona». Esencialmente, estos marcadores somáticos son sensaciones corporales que asociamos con experiencias pasadas y que nos ayudan a navegar situaciones similares en el futuro.

En el mundo empresarial moderno, existe una tendencia generalizada a desconectar de nuestras emociones. Ricardo Sunderland ilustra este desafío: «Llevamos 20, 30, 40 años... entrenándonos durante 14, 15 o 16 horas para no sentir. Y nos hemos vuelto expertos en realizar el trabajo suprimiendo nuestras emociones. En la casa se siente, ¿en el trabajo? No». Al suprimir sistemáticamente nuestras emociones en el ámbito laboral, estamos esencialmente desconectando una parte vital de nuestra inteligencia y sabiduría interna. Esto puede llevar además a un agotamiento físico y emocional significativo en el largo plazo.

Ricardo Sunderland añade: «Durante más de una década he sido *coach* de más de 300 líderes de las organizaciones más importantes, grandes y reconocidas en el mundo. He aprendido de primera mano que, para estos líderes, la energía mental y física ya no es suficiente para poder ser exitosos. Me atrevería a decir que no es suficiente para ser felices. Y es indispensable incorporar, además de energía mental y física, la energía emocional y la energía espiritual». Esta observación plantea una pregunta fundamental: ¿por qué los líderes más exitosos del mundo, que han alcanzado la cima de sus carreras, sienten que algo falta? La respuesta, según Sunderland y otros expertos en liderazgo, radica en gran medida en la gestión de la energía emocional.

Enric Benito comparte su propia experiencia: «Tuve una crisis existencial a los 43 años, no fui nada original [...]. El diagnóstico clínico era depresión. El doctor Benito está deprimido, a pesar de que aparentemente ha triunfado, porque está publicando artículos en revistas norteamericanas, ha hecho una tesis doctoral que está supercitada, da clases en Heidelberg, en París, etcétera. Y, sin embargo, estaba muy triste por dentro».

Esta cita de Benito ilustra perfectamente cómo muchas personas que han alcanzado el «éxito», con logros profesionales y responsabilidades ejecutivas significativas, pueden sentir un vacío interno y una falta de realización. Su experiencia subraya la importancia de reconectar con nuestra capacidad de «sentir» y «ser», más allá del «hacer» y «pensar» en los que a menudo nos enfocamos en nuestras carreras profesionales.

En este capítulo, exploraremos cómo podemos reconocer nuestras emociones y gestionarlas de manera efectiva. Descubriremos cómo este conocimiento emocional puede transformarse en una herramienta poderosa en nuestro arsenal de liderazgo. Lejos de ser un obstáculo o una debilidad, veremos cómo nuestras emociones pueden convertirse en una fuente de inspiración, guiándonos hacia decisiones más sabias y un liderazgo más pleno.

2.1. Identificación y comprensión de emociones

En el corazón de la autoconciencia emocional se encuentra el poder reconocer y comprender nuestras propias emociones.

Este proceso, aparentemente simple, es en realidad un desafío para muchas personas.

Reconocer y comprender nuestras emociones no consiste en suprimir o negar nuestras respuestas emocionales. Por el contrario, se trata de desarrollar una relación más consciente y matizada con nuestro mundo emocional interno. Es aprender a identificar, nombrar y comprender nuestras emociones, y luego utilizar esa comprensión para tomar nuestras decisiones y acciones de manera más informada.

Este proceso es fundamental por varias razones. En primer lugar, nuestras emociones contienen información valiosa sobre nosotros mismos y nuestro entorno. El miedo puede alertarnos sobre riesgos potenciales, la ira puede señalar violaciones de nuestros valores, y la alegría puede indicarnos lo que realmente valoramos. Al aprender a «escuchar» nuestras emociones, podemos tomar decisiones más alineadas con nuestros valores y objetivos.

En segundo lugar, la capacidad de identificar y comprender nuestras emociones nos permite conectar con los demás y mantener relaciones más duraderas y auténticas. Los líderes que pueden reconocer y manejar su propio estrés, su frustración o su ansiedad son más capaces de mantener la calma en situaciones de crisis, de inspirar confianza en sus equipos y de fomentar una cultura de resiliencia y adaptabilidad.

Finalmente, reconocer y comprender nuestras emociones nos ayuda en nuestra propia salud y bienestar. La supresión crónica de las emociones puede conducir al estrés, al agotamiento y a una variedad de trastornos de salud física y mental. Mientras que una relación saludable con nuestras emociones aumenta nuestra resiliencia y mejora nuestra satisfacción laboral y personal.

Rodrigo Aguirre de Cárcer señala la importancia de reconocer tanto las emociones que nos dan energía como las que nos la quitan: «Las emociones que nos quitan energía por lo general van a ser la tristeza, el enojo, la culpa, la vergüenza. [...] Lo que te conecta a tu energía, que te carga de energía y te vuelve a conectar a tu cuerpo: la alegría, el cómo te conectas a una memoria que te da muchísima felicidad, la esperanza, la gratitud».

Sunderland, en esta misma línea nos recuerda que existen emociones que nos energizan y otras que nos drenan: «Estudios científicos han demostrado que la vergüenza es la emoción que más energía nos quita. Por otro lado, las emociones que nos dan energía, aunque puedan parecer obvias, son a menudo pasadas por alto por muchos ejecutivos. Éstas incluyen la alegría, el amor hacia los demás y hacia uno mismo y la conexión emocional en eventos importantes. Tenemos que aprender a reconocer y cultivar estas emociones positivas para mantener y aumentar nuestra energía».

Esta perspectiva nos recuerda que todas nuestras emociones, tanto las que percibimos como positivas como las que consideramos negativas, tienen un papel importante en nuestra experiencia y pueden proporcionarnos información valiosa.

Para mejorar nuestra capacidad de identificar y nombrar emociones, podemos:

1. Ampliar nuestro vocabulario emocional: familiarizarnos con una amplia gama de términos emocionales puede ayudarnos a describir nuestras experiencias con mayor precisión.
2. Practicar el etiquetado emocional: tomar pausas regulares durante el día para nombrar nuestras emociones actuales.
3. Llevar un diario emocional: registrar nuestras experiencias emocionales puede ayudarnos a identificar patrones y desencadenantes.
4. Buscar *feedback*: pedir a personas de confianza que nos den su perspectiva sobre cómo perciben nuestras emociones.
5. Practicar la atención plena: la meditación y otras prácticas de atención plena (*mindfulness*) pueden aumentar nuestra capacidad de notar y nombrar nuestras experiencias emocionales en tiempo real.

Si bien estas prácticas de identificación y etiquetado emocional son fundamentales, es importante reconocer que nuestras emociones a menudo trascienden las palabras y las categorías simples. Es aquí donde el arte y las humanidades emergen como herramientas poderosas para profundizar en nuestra comprensión emocional. Estas herramientas, muchas veces subestimadas, nos ofrecen lenguajes alternativos y experiencias multisensoriales que pueden ayudarnos a explorar y expresar emociones que de otra manera podrían resultar difíciles de articular.

A través de la música, la literatura, las artes visuales y otras formas de expresión creativa, nosotros podemos acceder a dimensiones de nuestra experiencia emocional que van más allá de lo que el lenguaje cotidiano puede captar. Esta expansión de nuestro vocabulario emocional, no sólo en palabras sino en experiencias, nos permite desarrollar una comprensión más rica y matizada de nuestro mundo interior y de cómo este último se relaciona con el mundo que nos rodea.

La música, en particular, tiene un papel fundamental en este proceso. Como explica durante nuestra charla Alejandro Abad, reconocido compositor y productor musical: «De los sentidos que tenemos los seres humanos, el oído es la puerta más potente de entrada de emociones. Tú puedes ver una película, pero, sin el sonido y la música, lo que se transmite carece de emoción, pierde todo el sentido». Así, la música presenta un poder único para evocar y amplificar nuestras respuestas anímicas, permitiéndonos acceder a estados emocionales que de otra manera podrían permanecer inexplorados.

Otro de mis invitados, Ramón Torrelledó, destacado director de orquesta de reconocido prestigio internacional, profundiza en esta idea: «Somos seres musicales, y está demostrado que, en el mundo de las emociones, los sonidos emiten en la misma dimensión en la que vibramos. Nuestro ser interior vibra con la música». Nuestra conexión con la música es innata y profundamente arraigada en nuestra naturaleza humana. Al aprovechar esta conexión podemos desarrollar una comprensión más matizada de nuestras propias emociones y de las de los demás.

La capacidad de la música para trascender barreras culturales y lingüísticas la convierte en una herramienta particularmente potente para la comprensión emocional universal. Torrelledó observa: «Una misma música, tocada en cualquier lugar del mundo, produce la misma emoción. Fíjate en la capacidad que tiene la música para unir al ser humano». Esta universalidad emocional de la música nos ofrece un medio para conectar con experiencias emocionales compartidas, fomentando la empatía y la comprensión mutua.

En mi trabajo, tengo el privilegio de formar parte del Patronato de la Fundación Princesa de Girona, donde presido el grupo de trabajo de Generación Docentes. Uno de nuestros proyectos más impactantes es AmplificARTE, una iniciativa educativa que utiliza la música como herramienta transversal para fomentar el bienestar emocional y el desarrollo personal de los jóvenes. AmplificARTE se basa en el principio de que la música es un lenguaje universal que inspira, atrae y conecta a las personas, independientemente de su origen, cultura o nivel socioeconómico. Como afirma uno de sus impulsores, el maestro Julio Reyes Copello, fundador del sello discográfico Art House Records y ganador de múltiples premios Grammy: «La música dice lo que las palabras que no existen deberían decir».

A través de esta iniciativa, el proyecto ha ayudado a infinidad de jóvenes a entender las emociones de una forma más clara, a ser capaces de gestionarlas, a entender que la frustración, la pérdida, la soledad, la tristeza, la culpa son parte natural de la vida, a entender que el amor, la pasión, la alegría, el cariño o la compasión son también emociones a celebrar, no a esconder o proteger. Su impacto en la conexión entre profesores y alumnos es prodigioso, más profundo, más íntimo... En esos ámbitos hemos podido ver historias humanas realmente impactantes, en las que niños en protocolo de suicidio han pasado en muy poco tiempo a ser voz y referente en su comunidad para apoyar a otros niños a superar estas situaciones. Os animo a que investiguéis más sobre este precioso proyecto.

Más allá de la música, otras formas de arte y expresión creativa también ejercen un papel crucial en nuestra comprensión emocional. Diego del Alcázar Benjumea, CEO de la universidad privada española IE University y autor del libro *La genética del tiempo*, compartió con nosotros su experiencia al escribir una novela: «Es un proceso de descubrimiento de uno mismo, porque te saca de tu zona de confort. [...] Escribir es como jugar para los niños». Este proceso creativo nos permite explorar nuestras emociones desde nuevas perspectivas, desafiándonos a articular y dar forma a sentimientos que de otra manera podrían permanecer abstractos o indefinidos.

La literatura, en particular, nos ofrece un espejo en el que podemos ver reflejadas nuestras propias experiencias emocionales. A través de los argumentos y los personajes, podemos explorar una amplia gama de emociones en un entorno seguro, teniendo más información sobre nuestras propias respuestas emocionales y las de los demás. Como sugiere Del Alcázar: «La literatura está para eso, para que el lector se haga preguntas, no para que le demos respuestas».

Las humanidades, en su sentido más amplio, proporcionan un contexto crucial para nuestra comprensión emocional. La filosofía, la historia y otras disciplinas humanísticas nos ofrecen perspectivas valiosas sobre la naturaleza de las emociones y su papel en la experiencia humana. Estas disciplinas nos invitan a cuestionar y explorar las bases de nuestras respuestas emocionales, ayudándonos a desarrollar una comprensión más profunda y matizada de nuestra vida emocional.

A lo largo de la historia, el arte nos ha ofrecido herramientas valiosas para manejar y procesar emociones difíciles y para purificarnos. Como dice Torrelledó: «Los griegos hablaban de la catarsis, una purificación emocional que se lograba a través del arte. La música, como parte de esta tradición, nos permite liberar lo malo y mostrar lo bueno, logrando una purificación emocional». Esta idea de catarsis a través del arte sigue siendo relevante hoy en día, ofreciéndonos un medio para liberar y transformar emociones intensas de manera constructiva.

El arte y las humanidades nos invitan a adoptar una actitud más reflexiva y contemplativa hacia nuestras emociones. Nos animan a pausar, observar y considerar nuestras respuestas emocionales con mayor nivel de detalle. Estas disciplinas nos ofrecen no sólo un medio para conectar más profundamente con nosotros mismos, sino también un puente para conectar con los demás.

En un entorno cada vez más dominado por la tecnología y la lógica, el arte y las humanidades nos recuerdan la importancia de nutrir nuestra vida emocional y creativa. No sólo nos invitan a ver el mundo a través de la lente de la razón, sino también a través del prisma de nuestras emociones, enriqueciendo así nuestra experiencia de la realidad y profundizando nuestra comprensión de lo que significa ser humano.

2.2. Regulación emocional

La capacidad de gestionar nuestras emociones en diferentes contextos es una habilidad que puede ser diferencial en tu desarrollo profesional y personal. Esta «regulación emocional» va más allá de «controlar» nuestras emociones; consiste en utilizarlas de manera inteligente y adaptarlas para responder a las diversas situaciones con que nos enfrentamos en nuestro día a día.

La regulación emocional no consiste en suprimir o negar nuestras emociones, sino en aprender a gestionarlas de manera apropiada en función del contexto. El doctor James Gross, profesor de Psicología en Stanford y experto en regulación emocional, ha realizado extensas investigaciones en este campo. Según Gross: «La regulación emocional no consiste en no sentir emociones negativas, sino en manejarlas de manera que nos permitan alcanzar nuestros objetivos y mantener relaciones positivas con los demás».

Para ayudarnos en esta regulación emocional, resulta importante la práctica de la aceptación emocional. Esto implica reconocer y experimentar nuestras emociones tal como son, sin etiquetarlas como «buenas» o «malas», y sin tratar de cambiarlas o suprimirlas inmediatamente. Marc Brackett, director del Yale Center for Emotional Intelligence, ofrece una perspectiva esclarecedora sobre este tema: «La aceptación emocional no significa que te gusten todas tus emociones o que no quieras cambiarlas.

Significa que estás dispuesto a experimentarlas sin juzgarlas o tratar de suprimirlas».

Como dice Brackett, esta aceptación no implica una reacción inmediata ni una resignación, sino una disposición a experimentar nuestras emociones de manera consciente. Nos invita a ver la aceptación con tranquilidad, como un espacio donde permitimos que nuestras emociones existan sin tratar de controlarlas o cambiarlas inmediatamente. En lugar de luchar contra nuestras emociones, aprendemos a observarlas con curiosidad y compasión.

Chade-Meng Tan, exingeniero de Google y autor de *Busca en tu interior: mejora la productividad, la creatividad y la felicidad*, ofrece una metáfora útil para entender este proceso de aceptación: «La aceptación emocional es como invitar a tus emociones a tomar el té. Las reconoces, las acoges, pero no necesariamente actúas según sus demandas». Esta metáfora nos recuerda que podemos observar y aceptar nuestras emociones sin necesariamente dejarnos llevar por ellas, manteniendo un equilibrio entre la aceptación y la acción consciente.

En nuestras entrevistas, Carmen García de Andrés expresó una perspectiva afín a esta idea de aceptación sin juicio: «La clave está en la escucha interior sin juicios. Antes de tomar una decisión, necesitas ser capaz de sentarte contigo mismo y, simplemente, observar tus emociones. No se trata de evaluar si lo que sientes está bien o mal, sino de reconocer honestamente: "¿Qué estoy sintiendo en este momento? ¿Qué me está diciendo esta emoción?"».

Para ayudar en el manejo consciente de nuestras emociones, podemos empezar haciendo una «reevaluación cognitiva premeditada». Esta técnica nos invita a cambiar de forma consciente nuestra perspectiva sobre una situación para influir en nuestra respuesta emocional. Por ejemplo, cuando nos enfrentamos a un desafío laboral, en lugar de percibirlo como una amenaza que nos supere, podemos optar por verlo como una oportunidad interesante para aprender. Este cambio de perspectiva no sólo altera nuestra experiencia emocional, sino que también mejora de forma considerable el resultado de cómo nos enfrentamos a ese desafío.

Otra técnica posible es la modulación de la respuesta, que se centra en cómo expresamos y actuamos sobre nuestras emociones una vez que las hemos experimentado. Para ello se puede hacer de varias formas, desde tomar un momento para respirar antes de responder a una situación estresante, hasta elegir expresar nuestra frustración de manera constructiva en lugar de reaccionar con ira. La modulación de la respuesta nos permite crear un espacio consciente entre el estímulo emocional y nuestra reacción, permitiéndonos ser más consecuentes a la hora de responder.

Estas estrategias de regulación emocional se alinean perfectamente con la perspectiva ofrecida por Rodrigo Aguirre de Cárcer: «El verdadero reto para mí implica qué hago si un día me levanto con una emoción de rabia o de tristeza o si efectivamente tengo miedo por el futuro. ¿Cómo puedo albergarla para que incluso esa emoción sea incluida dentro de lo que yo considero un centro estable?». Aguirre de Cárcer resalta no sólo la importancia de regular nuestras emociones, sino también de integrarlas en nuestra experiencia general.

Esta idea de «albergar» las emociones difíciles dentro de un «centro estable» se relaciona directamente con las técnicas de reevaluación cognitiva y modulación de la respuesta. Nos invita a no ver nuestras emociones, incluso las que percibimos como negativas, como amenazas a nuestra estabilidad, sino como partes integrales de nuestra experiencia que pueden ser acogidas y gestionadas. Esta perspectiva nos permite practicar la regulación emocional no desde un lugar de lucha o supresión, sino desde una postura de aceptación y manejo consciente, lo que a su vez fortalece nuestra resiliencia emocional general.

Este bienestar emocional implica una mayor capacidad para experimentar todo el espectro de emociones humanas de manera equilibrada y constructiva. Las personas que han desarrollado habilidades sólidas de regulación emocional a menudo reportan una sensación de mayor libertad, sintiéndose menos controladas por sus reacciones emocionales inmediatas y más capaces de elegir sus respuestas de manera consciente.

La práctica de la regulación emocional, especialmente a través de técnicas como la reevaluación cognitiva y la modulación de la respuesta, puede parecer inicialmente artificial o incluso verse como una forma de autoengaño. Esta percepción es comprensible, ya que estas técnicas implican un esfuerzo consciente por cambiar nuestras respuestas emocionales habituales y automáticas. Sin embargo, la realidad es mucho más compleja y beneficiosa.

A medida que se practica la regulación emocional de manera consistente, ocurren cambios significativos a nivel neurológico y psicológico. Estudios en neuroplasticidad han demostrado que estas prácticas pueden literalmente remodelar nuestro cerebro, fortaleciendo las conexiones neuronales asociadas con el control emocional y la resiliencia. Este proceso no es un simple «engaño» a uno mismo, sino una transformación genuina en nuestra forma de procesar y responder a las experiencias emocionales.

La regulación emocional no es una habilidad innata, sino una capacidad que podemos desarrollar y perfeccionar con la práctica. Con el tiempo, esta práctica contribuye a desarrollar una mayor inteligencia emocional general, mejorando nuestra capacidad para reconocer, comprender y manejar no sólo nuestras propias emociones, sino también las de los demás.

2.3. Utiliza las emociones como herramienta de liderazgo

La capacidad de utilizar nuestras emociones como una herramienta de liderazgo representa un salto cualitativo. Este paso nos lleva más allá del mero reconocimiento y gestión de nuestras emociones; nos permite hacer un uso consciente de nuestra inteligencia emocional para influir en nuestro entorno.

Dan Ariely, conocido por su trabajo en economía conductual, ofrece perspectivas interesantes sobre cómo las emociones influyen en nuestras decisiones y comportamientos. En su libro *Las ventajas del deseo: cómo sacar partido de la irracionalidad en nuestras relaciones personales y laborales*, Ariely afirma: «Las emociones son una de las principales fuentes de nuestro comportamiento irracional, pero también son una fuente esencial de nuestra humanidad. Cuando las usamos correctamente, pueden ser una herramienta poderosa para mejorar nuestras decisiones y relaciones».

Además, en *Predictably irrational*, Ariely escribe: «Los estados emocionales pueden tener efectos sorprendentemente poderosos y duraderos en nuestro comportamiento. Comprender y aprovechar estos efectos puede ser una ventaja significativa en cualquier situación de liderazgo». Esta perspectiva nos invita a considerar cómo podemos utilizar de forma selectiva nuestras emociones y las de nuestros equipos para influir positivamente en su comportamiento y rendimiento.

Al aprender a utilizar nuestras emociones como una herramienta de liderazgo creamos entornos de trabajo más humanos, auténticos y productivos. Este enfoque nos permite liderar no sólo desde la mente, sino también desde el corazón, dando confianza a las personas y organizaciones que lideramos.

Ariely nos ayuda a entender que las emociones no son simplemente obstáculos para el pensamiento racional, sino componentes esenciales de un proceso de toma de decisiones más completo y efectivo. Las emociones, según Ariely, actúan como un sistema de alerta temprana, proporcionándonos información valiosa que nuestro análisis puramente lógico podría pasar por alto. Esta visión se alinea con las investigaciones neurocientíficas modernas que han demostrado que las personas con daños en las áreas del cerebro relacionadas con las emociones a menudo tienen dificultades para tomar decisiones, a pesar de mantener intactas sus capacidades cognitivas.

La importancia de este enfoque radica en que nos permite tomar decisiones más equilibradas. Las emociones actúan como un sistema de detección de amenazas afinado por años de evolución. Por ejemplo, una sensación de inquietud inexplicable sobre un acuerdo de negocios aparentemente perfecto podría estar señalando problemas potenciales que aún no hemos identificado conscientemente.

Además, nuestras emociones pueden ayudarnos a identificar

oportunidades afines a nuestros valores y aspiraciones a largo plazo. Un sentimiento de entusiasmo o pasión por un proyecto particular podría indicar una alineación con nuestros objetivos y valores fundamentales, lo que a su vez podría conducir a un mayor compromiso y una mayor satisfacción a largo plazo.

Es importante notar que Ariely no aboga por tomar decisiones basadas únicamente en las emociones. En cambio, propone un enfoque equilibrado que integra tanto la razón como la emoción. Reconoce que nuestras emociones y los sesgos cognitivos que de ellas derivan pueden ser tanto una ventaja como un obstáculo.

Sin querer entrar en mucho detalle sobre los sesgos cognitivos, es importante reconocer que éstos pueden actuar como atajos mentales útiles, permitiéndonos tomar decisiones rápidas basadas en experiencias pasadas e intuiciones. Pero, también, estos mismos sesgos pueden llevarnos a errores sistemáticos si no somos conscientes de ellos y no los gestionamos adecuadamente.

El desafío, según Ariely, radica en desarrollar la capacidad de reconocer cuándo nuestros sesgos emocionales están trabajando a nuestro favor y cuándo pueden estar distorsionando nuestra percepción de la realidad. Esto implica cultivar una forma de metacognición, es decir, pensar sobre nuestro propio pensamiento, que nos permita evaluar críticamente nuestras respuestas emocionales sin suprimirlas por completo. Sin embargo, es importante notar que este tema es más complejo y merece un análisis más profundo que el que podemos ofrecer en el contexto de este libro.

En el ámbito del liderazgo, lo importante es subrayar la importancia de desarrollar una capacidad para reconocer, comprender y utilizar efectivamente tus emociones en el proceso de toma de decisiones, de formas más matizadas y contextuales, que tienen en cuenta no sólo los hechos y las cifras, sino también las implicaciones humanas y los valores organizacionales más amplios.

En nuestras entrevistas de *Talent Pills*, Enrique Linares, fundador y CEO de uno de los primeros unicornios españoles, LetGo, compartió una experiencia relevante: «Cuando tuve que tomar la decisión de vender LetGo, no fue sólo una decisión basada en números. Había una sensación, o una intuición emocional, de que era el momento adecuado. Esa corazonada, combinada con el análisis racional, me dio la confianza para seguir adelante». Este ejemplo ilustra cómo la integración de la información emocional con el análisis racional puede llevar a decisiones más certeras y más sólidas, especialmente pensando en el medio y largo plazo.

Por otro lado, las emociones son contagiosas y los líderes tienen un impacto emocional significativo en sus equipos. Daniel Goleman, en su libro *Primal leadership*, introduce este concepto de *resonancia emocional*: «Los grandes líderes nos mueven. Encienden nuestra pasión e inspiran lo mejor de nosotros. Cuando tratamos de explicar por qué son tan efectivos, hablamos de estrategia, visión o ideas poderosas. Pero la realidad es mucho más primaria: el gran liderazgo funciona a través de las emociones». La importancia de esta influencia emocional consciente radica en su poder para motivar, inspirar y guiar a los equipos. Un líder que puede manejar conscientemente su estado emocional puede crear un ambiente más positivo y productivo, incluso en situaciones complejas.

En nuestras entrevistas, Ricardo Sunderland compartió una observación que ilustra este concepto: «He visto líderes transformar completamente el ambiente de una reunión tensa simplemente cambiando conscientemente su estado emocional. Al proyectar calma y confianza, incluso en medio de una crisis, pueden ayudar a todo el equipo a mantener la compostura y enfocarse en las soluciones».

Esta observación de Sunderland se alinea perfectamente con la investigación de Elaine Hatfield y sus colegas sobre el fenómeno del contagio emocional. Hatfield y su equipo han demostrado a través de numerosos estudios que las emociones son altamente «contagiosas» en entornos sociales. Sus investigaciones revelan que las personas tienden a imitar y sincronizar automáticamente sus expresiones faciales, vocalizaciones, posturas y movimientos con los de otras personas a su alrededor, y que, a través de este proceso de mímica y retroalimentación, llegan a converger emocionalmente.

Lo que es particularmente relevante para los líderes es el hallazgo de Hatfield de que ciertas personas tienen un impacto desproporcionado en el tono emocional de un grupo. Los líderes, debido a su posición de autoridad y visibilidad, son especialmente influyentes en este sentido. Sus estados emocionales pueden propagarse rápidamente a través de sus equipos y organizaciones, afectando al clima emocional general.

Hatfield sugiere que los líderes deben ser muy conscientes de sus propias emociones y de cómo éstas se propagan en su entorno. Esto implica no sólo ser consciente de los propios estados emocionales, sino también entender cómo estos estados pueden ser percibidos e imitados por otros. Un líder que entra en una reunión visiblemente estresado o ansioso puede inadvertidamente transmitir esas emociones a todo el equipo, potencialmente socavando la productividad y la moral.

Por otro lado, un líder que puede mantener la calma y proyectar confianza, incluso en situaciones de alta presión, puede tener un efecto estabilizador y motivador en su equipo. Este tipo de influencia emocional positiva puede ser particularmente poderosa en momentos de crisis o incertidumbre.

La investigación de Hatfield también sugiere que los líderes pueden aprovechar intencionalmente este fenómeno de contagio emocional para crear ambientes de trabajo más positivos y productivos. Esto podría implicar conscientemente modelar los estados emocionales que desean ver en sus equipos, ya sea entusiasmo por un nuevo proyecto, determinación frente a un desafío o compasión en momentos de dificultad.

En este sentido, es valioso recordar las aportaciones de Dan Ariely, quien no sólo subraya la influencia del contexto y de las emociones en nuestra toma de decisiones, sino que también demuestra cómo podemos influir activamente en estos factores: «Las personas no toman decisiones de manera aislada. Están influenciadas por su entorno inmediato, su estado emocional y las opciones que se les presentan. Entender y aprovechar estos factores puede aumentar significativamente nuestra capacidad de influencia».

Ariely demuestra que los líderes pueden crear deliberadamente condiciones que fomenten un estado emocional receptivo. Por ejemplo, inducir emociones positivas a través de un entorno agradable o divertido, o bien comenzar con música o con historias inspiradoras, puede aumentar la apertura a nuevas ideas. Al gestionar proactivamente el contexto y el estado emocional, puedes mejorar significativamente la receptividad de tu interlocutor o tu audiencia, aumentando así tu capacidad para conectar, persuadir e inspirar a tus equipos.

A menudo, las experiencias compartidas pueden ser una herramienta interesante para fortalecer los lazos dentro de un equipo u organización generando emociones compartidas. Como señala el productor musical Alejandro Abad: «La música une, transforma y trasciende». Esta observación no se limita sólo a la música, sino que se extiende a cualquier experiencia compartida significativa. Los líderes reconocen el valor de crear momentos que unan a sus equipos, los transformen y trasciendan las interacciones cotidianas, para crear un relato común y fortalecer las conexiones interpersonales. «Cuando cantamos en grupo, los efectos de lo que te beneficia la música se multiplican exponencialmente.»

A lo largo de este capítulo hemos explorado los aspectos fundamentales de la inteligencia emocional: la identificación y comprensión de nuestras emociones; el desarrollo de nuestra capacidad para gestionarlas; y cómo podemos utilizarlas como una poderosa herramienta en nuestra vida personal y profesional.

Hemos aprendido que nuestras emociones no son obstáculos a superar, sino fuentes valiosas de información. Al reconocer, comprender y gestionar nuestras emociones, podemos mejorar significativamente nuestra efectividad en todos los aspectos de nuestra vida. La inteligencia emocional nos permite conectar de manera más auténtica con los demás, inspirar y motivar a nuestros equipos y tomar decisiones más equilibradas y efectivas.

Como nos recuerda Ricardo Sunderland, la energía emocional es un componente esencial del éxito y la satisfacción personal. Al desarrollar nuestra inteligencia emocional, no sólo nos volvemos más efectivos en nuestro trabajo, sino que también cultivamos una mayor sensación de plenitud y bienestar en nuestra vida personal.

Las organizaciones están empezando a valorar cada vez más a las personas emocionalmente conscientes, reconociendo que tienen una mayor capacidad de influencia, suelen ser mejores líderes de equipos y son capaces de manejar mejor las situaciones de incertidumbre.

Cada uno de nosotros tiene el poder de transformar no sólo nuestra propia vida, sino también las vidas de quienes nos rodean, a través de la comprensión y el manejo inteligente de nuestras emociones.

Para ayudarte a interiorizar los conceptos que hemos explorado, te propongo que consideres las siguientes preguntas. Tómate tu tiempo para responderlas, quizá escribiendo tus pensamientos en un diario o discutiéndolas con un amigo:

1. ¿Cuál es la emoción que más te cuesta reconocer o aceptar en ti mismo? ¿Cómo crees que esta dificultad afecta a tu liderazgo o a tus relaciones personales?

2. Piensa en una situación reciente en la que tus emociones hayan influido significativamente en una decisión importante. ¿Cómo podrías haber utilizado la regulación emocional para mejorar el resultado?

3. ¿De qué manera las artes (música, literatura, artes visuales) te han ayudado a comprender mejor tus emociones o las de los demás? ¿Cómo podrías incorporar más estas experiencias en tu vida diaria?

4. ¿Cuál ha sido tu experiencia con el «contagio emocional» en tu entorno de trabajo? ¿Cómo podrías utilizar este fenómeno de manera positiva en tu rol de liderazgo?

5. Reflexiona sobre un líder que admires. ¿Cómo crees que utiliza sus emociones como herramienta de liderazgo? ¿Qué podrías aprender de su ejemplo?

En el próximo capítulo, llevaremos este viaje de autoconocimiento un paso más allá. Exploraremos cómo podemos descubrir y desarrollar nuestras fortalezas, y cómo estas fortalezas pueden convertirnos en agentes de cambio positivo en nuestro entorno.

3

Fortalezas y valores

Todos tenemos nuestro don especial, y tenemos la responsabilidad de desarrollarlo. Debemos creer en nosotros mismos y, sin importar lo que otros puedan pensar, debemos seguir nuestro corazón y nuestros sueños.

YUICHIRO MIURA, alpinista y esquiador

En los capítulos anteriores hemos explorado la importancia del autoconocimiento físico y mental, así como el desarrollo de la autoconciencia emocional. Estos aspectos nos han proporcionado una base sólida para identificar nuestra propia voz y liderar desde esa autenticidad. En este capítulo nos adentraremos en la exploración de nuestras fortalezas únicas y los valores fundamentales que guían nuestras acciones.

La identificación y el desarrollo de nuestras fortalezas, junto con la depuración de nuestros valores, nos permiten alinear nuestras acciones lo que nos ayudará a tomar las decisiones adecuadas a lo largo de nuestra vida, tanto profesional como personal.

Porque las fortalezas son la esencia de nuestro crecimiento y la clave para desbloquear nuestro potencial. Nuestras fortalezas son aquellas habilidades y talentos que nos permiten destacar de manera natural y sin esfuerzo. Cuando las identificamos y las cultivamos, nos abrimos a un mundo de posibilidades y oportunidades de crecimiento exponencial.

Además, al centrarnos en nuestras fortalezas, creamos un ciclo virtuoso de mejora. Cuanto más utilizamos nuestras fortalezas, más las desarrollamos, y más confianza ganamos en nuestras capacidades. Esta confianza, a su vez, nos impulsa a asumir mayores desafíos y a expandir nuestros límites.

El concepto de enfocarse en las fortalezas en lugar de intentar corregir debilidades ha ganado una considerable atención en las últimas décadas, revolucionando el pensamiento sobre el desarrollo personal y profesional. Marcus Buckingham y Donald O. Clifton, en su libro *Ahora, descubra sus fortalezas*, argumentan que las personas y las organizaciones obtienen mucho más beneficio al concentrarse en desarrollar sus fortalezas en lugar de intentar corregir sus debilidades. Según ellos: «La mayor oportunidad para el crecimiento y para que nuestra contribución sea mayor radica en nuestras áreas de mayor fortaleza».

Este enfoque basado en fortalezas ha sido respaldado por décadas de investigación y ha demostrado ser más efectivo que el enfoque tradicional centrado en corregir debilidades. Tom Rath, en su libro *Descubre tus fortalezas: strengthsfinder 2.0*, amplía esta idea con datos concretos. Según la investigación presentada por Rath: «Las personas que tienen la oportunidad de usar sus fortalezas cada día son seis veces más propensas a estar comprometidas con sus trabajos y más de tres veces más propensas a reportar una excelente calidad de vida en general». Rath es un reconocido autor y consultor en el campo del desarrollo personal y organizativo, conocido por sus contribuciones a la comprensión de las fortalezas individuales y su impacto en el desempeño profesional. Sus libros y trabajos han influido significativamente en la forma en que individuos y organizaciones abordan el desarrollo del talento y del liderazgo.

Juan Torras, uno de mis socios de Egon Zehnder en Barcelona, solía utilizar una analogía muy ilustrativa cuando explicaba este concepto a los ejecutivos que evaluaba: «Imagina que le dijéramos a Messi que, para crecer como futbolista, debe concentrarse en desarrollar sus áreas de mejora, en su caso, sus habilidades defensivas, jugar más para el equipo y mirar más hacia atrás. Esto sería contraproducente. En realidad, para que Messi sea aún mejor, lo crucial es que potencie sus fortalezas naturales: que sea más rápido, que mejore su regate, que afine su instinto goleador y que desarrolle aún más su creatividad en el ataque».

Esta analogía nos muestra que el camino hacia la excelencia no pasa por corregir nuestras debilidades, sino por potenciar nuestros talentos innatos. Es importante resaltar que esto no significa ignorar completamente nuestras áreas de mejora, sino encontrar formas de complementarlas o gestionarlas de manera que no obstaculicen nuestro desempeño general.

3.1. Descubrimiento de fortalezas: tus talentos y habilidades

Para poder crecer sobre la base de nuestras fortalezas, el primer paso necesario es ser capaz de identificarlas. Peter Drucker, en su artículo «Managing oneself», va un paso más allá al argumentar que el autoconocimiento y la comprensión de nuestras fortalezas no sólo son fundamentales para el éxito profesional, sino para una vida satisfactoria en general. Drucker afirma: «La mayoría de las personas creen saber en qué son buenas. Normalmente están equivocadas... Y, sin embargo, una persona sólo puede desempeñarse a partir de sus fortalezas».

Identificar y desarrollar nuestras fortalezas no es sólo un ejercicio de reflexión y autocomplacencia; es un acto de responsabilidad hacia nosotros mismos y hacia los demás. Buckingham y Clifton argumentan que, para identificar nuestras fortalezas, debemos identificar aquellas actividades que nos den energía, que nos hagan perder la noción del tiempo y en las que nos sintamos naturalmente competentes. Proponen las siguientes preguntas para guiar este proceso de autodescubrimiento:

1. ¿Qué actividades te dan energía?
2. ¿Qué tareas esperas con ansias?
3. ¿En qué tipo de actividades pierdes la noción del tiempo?
4. ¿Qué actividades te resultan naturalmente fáciles?
5. ¿En qué áreas aprendes más rápidamente que otros?

Con este proceso de reflexión, argumentan que podrás sacar un listado de fortalezas que te permitirán enfocarte en aquello que haces mejor y con más pasión. Este listado te ayudará a tener una guía inicial en tu desarrollo personal y profesional.

Mi invitada a *Talent Pills* Claudia Tecglen, fundadora de la Asociación Convives con Espasticidad, llega a la misma conclusión: «Focalízate en lo que se te dé bien. ¿Con qué disfrutas realmente? ¿Qué actividades te resultan naturales y gratificantes? Pues focalízate en aquello que se te dé bien y que te haga sentir pleno. Ahí es donde encontrarás tu verdadero potencial y tu capacidad de impacto». Este enfoque simple pero poderoso nos recuerda que nuestras fortalezas más importantes a menudo se alinean con lo que más disfrutamos hacer.

Adicionalmente, en este proceso de reflexión, haz un análisis detallado de tus éxitos pasados. Reflexiona sobre tus logros más significativos. ¿Qué habilidades y cualidades te ayudaron a alcanzarlos? Este ejercicio no sólo te ayudará a identificar tus fortalezas, sino también a entender cómo las has aplicado efectivamente en el pasado. En su artículo, Drucker enfatiza la importancia de este tipo de análisis. Sugiere que prestemos atención a nuestros éxitos pasados, especialmente a aquellos que superaron nuestras expectativas, ya que a menudo es en esos casos donde se revelan nuestras fortalezas ocultas con mayor claridad. Drucker argumenta que, cada vez que tomamos una decisión o acción importante, deberíamos escribir lo que esperamos que suceda. Nueve o doce meses después, comparamos los resultados reales con nuestras expectativas. Con el tiempo, este método nos ayudará a identificar en qué marcan realmente la diferencia nuestras fortalezas.

Escuchar nuestro corazón o rememorar nuestros logros pasados requiere sinceridad con uno mismo. Sin embargo, es importante aclarar que esto no significa aislarnos o rechazar el *feedback* externo. La clave está en aprender a discernir entre el *feedback* constructivo, que puede ayudarnos a crecer, y las opiniones y críticas que podrían desviarnos de nuestro camino auténtico. Debemos aprender a escuchar las voces externas con un oído crítico, tomando aquello que sintamos afín a nuestra verdad interna y dejando ir lo que no nos sirve. Este proceso de filtrado requiere práctica y trabajar en nuestros autoconocimiento y autoconciencia.

Ricardo Sunderland, en su experiencia como *coach* de CEO, menciona que, para ayudar a un directivo, muchas veces tiene que ir más allá de su ámbito profesional. Es muy habitual que, en sus procesos de *coaching* para ejecutivos, hable con sus familiares, maridos, mujeres, padres, hijos y amigos cercanos. Sunderland explica: «Cuando me siento con los hijos de mis clientes y les pregunto: "¿Qué creéis que le quita energía a mamá o papá?"; o bien: "¿Qué les da más energía?". ¿Sabéis cuál es la respuesta más común? El trabajo. Todos responden que es el trabajo. Esto demuestra que, aunque los padres crean que están separando su vida laboral de la familiar, en realidad no lo están logrando. Los hijos perciben perfectamente cómo el trabajo afecta al estado de ánimo y la energía de sus padres». Esta perspectiva de 360 grados es fundamental, porque, a menudo, los demás pueden ver en nosotros fortalezas que pasamos por alto. Pide a colegas, amigos y familiares que identifiquen las cosas que haces excepcionalmente bien.

Tom Rath argumenta que este *feedback* externo nos ayuda a tener una visión más objetiva de nosotros mismos porque «a menudo, subestimamos nuestras propias fortalezas. Lo que viene naturalmente a nosotros puede parecer ordinario o incluso insignificante, pero para otros puede ser extraordinario». Rath sugiere que prestemos especial atención a los cumplidos que recibimos regularmente, ya que a menudo señalan nuestras fortalezas.

Douglas Stone y Sheila Heen, en su libro *Thanks for the feedback: the science and art of receiving feedback well*, nos ayudan a entender cómo solicitar y recibir *feedback* de manera efectiva.

Sugieren que seamos específicos sobre lo que queremos saber y proporcionemos contexto. Por ejemplo, en lugar de preguntar «¿Cómo lo estoy haciendo?», podríamos preguntar «¿Cuáles crees que son mis tres fortalezas más significativas en mi rol actual?». Además, recomiendan buscar ejemplos concretos para entender mejor el *feedback* recibido.

Kim Scott, autora de *Franqueza radical: consigue lo que quieres diciendo lo que piensas*, enfatiza la importancia de crear un ambiente de confianza y seguridad psicológica para tener una conversación transparente y franca. Sugiere que mostremos aprecio por el *feedback*, incluso cuando sea difícil de escuchar, y que hagamos preguntas de seguimiento para entender mejor la información recibida.

Adam Grant, en su libro *Piénsalo otra vez: el poder de saber lo que no sabes*, aborda la importancia de mantener una mentalidad abierta al recibir *feedback*. Grant propone que adoptemos una postura de «científico» en lugar de «predicador» o «fiscal» cuando recibimos *feedback*, es decir, que estemos dispuestos a considerar nuevas evidencias y perspectivas en lugar de defender inmediatamente nuestro punto de vista. También recomienda buscar *feedback* de «amigos enemigos», personas que nos aprecian pero que no temen desafiarnos, ya que son más propensas a proporcionar una retroalimentación sincera y constructiva.

Reconociendo que nuestras fortalezas evolucionan con el tiempo, este proceso debe ser continuo, respondiendo a nuestro crecimiento personal y profesional. En última instancia, identificar nuestras fortalezas es un proceso que requiere una combinación de autorreflexión, *feedback* externo y la voluntad de escuchar sin buscar defenderte. Implica un examen de nuestras experiencias, patrones de comportamiento y respuestas emocionales, complementado por perspectivas externas de colegas, amigos y familiares. Es crucial mantener una mente abierta y estar dispuestos a salir de nuestra zona de confort para descubrir y desarrollar fortalezas latentes.

Al final, el impacto real que tiene el talento individual es mucho más relevante de lo que inicialmente se puede pensar. Como nos contaba en *Talent Pills* Claudio Fernández-Aráoz, experto mundial en talento y liderazgo y antiguo socio mío en Egon Zehnder: «La diferencia entre un *average performer*, una persona promedio, y una persona sobresaliente en un trabajo es enorme, y además crece exponencialmente con la complejidad del trabajo». La importancia de identificar y desarrollar las fortalezas individuales, especialmente en roles de alta complejidad y responsabilidad, no consiste simplemente en una mejora incremental, sino que supone un impacto cualitativo para cualquier organización.

Aunque el enfoque en las fortalezas es el más importante en nuestro desarrollo profesional, sigue siendo importante identificar y gestionar nuestras áreas de mejora. Esto no significa obsesionarnos con nuestras debilidades, sino reconocerlas de manera realista y encontrar estrategias para manejarlas efectivamente y ayudarnos a complementar nuestro equipo en aquellas áreas en las que no destacamos. Yaiza Canosa, fundadora y CEO de GOI, comparte su perspectiva sobre cómo manejar las áreas de mejora: «No se trata de ser perfecto en todo. Se trata de reconocer dónde podemos mejorar y buscar formas creativas de abordar esas áreas, ya sea desarrollándonos o encontrando personas que complementen nuestras habilidades».

El liderazgo no consiste en buscar la perfección individual, sino en crear equipos equilibrados donde las fortalezas de cada miembro se potencien mutuamente. Mantener un equilibrio como equipo es la base en la gestión de talento de cualquier organización.

3.2. Exploración y definición de valores personales

Los valores son los principios fundamentales que guían nuestras decisiones y comportamientos. Son las convicciones que definen quiénes somos y qué consideramos importante en la vida. Identificar nuestros valores y vivir de acuerdo con ellos es crucial para un liderazgo auténtico y efectivo.

Los valores son la base para ayudarnos a determinar nuestros límites, estableciendo lo que estamos dispuestos a aceptar y lo que no. Nos ayudan a entender los balances entre diversas áreas de nuestra vida, como el trabajo y la vida personal, permitiéndonos tomar decisiones más coherentes y que promueven nuestro bienestar emocional.

Vivir alineados con nuestros valores nos proporciona una brújula moral y ética que guía nuestras acciones, incluso en situaciones difíciles. Esto no sólo nos brinda paz interior y congruencia personal, sino que también construye confianza y credibilidad entre quienes nos rodean. En el ámbito profesional, liderar con valores claros y firmes establece un estándar que inspira a otros a seguir, creando un entorno de respeto y coherencia. Yvon Chouinard, fundador de Patagonia, subraya la importancia de los valores en el liderazgo y los negocios: «Los valores son la base de todo. Sin valores, no eres nadie. Yo diría que es lo más importante en un negocio, más que el producto».

Ousman Umar, fundador de NASCO Feeding Minds, nos contó en *Talent Pills* su extraordinaria travesía desde Ghana hasta España, un testimonio de supervivencia extrema, resiliencia y determinación. En esa charla nos ofreció una perspectiva sobre la importancia de los valores, especialmente en circunstancias tan extraordinarias. Umar recuerda: «En los momentos de soledad, cuando mi supervivencia dependía únicamente de mí, me di cuenta de lo que verdaderamente me guiaba: yo soy mi propio hermano mayor, soy mi propio padre, soy mi propia madre y soy mi mejor amigo a la vez. Es mi responsabilidad que las cosas sucedan. No hay nadie a quien culpar ni acusar». En situaciones de adversidad extrema, donde no hay nadie más en quien apoyarse, nuestros valores se convierten en nuestro único sostén.

Yaiza Canosa enfatiza la importancia de valores como la capacidad de trabajo y la lealtad en su proceso de selección de personal. Ella afirma: «Hay tres cosas que valoro mucho, y son que sea feliz, que sea una persona que tenga capacidad de trabajo y que sea leal..., que esté comprometido». Esta perspectiva nos recuerda que nuestros valores personales también deben reflejarse en nuestras decisiones profesionales y en la cultura que fomentamos en nuestras organizaciones.

Es importante recordar que hemos de revisar esas creencias y patrones de pensamiento, muchas veces limitantes, que podemos confundir con nuestros valores. Para identificar tus valores, recuerda ese proceso de autoexploración y reflexión detallada. Para ello, debemos estar dispuestos a confrontar y desafiar nuestras creencias limitantes y patrones de pensamiento que pueden estar en conflicto con nuestros valores auténticos.

Después del proceso de reconexión y conocimiento físico, mental y emocional, y una vez identificadas tus fortalezas y aquellas áreas que pueden frenar tu crecimiento, estás mejor preparado para encontrar esos valores que te identifican y te mueven. Te propongo el siguiente ejercicio práctico para identificar tus valores:

- Lista de valores: comienza con una lista extensa de valores potenciales (como integridad, respeto, compasión, innovación, etcétera); subraya aquellos que sientas afines a ti.
- Reducción y prioridad: reduce la lista subrayada a los 5-10 valores más importantes para ti; priorizarlos puede ayudarte a identificar cuáles son verdaderamente esenciales.
- Reflexión y aplicación: reflexiona sobre cómo cada uno de estos valores se manifiesta en tu vida; ¿están alineados con tus acciones y decisiones?; si no lo están, ¿qué cambios puedes hacer para vivir más congruentemente con ellos?

Es importante recordar que identificar nuestros valores no es un ejercicio que se hace una vez y se olvida. A medida que crecemos y evolucionamos, nuestros valores pueden cambiar o refinarse. La clave es mantener una actitud de autoexploración constante y estar abiertos a reevaluar nuestros principios a medida que ganamos nuevas experiencias y perspectivas.

Según Brené Brown, autora y profesora de la Universidad de Houston, «los valores no son sólo palabras escritas en una pared; son las decisiones que tomamos cada día». Esta cita de su libro *Dare to lead* resalta la importancia de vivir de acuerdo con nuestros valores en el día a día y no sólo de verlos como conceptos abstractos.

3.3. Coherencia entre tus acciones y tus valores

Actuar con coherencia no sólo fortalece tu integridad personal, sino que también inspira confianza y respeto en tus relaciones profesionales y personales. En este apartado, exploraremos prácticas para vivir de acuerdo con tus valores y cómo enfrentar desafíos cuando tus valores se ven comprometidos.

Tal como destaca Martin Seligman, uno de los fundadores de la psicología positiva, la congruencia entre nuestros valores y nuestras acciones es un factor crítico para el bienestar y la satisfacción en la vida. Según Seligman, cuando nuestras acciones reflejan nuestros valores fundamentales, experimentamos un sentido de autenticidad y plenitud. Esto se debe a que nuestras decisiones y comportamientos están en línea con lo que consideramos importante y verdadero en nuestras vidas, lo que nos permite vivir de una manera que se siente genuina y significativa.

Sugiere que cuando las personas viven de acuerdo con sus valores, son más propensas a experimentar emociones positivas, a establecer relaciones más sólidas y a alcanzar un sentido de realización personal. Además, esta alineación puede fortalecer la resiliencia, ayudando así a las personas a manejar el estrés y las adversidades con mayor eficacia.

La falta de congruencia, por otro lado, puede llevar a una disonancia cognitiva, un estado de malestar psicológico que ocurre cuando hay un conflicto entre acciones y valores. Este conflicto puede manifestarse en forma de estrés, ansiedad y una sensación de vacío, frustración, culpa o insatisfacción. Al vivir de manera congruente con nuestros valores, reducimos estos sentimientos negativos y promovemos una salud mental más robusta.

Alinear nuestras decisiones con nuestros valores significa usar estos principios como un filtro a través del cual evaluamos nuestras opciones y tomamos decisiones. Implica preguntarnos constantemente: «¿Esta decisión está en consonancia con mis valores fundamentales?». Este proceso de alineación no es simplemente un ejercicio teórico, sino una práctica diaria que requiere atención.

Es importante diferenciar entre los valores personales y aquellos de una compañía y el contexto en que opera. Mientras que nuestros valores personales son intrínsecos y fundamentales para nuestra identidad, los valores organizacionales pueden variar según la cultura, los objetivos de la empresa y el contexto externo. Sin embargo, la alineación entre ambos conjuntos de valores es crucial para la satisfacción laboral y el éxito profesional. Cuando nuestros valores personales están en sintonía con los de la organización, experimentamos un mayor sentido de propósito y compromiso en nuestro trabajo.

Es importante reconocer que alinear nuestras decisiones con nuestros valores no siempre es fácil. A menudo, nos enfrentamos a situaciones complejas donde diferentes valores pueden entrar en conflicto. Muchas veces he encontrado a ejecutivos de primer nivel que decidieron alzar la voz para defender una situación injusta o denunciar un tema ético. En un porcentaje significativo de estos casos, la situación terminó con la renuncia o el despido del ejecutivo. Sin embargo, en ninguno de estos casos he notado arrepentimiento por haberlo hecho.

Por otro lado, en estas mismas situaciones, cuando el ejecutivo decide callar, obedecer y resignarse ante una situación injusta para proteger su posición laboral, esto genera un grado de infelicidad, frustración e insatisfacción que, a la larga, provoca crisis que limitan su trayectoria profesional de manera más acuciante. Esta disonancia entre valores y acciones puede tener consecuencias negativas a largo plazo, tanto en su bienestar personal como en su desarrollo profesional.

Alinear nuestras decisiones con nuestros valores requiere una característica importante, y de la que hablaremos más adelante en el libro: la valentía. Sin embargo, es precisamente en estos momentos difíciles cuando nuestros valores se vuelven más importantes. Los valores son el combustible que nos permite ser valientes y nos proporciona la fuerza y la convicción para mantenernos fieles a nosotros mismos.

Vivir y liderar con integridad es un trabajo que te seguirá ayudando a redefinir tus valores y establecer límites claros. La coherencia requiere ser íntegro en tus palabras y acciones, manteniendo tus principios incluso cuando es difícil o inconveniente hacerlo. La coherencia genera confianza, respeto y lealtad. Los líderes que viven y lideran con integridad inspiran a otros a hacer lo mismo, creando una cultura de autenticidad en sus organizaciones.

A partir de estos valores, de actuar de acuerdo con ellos, seremos capaces de definir nuestros límites y ayudarnos a nosotros mismos a encontrar un propósito significativo. Este propósito, alineado con nuestros valores fundamentales, nos guiará en la toma de decisiones y en la definición de nuestras metas personales y profesionales. Nos permitirá establecer límites saludables que protejan nuestro bienestar y nos ayuden a mantener el equilibrio entre nuestras diversas responsabilidades y aspiraciones.

A lo largo de este capítulo hemos explorado la importancia fundamental de identificar y desarrollar nuestras fortalezas, así como de descubrir y vivir de acuerdo con nuestros valores personales. Hemos visto cómo estas fortalezas y estos valores son la esencia de nuestro crecimiento personal y profesional.

Desde la identificación de nuestras habilidades únicas hasta la alineación de nuestras acciones con nuestros valores fundamentales, hemos trazado un camino hacia un autoconocimiento sobre el cual podemos desarrollarnos con plenitud.

La coherencia entre nuestros valores y nuestras acciones emerge como un factor crítico para nuestro bienestar y satisfacción en la vida. Esta congruencia nos proporciona la brújula moral necesaria para navegar situaciones complejas y tomar decisiones difíciles con integridad.

Hemos visto ejemplos inspiradores de referentes como Ousman Umar y Yaiza Canosa, quienes han alineado sus decisiones con sus valores, incluso en tiempos de crisis, y cómo eso ha resultado en un impacto positivo tanto para ellos como para sus organizaciones.

También hemos reconocido la importancia de establecer límites claros y hacer concesiones conscientes, entendiendo que vivir de acuerdo con nuestros valores a menudo requiere tomar decisiones difíciles y hacer sacrificios.

Antes de continuar, te animo a que te tomes otra pausa y reflexiones sobre las siguientes preguntas. Como siempre, toma nota de tus respuestas y compártelas con un amigo o con alguien cercano:

1. Piensa en un momento en el que te sentiste completamente absorto y energizado por una tarea. ¿Qué fortalezas estabas utilizando en ese momento?
2. ¿Cuáles son los valores fundamentales que guían tus decisiones? ¿Puedes recordar una situación reciente en la que tuviste que defender uno de estos valores?
3. ¿En qué áreas de tu vida sientes que hay una mayor discrepancia entre tus valores y tus acciones? ¿Qué pasos concretos podrías dar para alinearlos mejor?
4. Si tuvieras que elegir una fortaleza para desarrollar más profundamente en el próximo año, ¿cuál sería y por qué?
5. ¿Qué valor personal crees que te identifica más en este momento? ¿Cómo puedes hacerlo más explícito en tu vida diaria?

Mientras reflexionamos sobre nuestras fortalezas y valores, una pregunta crucial comienza a surgir: ¿cómo podemos utilizar estos elementos fundamentales para dar forma a un propósito más grande en nuestras vidas?

En el próximo capítulo hablaremos justamente de esto: el propósito. Descubriremos cómo nuestras fortalezas y nuestros valores pueden converger para dar vida a una misión personal que no sólo nos impulse hacia adelante, sino que también inspire y eleve a quienes nos rodean.

4

Propósito

Los dos días más importantes en tu vida son el día que naces y el día que descubres para qué.

MARK TWAIN, escritor y humorista

El propósito es la fuerza motriz que da sentido y dirección a nuestra existencia. Es el hilo conductor que conecta nuestras experiencias, decisiones y acciones, dotándolas de un significado más allá de lo inmediato. A diferencia de las metas u objetivos específicos, el propósito es una brújula interna que nos guía a lo largo de nuestra vida, que influye en cada decisión relevante vital y que nos ayuda a tomar un camino y en cada aspecto de nuestro ser y hacer.

La importancia del propósito en nuestras vidas no puede ser subestimada. En primer lugar, nos proporciona una claridad y enfoque incomparables. Cuando conocemos nuestro propósito, las decisiones, incluso las más difíciles, se vuelven más claras. El propósito nos ayuda a priorizar, a decir «no» a lo que no es esencial y «sí» a lo que realmente importa.

Además, el propósito es una fuente inagotable de motivación intrínseca. Nos impulsa a seguir adelante incluso en los momentos más desafiantes, porque sabemos que nuestras acciones están alineadas con algo más grande que nosotros mismos. Esta motivación nos permite superar obstáculos y perseverar cuando otros podrían rendirse.

El propósito tiene un impacto significativo en nuestro bienestar emocional y psicológico, lo cual ha sido respaldado por numerosas investigaciones científicas. Un estudio longitudinal publicado en 2019 en *JAMA Network Open* encontró que las personas con un fuerte sentido de propósito tenían un riesgo de mortalidad significativamente menor en comparación con aquellas que carecían de propósito. Estas investigaciones demuestran que las personas que viven con un fuerte sentido de propósito experimentan niveles más altos de satisfacción vital, resiliencia y longevidad. El propósito actúa como un ancla en tiempos de incertidumbre y cambio, proporcionando estabilidad y dirección.

En el contexto del liderazgo, las personas que operan desde un sentido claro de propósito tienen más recursos para inspirar y motivar a sus equipos. Pueden comunicar una visión convincente y alinear a las personas en torno a objetivos compartidos. Además, el propósito actúa como un filtro ético, guiando a los líderes hacia decisiones que no sólo son sólidas y con unos principios, sino también moralmente correctas.

Este propósito tiene una extrapolación clara al propósito corporativo. Simon Sinek, un reconocido autor, orador motivacional y consultor británico-estadounidense, conocido por su trabajo en liderazgo y gestión empresarial, profundiza en la importancia del propósito en el liderazgo, argumentando que los líderes que comienzan con el «porqué» son capaces de inspirar acción de una manera que va más allá de los incentivos externos. En su libro *Empieza con el porqué: cómo los grandes líderes motivan a actuar*, Sinek señala que, cuando los líderes comunican claramente su propósito, atraen a seguidores que creen en lo que ellos creen, creando una conexión emocional poderosa.

Asimismo, Sinek argumenta que el propósito también tiene un papel fundamental en la innovación y la adaptabilidad organizativa. Las empresas con un fuerte sentido de propósito son más capaces de pivotar y adaptarse a cambios de una forma mucho más ágil sin perder su esencia. Esto se debe a que su identidad no está ligada a un producto o servicio específico, sino a una causa o creencia más amplia. Además, Sinek sostiene que el propósito proporciona una guía crucial en la toma de decisiones. Cuando las organizaciones tienen un propósito claro, las decisiones difíciles se vuelven más sencillas porque pueden evaluarse en función de si apoyan o no ese propósito fundamental.

Claudia Tecglen, psicóloga y activista por los derechos de las personas con discapacidad, ofrece una metáfora poderosa sobre el propósito: «Quien tiene un propósito en la vida es como quien tiene una brújula, jamás se pierde. Te pueden pasar mil cosas que te entristezcan..., pero, cuando tienes un propósito, no hay quien te pare». La idea del propósito como una fuerza consejera es particularmente relevante en el mundo ejecutivo. Un sentido claro de propósito personal proporciona dirección y motivación, incluso en los momentos más complejos. Actúa como un ancla en tiempos de incertidumbre y como un faro que guía nuestras acciones y decisiones.

En este capítulo, exploraremos tres aspectos fundamentales relacionados con el propósito:

1. Descubrimiento de tu propósito: examinaremos métodos y estrategias para identificar y articular nuestro propósito personal; este proceso puede ser muy complejo, con una introspección detallada, pero buscaremos formas de ir encontrándolo sin que esto suponga una montaña inaccesible.

2. Toma de decisiones conscientes: exploraremos cómo utilizar nuestro propósito como guía para tomar decisiones más conscientes y significativas, tanto en nuestra vida personal como en la profesional.

3. Revisión constante del propósito: finalmente, reconoceremos que el propósito no es estático, sino que evoluciona con nosotros; aprenderemos la importancia de revisar y reajustar periódicamente nuestro propósito conforme crecemos y cambiamos.

A medida que avancemos en este capítulo, te invito a mantener una mente abierta y un corazón receptivo. El descubrimiento del propósito es un viaje personal y transformador.

4.1. Descubrimiento del propósito personal

Para identificar tu propósito, es importante entender que éste no es un objetivo concreto ni tiene una meta final definida. Más bien es una dirección, un rumbo, una estrella polar que marca tu camino y es capaz de indicarte si te estás acercando o alejando de esa trayectoria que has elegido. El propósito trasciende los objetivos profesionales o las metas financieras a corto plazo. Se trata de comprender cómo nuestros talentos, pasiones y valores pueden contribuir de manera significativa al mundo y a nuestra propia realización personal.

Otra de mis invitadas a *Talent Pills*, Jessa de la Morena, una ejecutiva que experimentó una transformación radical en su vida y carrera debido a un cáncer agresivo, ofrece una perspectiva valiosa sobre cómo identificar nuestro propósito. Ella afirma: «En nuestra profesión o en lo que dedicamos tantas horas al día, tiene que haber un cruce entre nuestros valores, nuestras pasiones y nuestras fortalezas». Esta idea resalta tres dimensiones cruciales en la búsqueda de nuestro propósito:

1. Valores: los principios fundamentales que guían nuestras decisiones y comportamientos.
2. Pasiones: aquello que nos entusiasma y nos da energía.
3. Fortalezas: nuestras habilidades y talentos naturales.

Encontrar la intersección entre estos tres elementos nos ayuda a asegurarnos de que estamos viviendo de acuerdo con lo que creemos (valores), haciendo lo que amamos (pasiones) y utilizando nuestros talentos únicos (fortalezas).

Ousman Umar comparte su experiencia sobre cómo su propósito le guio en un camino que iba mucho más allá de la búsqueda de un objetivo: «Cuando decidí crear NASCO Feeding

Minds, muchos me dijeron que era una locura, que era demasiado ambicioso. Pero mi propósito de proporcionar educación y oportunidades a los niños en Ghana era tan fuerte que cada obstáculo se convirtió en un desafío a superar, no en una razón para rendirme. Cada pequeña meta alcanzada, cada escuela abierta, cada niño educado, me recordaba por qué estaba haciendo esto y me daba la fuerza para continuar». Umar nos recuerda que cuando nuestras metas están arraigadas en nuestro propósito, encontramos una fuente inagotable de motivación.

Para algunos ejecutivos, especialmente para los emprendedores, este propósito puede estar directamente relacionado con la misión de su empresa. Pueden sentir que su rumbo es crear soluciones innovadoras, generar empleo o transformar una industria. Para otros, el propósito puede ser una causa más amplia que influye en cómo viven sus vidas, cómo impactan en sus familias y en la sociedad.

Para mi invitado a *Talent Pills* Jackie Calleja, cofundador de Bmum, un centro médico referente en el cuidado integral de la mujer y del niño, el propósito personal y corporativo están unidos, y surgen de una necesidad no cubierta: «Yo diría que Bmum es un lugar donde, por fin, hacemos la medicina que siempre quisimos hacer». Para Jackie y su equipo, crear Bmum no fue simplemente abrir una clínica más, sino dar vida a una visión de atención médica que sintonizaba con sus ideales y aspiraciones más profundas. El propósito, en su caso, nació de la intersección entre sus habilidades, sus pasiones y unas necesidades concretas.

El propósito personal se refiere a nuestra misión individual en la vida, mientras que el propósito corporativo es la razón de ser de una organización más allá de generar beneficios. Aunque son distintos, estos dos tipos de propósito pueden y deben estar alineados para lograr una mayor satisfacción laboral y un impacto positivo en la sociedad. La importancia de distinguir y alinear estos propósitos radica en su potencial para crear sinergia entre nuestras aspiraciones personales y nuestro trabajo. Cuando existe una alineación, experimentamos una mayor motivación, más compromiso y más satisfacción en nuestra vida profesional.

Para alinear el propósito personal con el corporativo, podemos seguir el enfoque de Bill George, ex-CEO de Medtronic y profesor de la Harvard Business School. George sugiere que los líderes deben primero clarificar su propio propósito y luego buscar o crear roles que les permitan expresarlo en su trabajo. Yvon Chouinard, fundador de Patagonia, es un ejemplo de cómo el propósito personal puede dar forma al propósito corporativo. Su pasión por la naturaleza y la conservación del medio ambiente se refleja directamente en la misión y las prácticas de Patagonia.

Es importante reconocer que es natural que existan tensiones entre el propósito personal y el corporativo. En estos casos, debemos buscar formas creativas de alinearlos o considerar si es necesario un cambio más significativo en nuestra trayectoria profesional.

Enrique Linares, fundador y CEO de uno de los primeros unicornios españoles, LetGo, ofrece una perspectiva importante sobre la búsqueda del propósito: «Para mí, el propósito es una pregunta muy bonita y profunda. Porque, ¿sabes qué pasa? Uno está enredado casi toda la vida con cumplir sus deseos, con lograr objetivos, con alcanzar metas. Pero lo fascinante, y a la vez lo desafiante, es que muchas veces no nos detenemos a preguntarnos si esos deseos están realmente alineados con nuestro propósito más sincero». Y Linares añade: «Es fácil confundir el éxito externo con la realización personal. El verdadero trabajo está en detenerse, escucharse a uno mismo y preguntarse: "¿Esto que estoy persiguiendo, realmente me llena? ¿Está en consonancia con quién soy y con lo que quiero aportar al mundo?". Porque, al final, el propósito no es algo que encontramos de una vez y para siempre, sino algo que descubrimos y redescubrimos constantemente a lo largo de nuestra vida».

Esta reflexión de Linares nos recuerda que encontrar nuestro propósito es un proceso continuo de autodescubrimiento y alineación. Implica distinguir entre nuestros deseos superficiales y nuestras motivaciones, y ajustar constantemente nuestras acciones para que reflejen nuestros valores y aspiraciones más auténticos.

En mi experiencia de conversaciones con muchos directivos,

éstos no saben contestarme a la pregunta: ¿cuál es tu propósito? Habitualmente lo confunden con metas y objetivos de negocio. Creo que en la mayoría de los casos esto ocurre por diferentes motivos: o bien porque no dedicamos tiempo a nosotros mismos para esa introspección, o bien por el exceso de ruido ajeno, o bien por las dificultades que podamos estar pasando, o bien por la falta de espacios de silencio y reflexión, o bien, simplemente, porque la vida nos hace llevar un ritmo frenético que no nos permite detenernos a pensar en estas cuestiones.

Creo que es muy importante romper con la idea de que debemos tener un único «gran propósito» en la vida. Basta con encontrar esa brújula interior, y, como nos dice Claudia Tecglen, muchas veces vale con encontrar pequeños propósitos que sientas en sintonía con tu ser, con dar pequeños pasos que sabes que están en la dirección adecuada. En sus propias palabras: «No siempre se trata de tener un gran propósito que cambie el mundo. A veces, nuestro propósito puede ser tan simple como ser un buen padre o un buen amigo, o bien hacer nuestro trabajo lo mejor posible cada día. Lo importante es que esos pequeños propósitos estén alineados con nuestros valores y nos hagan sentir que estamos contribuyendo de alguna manera positiva». Tecglen nos recuerda que el propósito no tiene por qué ser algo grandioso o revolucionario. Puede manifestarse en las pequeñas acciones y decisiones que tomamos día a día, siempre y cuando estas acciones nos acerquen a la persona que queremos ser y al impacto que queremos tener en nuestro entorno.

Enric Benito, oncólogo y experto en cuidados paliativos, añade una perspectiva sobre cómo estos pequeños propósitos pueden emerger de nuestras experiencias de vida: «A veces, nuestro propósito se revela a través de nuestras propias luchas y desafíos. Puede ser tan simple como ayudar a otros que están pasando por situaciones similares a las que nosotros hemos superado. Estos pequeños actos de servicio y empatía pueden dar un sentido de propósito a nuestra vida».

Buscar tu propósito de una forma puramente intelectual es una tarea casi imposible. No es un problema que podemos resolver simplemente dedicando tiempo y esfuerzo a la reflexión racional. A menudo, el propósito se revela a través de la experiencia, la intuición y la conexión emocional con nuestras acciones y su impacto en el mundo. Ricardo Forcano reflexiona sobre este proceso: «El propósito no es algo que se encuentra estando uno sentado en un escritorio. Es algo que se descubre viviendo, experimentando, probando diferentes caminos. A veces, en los momentos más inesperados, ante los desafíos más grandes, es donde encontramos pistas sobre nuestro verdadero propósito». Esta reflexión nos recuerda que el descubrimiento y la realización del propósito es un proceso continuo, no un evento único. Se trata de estar en sintonía con nuestros valores, pasiones y talentos, y de buscar constantemente formas de alinear nuestras acciones con ellos. Cada camino es único y personal.

Las crisis físicas o emocionales pueden también servir de catalizador para encontrar tu propósito, como ocurrió en el caso de Jessa de la Morena: «Enfrentarme a un cáncer agresivo detuvo mi vida, pero también me permitió reevaluarla completamente. Fue lo peor, pero también lo mejor que me ha pasado en mi vida». De la Morena nos relata cómo esta situación a la que tuvo que enfrentarse fue también tremendamente liberadora y le permitió ser mucho más exigente consigo misma, ayudándole a encontrar su propósito de una forma más clara.

Claudia Tecglen también compartió su propia experiencia de encontrar su propósito: «A los 16 años tuve una cirugía que me cambió la vida, que me permitió ponerme por primera vez los zapatos sola. Y fue entonces cuando, recapitulando y reflexionando sobre mi vida, me di cuenta de que ciertamente era una privilegiada y que tenía que ayudar a otros a entender esta sensación. Pero la vida no puede depender de golpes de suerte».

Si seguimos ese camino, y si escuchamos sinceramente a nuestro corazón y somos valientes, estoy convencido de que el rumbo que hayamos tomado será el adecuado y nos puede llevar a esa vida plena. La clave está en mantenernos abiertos y atentos a las señales que la vida nos presenta, y estar dispuestos a ajustar nuestro curso cuando sea necesario.

4.2. Toma de decisiones conscientes

Este proceso implica aprender a utilizar nuestro propósito como un filtro y una guía para nuestras elecciones, tanto en la vida personal como profesional. Significa alinear nuestras acciones diarias con nuestros valores y nuestros objetivos a largo plazo, en lugar de dejarnos llevar por impulsos momentáneos o presiones externas.

La importancia de este enfoque radica en su capacidad para proporcionar coherencia y significado a nuestras vidas. Cuando tomamos decisiones basadas en nuestro propósito, experimentamos una mayor satisfacción y un mayor sentido de realización. Nos sentimos más auténticos y alineados con quienes realmente somos y con lo que queremos lograr en la vida. Además, este enfoque nos ayuda a evitar la trampa de tomar decisiones basadas únicamente en gratificaciones a corto plazo o en complacer las expectativas de otros.

Para implementar la toma de decisiones conscientes en nuestra vida diaria, podemos seguir varios enfoques. Uno de ellos es el propuesto por Daniel Goleman, psicólogo y autor de *Inteligencia emocional*. Goleman sugiere practicar la *atención selectiva*, es decir, aprender a enfocarnos en lo que es verdaderamente importante para nosotros. Esto implica ser conscientes de nuestras motivaciones y valores al enfrentar una decisión. En la práctica, esto podría significar tomarse un momento antes de las decisiones más importantes, y reflexionar sobre cómo se alinea con tu propósito. Podríamos preguntarnos: «¿Esta decisión me acerca a mi visión de largo plazo?»; y también: «¿Cómo se alinea esta elección con mis valores fundamentales?». Este breve momento de reflexión puede marcar la diferencia entre una decisión reactiva y una decisión consciente y alineada con nuestro propósito.

Otro método útil es el propuesto por Ruth Chang, filósofa y profesora de la Universidad de Oxford. Chang sugiere que, en lugar de buscar la «mejor» opción en decisiones difíciles, deberíamos preguntarnos qué elección se alinea mejor con quiénes queremos ser y con nuestro propósito más amplio. Este enfoque nos libera de la parálisis que a menudo acompaña a las decisiones complejas y nos permite tomar decisiones basadas en nuestros valores y aspiraciones.

Un ejemplo de cómo la toma de decisiones consciente puede influir en nuestra trayectoria profesional y personal es el caso de Satya Nadella, CEO de Microsoft. Cuando asumió el liderazgo de Microsoft en 2014, Nadella tomó la decisión consciente de reorientar la cultura de la empresa hacia el propósito más amplio de «empoderar a cada persona y cada organización en el planeta para lograr más». Esta decisión, arraigada en su visión personal y en los valores que consideraba importantes, llevó a una transformación significativa de la empresa y de su propio liderazgo.

Irene Milleiro, directora general de Ashoka en España, es un ejemplo claro de cómo la toma de decisiones consciente puede guiar nuestras acciones en tiempos de crisis. Durante la pandemia de la COVID-19, en *Talent Pills*, Milleiro nos contó cómo estableció un principio claro para guiar todas sus decisiones: priorizar el bienestar físico y emocional de su equipo por encima de todo. Como ella misma explica: «En febrero, justo antes de la pandemia, me di cuenta de que necesitaba un principio para guiar mis decisiones en los meses siguientes. Decidí que ese principio sería priorizar el bienestar físico y emocional del equipo por encima de todo. Todas nuestras decisiones durante la pandemia, incluso las más difíciles, se basaron en este principio». Esta decisión, arraigada en sus valores de cuidado y empatía, no sólo ayudó a su equipo a avanzar durante un período difícil, sino que también generó un ambiente de trabajo increíble y una productividad excepcional.

Yaiza Canosa reflexiona sobre este proceso: «Cada decisión que tomamos es una declaración de quiénes somos y qué valoramos. A veces, las decisiones más difíciles son las que más nos acercan a nuestro verdadero propósito. He aprendido que, cuando tomo decisiones basadas en mi propósito y valores, incluso si son difíciles en el momento, rara vez me arrepiento a largo plazo». Esta reflexión de Canosa nos introduce el concepto de *concesiones* en la toma de decisiones basadas en el propósito. Las concesiones implican sacrificar algo valioso para obtener algo que consideramos aún más importante. En el contexto del propósito vital, estas concesiones a menudo involucran renunciar a comodidades, seguridades o incluso oportunidades aparentemente atractivas en pos de mantenernos fieles a nuestros valores y nuestra misión personal.

Las concesiones pueden ser difíciles y, a veces, dolorosas de hacer, pero, cuando están alineadas con nuestro propósito, suelen conducirnos hacia un crecimiento significativo y una mayor realización personal. Estas decisiones nos desafían a priorizar lo que verdaderamente importa en nuestras vidas, fortaleciendo nuestra integridad y autenticidad en el proceso.

El padre Álvaro Ramos refuerza este mensaje sobre el momento decisivo en que decidió dejar su carrera profesional de éxito para hacerse sacerdote y unirse a las misiones: «Comprendí que el Evangelio es la solución a la pobreza, y, al darme cuenta de esto, sentí que me quedaba solo, abandonando todo lo que había logrado. En ese momento de soledad, reflexioné sobre cómo los misioneros enfrentan situaciones similares. Ahí entendí que ellos se apoyan en Dios. Fue entonces cuando decidí que yo también quería conocer a Dios y aliarme con Él».

Ousman Umar comparte una perspectiva similar sobre las concesiones de vida basadas en el propósito: «Cuando decidí dejar Ghana y emprender mi viaje a Europa, sabía que estaba haciendo una concesión enorme. Estaba dejando atrás todo lo que conocía, arriesgando mi vida por la posibilidad de una educación y un futuro mejor. Fue la decisión más difícil de mi vida, pero estaba impulsada por un propósito más grande que yo mismo. Esa decisión, aunque increíblemente difícil, sentó las bases para todo lo que he podido lograr desde entonces». Esta reflexión de Umar ilustra cómo las decisiones más difíciles y las concesiones más grandes pueden ser las que más nos acercan a nuestro propósito vital.

Es importante recordar que tomar decisiones conscientes y hacer concesiones de vida no significa que siempre tomaremos la decisión «correcta» o el camino más fácil o que no experimentaremos dudas o arrepentimientos. Lo que sí significa es que estamos tomando decisiones alineadas con nuestros valores y nuestro propósito más amplio, lo que nos proporciona una base sólida para avanzar entre los desafíos y las oportunidades que la vida nos presenta.

Ricardo Forcano añade: «A menudo, las decisiones más difíciles son las que involucran un conflicto entre diferentes valores o aspectos de nuestro propósito. En estos momentos, es crucial tomarse el tiempo para reflexionar y buscar una solución que honre lo más posible todos los aspectos importantes de quiénes somos y qué queremos lograr». Esta perspectiva nos recuerda que la toma de decisiones consciente no siempre implica elecciones claras entre el «bien» y el «mal», sino que a menudo implica comprender matices y equilibrios complejos.

Adicionalmente a las concesiones, los límites ejercen un papel importante en la toma de decisiones conscientes. Mientras que las concesiones implican sacrificar algo valioso para obtener algo que consideramos aún más importante, los límites son las fronteras que establecemos para proteger nuestro bienestar, nuestros valores y nuestro propósito. Los límites nos ayudan a mantener el enfoque en nuestros valores, lo que es verdaderamente importante para nosotros, ya que evitan que nos dispersemos o que comprometamos aspectos fundamentales de nuestro propósito. Establecer y mantener límites claros es una parte esencial en la toma de decisiones consciente, ya que nos proporciona un marco dentro del cual podemos operar de manera coherente con nuestros valores y objetivos a largo plazo.

Carmen García de Andrés enfatiza la importancia de los límites en estas decisiones conscientes: «Como líderes, a menudo sentimos la presión de estar siempre disponibles, de hacer más y más. Pero he aprendido que establecer límites claros no sólo me hace más efectiva como líder, sino que también modela un comportamiento saludable para mi equipo. Cuando respeto mis propios límites, estoy dando permiso a los demás para hacer lo mismo».

Enric Benito comparte su experiencia sobre cómo el establecimiento de límites fue crucial en su transición de oncólogo a especialista en cuidados paliativos: «Tuve que aprender a establecer límites emocionales. Trabajar con pacientes terminales puede ser emocionalmente agotador si no aprendes a cuidar de ti mismo. Establecer límites no significaba que me importara menos, sino que me permitía estar verdaderamente presente y efectivo cuando estaba con mis pacientes». Esta reflexión de Benito subraya cómo los límites, lejos de ser barreras, pueden ser herramientas que nos permiten servir mejor a nuestro propósito y a los demás.

Tomar decisiones conscientes implica estar plenamente presente y consciente en el proceso de toma de decisiones, considerando cuidadosamente cómo cada opción se alinea con nuestro propósito y nuestros valores. Implica mirar más allá de las gratificaciones inmediatas y considerar las implicaciones a largo plazo de nuestras elecciones.

La vida está llena de decisiones, y muchas de ellas implican hacer concesiones. Cuando vivimos con un propósito claro y límites bien definidos, estamos mejor equipados para tomar decisiones conscientes y hacer concesiones que estén alineadas con nuestros valores y objetivos a largo plazo.

Cuando hemos desarrollado una fuerte conexión con nuestro propósito y nuestros valores, nuestro cuerpo y nuestras emociones se alinean para guiarnos de manera más efectiva. Ricardo Sunderland, en su experiencia como *coach* de líderes de alto nivel, ha observado este fenómeno en acción. Él comenta: «Los líderes más efectivos que he conocido tienen una capacidad increíble para "sentir" la decisión correcta. No es que ignoren los datos o el análisis racional, sino que integran esa información en sintonía con sus valores y su propósito. Esta integración se manifiesta a menudo como una sensación de certeza en el cuerpo, una especie de "sí interno" que va más allá de la lógica pura».

Esta perspectiva nos recuerda la importancia de cultivar no sólo nuestra mente analítica, sino también nuestra inteligencia emocional y nuestra conciencia corporal. A medida que desarrollamos estas capacidades, nos volvemos más hábiles para tomar decisiones basadas en el propósito.

En la práctica, esto significa que cuando nos enfrentamos a decisiones importantes, especialmente aquellas que están alineadas con nuestro propósito, es crucial crear espacio para escuchar no sólo nuestros pensamientos, sino también nuestras emociones y sensaciones corporales. Esto podría implicar prácticas como la meditación, la atención plena o, simplemente, tomarse un momento para hacer una pausa y sintonizar con nuestro estado interno antes de tomar una decisión importante.

Enric Benito, desde su experiencia en cuidados paliativos, ofrece una perspectiva preciosa sobre este tema: «En mi trabajo con pacientes al final de la vida, he aprendido la importancia de escuchar no sólo con la mente, sino con todo el ser. Esta escucha, que incluye el cuerpo y las emociones, nos permite conectar con nuestra sabiduría interna y tomar decisiones que están verdaderamente alineadas con nuestro propósito».

Esta sabiduría interna, que integra mente, cuerpo y emociones, nos permite tomar decisiones que no sólo son lógicamente sólidas, sino que están alineadas con lo que realmente valoramos y con quienes aspiramos a ser. Sin embargo, es importante recordar que la toma de decisiones conscientes no garantiza resultados «perfectos», aunque sí nos proporciona una base sólida desde la cual podemos enfrentar los desafíos y las incertidumbres de la vida. Además, la práctica constante de la toma de decisiones conscientes puede llevar a un mayor autoconocimiento y claridad sobre nuestro propósito. Cada decisión es una oportunidad para aprender más sobre nosotros mismos, sobre nuestros valores y sobre lo que realmente queremos en la vida.

4.3. Revisión del propósito

La revisión de nuestro propósito es un proceso necesario a medida que evolucionamos, necesario para mantener la alineación entre quiénes somos, qué hacemos y qué queremos lograr en la vida. Este proceso de revisión nos permite adaptar nuestro propósito a medida que adquirimos nuevas experiencias, nos enfrentamos a desafíos inesperados, o tenemos un contexto profesional o familiar diferente que trastoca nuestras prioridades en la vida.

A medida que atravesamos diferentes etapas de la vida, nuestras experiencias moldean nuestra visión del mundo y de nosotros mismos. Este crecimiento personal inevitablemente influye en nuestros valores, prioridades y aspiraciones. Lo que nos motivaba en nuestros 20 años puede diferir significativamente de lo que nos impulsa en nuestros 40 o 50. Es habitual que en nuestra juventud hayamos podido estar impulsados por el éxito profesional y el reconocimiento. Sin embargo, con el tiempo, podríamos descubrir que la conexión familiar, el impacto social o el crecimiento personal se han vuelto más importantes para nosotros.

Adicionalmente, a lo largo de nuestra vida nos encontramos con nuevas oportunidades que pueden abrir caminos inesperados. Estas oportunidades pueden desafiar nuestras concepciones previas y ofrecernos nuevas formas de expresar nuestro propósito. Por ejemplo, un ejecutivo exitoso podría descubrir una pasión por la enseñanza que redefine completamente su propósito profesional.

Ricardo Forcano ilustra este punto cuando dice: «El propósito no es un destino fijo, sino una dirección. A lo largo de mi carrera, he descubierto que mi propósito ha evolucionado con el tiempo. Lo importante es mantenerse fiel a tus valores fundamentales y estar dispuesto a crecer y cambiar a medida que adquieres nuevas experiencias y perspectivas».

Nuestro propósito tiene que adaptarse al entorno. Vivimos en una era de cambio acelerado en la que las innovaciones tecnológicas, los desafíos globales y los retos sociales ocurren a un ritmo sin precedentes. Lo que era relevante o impactante hace una década puede haber perdido su importancia en el contexto actual. Por lo tanto, resulta crucial que nuestro propósito sea lo suficientemente flexible para adaptarse a estas realidades cambiantes.

Enrique Linares expresa su experiencia personal sobre esto: «En mi nueva etapa vital, tras haber vendido con éxito LetGo, empiezo a entender que mi propósito es ayudar a la gente que tengo alrededor, ayudar a emprendedores que están empezando, a dar clases de emprendimiento en la IE University, compartir mi vocación, compartir mi experiencia con gente que se está formando».

Es fácil caer en la trampa de seguir un camino predeterminado o cumplir con expectativas externas, perdiendo de vista lo que realmente nos importa. La revisión regular nos da la oportunidad de hacer un chequeo de coherencia vital, asegurándonos de que nuestras acciones y decisiones estén alineadas con quienes realmente somos y lo que verdaderamente valoramos.

El psicólogo y autor Daniel Goleman, conocido por su trabajo en inteligencia emocional, subraya la importancia de esta revisión: «Los líderes más efectivos son aquellos que tienen un sentido claro de quiénes son, qué valoran y por qué están haciendo lo que hacen. Pero también son aquellos que están dispuestos a cuestionar y revisar estas creencias a medida que adquieren nuevas experiencias y conocimientos». La revisión del propósito no es una señal de debilidad o indecisión, sino una característica de líderes fuertes y adaptables.

Como señala el autor y consultor Simon Sinek: «El propósito no es la causa de las acciones, sino el resultado de ellas. A medida que tomamos decisiones y actuamos de cierta manera, nuestro propósito se vuelve más claro. Por eso es importante revisar constantemente nuestras acciones y preguntarnos si están alineadas con quienes queremos ser». El propósito no es algo que simplemente declaramos, sino algo que vivimos y manifestamos a través de nuestras acciones diarias.

Por tanto, la revisión del propósito es esencial para mantener una vida auténtica, significativa y alineada con nuestros valores. Nos permite adaptarnos a los cambios en nosotros mismos y en nuestro entorno, manteniendo al mismo tiempo un sentido de dirección y significado.

Con este propósito claro, podemos impactar las vidas de quienes nos rodean de manera mucho más significativa. Nuestro liderazgo se vuelve más auténtico y humano, y no sólo hace que podamos inspirar a otros a través de nuestras palabras, sino también a través de nuestras acciones y de la forma en que vivimos nuestra vida. Lideramos con coherencia, mostrándonos tal y como somos, vulnerables, sin la necesidad de escondernos detrás de máscaras o pretensiones.

Tener un propósito claro a menudo implica tomar decisiones difíciles, hacer sacrificios y enfrentar la incertidumbre. Eso puede suponer ir contra la corriente, desafiar el *statu quo* y arriesgarnos al fracaso o al rechazo. Pero es precisamente a través de estos actos de coraje como crecemos y nos convertimos en la mejor versión de nosotros mismos.

Antes de concluir la primera parte, y para acabar este capítulo, de nuevo, pensemos en una serie de preguntas que nos ayuden a reflexionar sobre lo que hemos leído:

1. ¿Qué actividades o experiencias en tu vida te han hecho sentir más vivo y realizado? ¿Cómo podrían estas experiencias estar relacionadas con tu propósito?

2. ¿Crees que tu trabajo o tus responsabilidades actuales están alineados con lo que tienes en mente que puede o podría ser tu propósito? ¿Por qué?

3. ¿Cómo ha evolucionado tu sentido del propósito a lo largo de los años? ¿Qué experiencias vitales han influido en estos cambios?

4. ¿Cómo podrías incorporar una revisión regular de tu propósito en tu rutina? ¿Qué señales o experiencias te indicarían que es momento de reevaluar tu propósito?

5. Si tuvieras que explicar ahora tu idea de propósito en una sola frase a alguien que acabas de conocer, ¿qué le dirías?

5

Conclusiones de la primera parte

Cada ser humano es único, dotado de talentos y capacidades extraordinarias que esperan ser descubiertas y cultivadas. Nacemos con dones especiales, y nuestra responsabilidad no es únicamente reconocerlos, sino también nutrirlos y compartirlos con el mundo. Este proceso de autodescubrimiento, como hemos explorado en los capítulos anteriores, es fundamental para encontrar nuestra verdadera voz y vivir una vida auténtica.

Encontrar la voz propia requiere un ejercicio de reflexión profundo, examinando cuidadosamente nuestras creencias y patrones de comportamiento, distinguiendo entre aquellos heredados o adoptados sin cuestionamiento y los que realmente sintamos afines a nuestra esencia. Al desarrollar esta conciencia y alineación interna, no sólo nos beneficiamos personalmente, sino que nos convertimos en una fuente de inspiración para quienes nos rodean, viviendo con una sensación de propósito que nos guía en el camino.

El camino hacia el autoconocimiento comienza con la exploración de nuestro ser físico y mental. Como hemos visto, reconectar con nuestro cuerpo es fundamental, aprender a escuchar las señales sutiles que nos envía, a interpretar el lenguaje silencioso de nuestras sensaciones. Esta conexión corporal no sólo mejora nuestra salud y nuestro bienestar, sino que también agudiza nuestra intuición y nuestra capacidad de tomar decisiones alineadas con nuestro verdadero ser.

Paralelamente, aprender a identificar, nombrar y gestionar nuestras emociones nos permite tomar decisiones de forma más informada y alineada con nuestro ser, nos permite desarrollar relaciones más auténticas y nos permite actuar con autenticidad. Las emociones, lejos de ser obstáculos, son fuentes valiosas de información y energía cuando sabemos canalizarlas adecuadamente. Un líder emocionalmente inteligente no sólo es más resiliente, sino que también es capaz de crear entornos de trabajo más positivos y productivos.

Identificar nuestras fortalezas y comprender nuestros valores más profundos, alineándolos con nuestras acciones diarias, es el camino hacia una vida de significado y coherencia. Nuestras fortalezas son herramientas poderosas que nos permiten afrontar desafíos con confianza. Nuestros valores son la brújula interna que guía nuestras decisiones y comportamientos. Juntos, nuestros valores y nuestras fortalezas nos ayudan a definir nuestra identidad y a identificar nuestro propósito. Cuando vivimos en consonancia con ellos, experimentamos una sensación de autenticidad y bienestar que se refleja en todos los aspectos de nuestra vida.

Identificar nuestro propósito, ya sea vital o una serie de pequeños propósitos en el camino adecuado, es una fuente de motivación y energía inagotable. Nos inspira a levantarnos cada mañana con entusiasmo, a enfrentar los desafíos con positivismo y a perseverar cuando otros podrían rendirse. Es el combustible que nos impulsa a superar obstáculos, a innovar y a buscar constantemente formas de crear un impacto positivo en el mundo.

Sin embargo, el propósito no nos llega mientras estamos sentados en nuestra oficina, sino que requiere un esfuerzo consciente; exige introspección sincera, la voluntad de enfrentar nuestras verdades más incómodas y la valentía de desafiar nuestras creencias limitantes. Es un proceso continuo de cuestionamiento y crecimiento, de aprender y desaprender, de construir y, a veces, de deconstruir lo que creíamos saber sobre nosotros mismos y el mundo.

Debemos aprender a identificar y gestionar nuestros pensamientos, creencias y emociones. Requiere que nos enfrentemos a nuestras sombras, que reconozcamos nuestras debilidades y limitaciones, pero también que examinemos y celebremos nuestras fortalezas y talentos. A medida que nos conocemos mejor, ganamos la capacidad de «responder» en lugar de «reaccionar», de liderar desde la integridad en lugar de desde el miedo.

Cuando las personas pueden entender quiénes son, con todas sus fortalezas y debilidades, están en una posición mucho mejor para liderar de manera auténtica y efectiva. Esta idea es afín a la famosa observación del psicólogo Carl Rogers: «La curiosa paradoja es que, cuando me acepto tal como soy, entonces puedo cambiar».

¿Cómo traducimos nuestra autenticidad y nuestro propósito en acciones tangibles que tengan impacto? ¿Cómo podemos gestionar las complejidades de las relaciones interpersonales y las dinámicas organizacionales sin perder nuestra esencia? En los próximos capítulos, exploraremos cómo podemos llevar este autoconocimiento y este propósito al mundo. Descubriremos cómo cultivar la empatía y la vulnerabilidad para desarrollar relaciones. Aprenderemos a enfrentar nuestros miedos con valentía, reconociendo que el crecimiento y la transformación a menudo ocurren fuera de nuestra zona de confort.

También exploraremos cómo inspirar a otros a través de un liderazgo empático y compasivo, creando entornos donde las personas puedan dar lo mejor de sí mismas. Veremos cómo el *storytelling* puede ser una herramienta poderosa para comunicar nuestra visión y motivar a otros a unirse a nuestra causa.

Recordemos que, independientemente de nuestro título o posición, todos tenemos la capacidad de influir positivamente en nuestro entorno. El verdadero liderazgo comienza con liderarnos a nosotros mismos, y es a través de este autodescubrimiento y crecimiento personal como nos convertimos en referentes de inspiración para los demás.

Segunda parte

Influencia positiva

6

Empatía y vulnerabilidad

El liderazgo consiste en tener empatía. Consiste en tener la habilidad de relacionarte y conectar con personas con el propósito de inspirar y empoderar sus vidas.

OPRAH WINFREY, presentadora
de televisión y actriz

En los capítulos anteriores hemos comenzado el camino para encontrar nuestra voz, un camino de introspección. Hemos aprendido a reconocer nuestras fortalezas, a entender nuestras emociones y a alinear nuestras acciones con nuestros valores más profundos. Este proceso nos ha llevado a una comprensión más profunda de quiénes somos y qué queremos lograr en nuestras vidas y carreras. Habiendo mirado hacia dentro, es momento de dirigir nuestra atención hacia fuera, hacia las personas que nos rodean y a quienes lideramos. Es aquí donde la empatía y la vulnerabilidad se convierten en herramientas indispensables.

La empatía, en su esencia, es la capacidad de comprender y compartir los sentimientos de otro. Es el puente que nos conecta con las experiencias, emociones y perspectivas de los demás. Va más allá de simplemente reconocer lo que otra persona está sintiendo; implica la habilidad de ponerse en los zapatos del otro, de ver el mundo a través de sus ojos.

En el contexto del liderazgo, la empatía nos permite sintonizar con las necesidades, motivaciones y desafíos de nuestros equipos, clientes y colaboradores. Nos ayuda a crear un ambiente de trabajo más inclusivo y comprensivo, un entorno donde las personas se sienten realmente valoradas y entendidas. La empatía nos permite anticipar problemas, resolver conflictos de manera más positiva y tomar decisiones en las que se considera el bienestar de todos. Es una habilidad que trasciende las jerarquías y que nos permite conectar de manera auténtica con las personas en todos los niveles de la organización.

En nuestras entrevistas, Carmen García de Andrés enfatiza que la empatía va más allá de simplemente entender a los demás: «La empatía no es sólo entender a los demás, es crear un espacio donde las personas se sientan verdaderamente escuchadas y valoradas. He visto cómo esto puede transformar completamente la dinámica de un equipo, llevando a una mayor innovación y colaboración».

Mi invitada Abigail Núñez, cofundadora de Bmum, ilustra perfectamente este concepto cuando dice: «Hay veces que, cuando me hacen la pregunta de "por qué somos especiales", digo: "No sé exactamente qué nos hace especiales, pero quizá yo intento tratar, o intentamos tratar, a los pacientes como si fuera a dar a luz mi hermana..., ¿cómo quieres que dé a luz tu hermana?"». Esta perspectiva nos recuerda que la verdadera empatía implica ponernos en el lugar del otro, tratando a cada persona como si fuera alguien cercano y querido para nosotros. También nos recuerda que esta empatía puede tener un impacto diferencial competitivo con nuestros clientes, como es el caso de Bmum.

La vulnerabilidad, por otro lado, es la disposición a mostrarnos auténticos, a admitir nuestras imperfecciones y a enfrentar la incertidumbre con sinceridad. Implica la valentía de quitarnos las máscaras que a menudo llevamos en el ámbito profesional y mostrarnos tal como somos, con nuestras luces y nuestras sombras. Lejos de ser una debilidad, la vulnerabilidad es una fuente de fortaleza que nos permite crear conexiones de confianza y fomentar un ambiente de apertura y transparencia.

En el liderazgo, la vulnerabilidad se manifiesta en la disposición a admitir cuándo no tenemos todas las respuestas, en la capacidad de pedir ayuda cuando la necesitamos y en la voluntad de compartir nuestros propios desafíos y aprendizajes. Esta autenticidad crea un espacio donde otros también se sienten seguros para ser ellos mismos, fomentando así la innovación, la creatividad y la colaboración genuina.

Juntas, la empatía y la vulnerabilidad forman el corazón de un liderazgo más humano. Son las cualidades que nos permiten transformar el conocimiento que hemos adquirido sobre nosotros mismos en acciones que inspiran, motivan y elevan a quienes nos rodean. La empatía nos permite entender profundamente a nuestro equipo, mientras que la vulnerabilidad nos permite conectar con ellos de manera auténtica. Esta combinación crea un estilo de liderazgo que no sólo es efectivo en términos de resultados, sino que también es profundamente satisfactorio y enriquecedor tanto para el líder como para los miembros del equipo. Nos permite crear organizaciones donde las personas no sólo dan lo mejor de sí mismas en términos de productividad, sino que también crecen y se desarrollan como individuos.

La importancia de la empatía y la vulnerabilidad en el liderazgo no es simplemente una noción intuitiva; está respaldada por una creciente base de investigación científica. Un estudio realizado por el Center for Creative Leadership llamado «Empathy in the workplace», encontró que la empatía en el lugar de trabajo está positivamente relacionada con el desempeño laboral. Los gerentes que practican la empatía tienen empleados que dicen ser más felices y que son más productivos.

Un estudio publicado en *Harvard Business Review* en 2020 por E. Seppälä y K. Cameron, llamado «Proof that positive work cultures are more productive», encontró que los líderes que muestran vulnerabilidad son percibidos como más auténticos y confiables por sus equipos. Esto, a su vez, conduce a una mayor participación de los empleados y a un mejor desempeño organizativo.

Además, la neurociencia nos está proporcionando nuevas perspectivas sobre la importancia de la empatía y la vulnerabilidad en las interacciones humanas. Las investigaciones de Matthew D. Lieberman, profesor de Psicología de la UCLA, han demostrado que nuestros cerebros están cableados para la conexión social. En su libro *Social: why our brains are wired to connect*, Lieberman sugiere que la empatía y la conexión social son tan fundamentales para nuestro bienestar como la comida y el agua.

En el ámbito empresarial, un informe de Des Moines publicado en la web de Businessolver en 2019, llamado «State of workplace empathy», encontró que el 82 por ciento de los empleados estaría dispuesto a dejar su trabajo por uno con un líder más empático, mientras que el 78 por ciento de los empleados estarían dispuestos a trabajar más horas para un empleador más empático. Estos hallazgos señalan la creciente importancia de la empatía en la retención y motivación del talento.

La vulnerabilidad también está ganando reconocimiento como una habilidad de liderazgo crucial. Un estudio de 2012 publicado en el *Journal of Management* encontró que los líderes que mostraban autenticidad y apertura fomentaban una mayor innovación en sus equipos. Los investigadores Avolio y Mhatre sugieren que, al mostrar vulnerabilidad a través de la autenticidad, los líderes crean un ambiente psicológicamente seguro donde los miembros del equipo se sienten más cómodos tomando riesgos y compartiendo ideas innovadoras.

En este capítulo, exploraremos cómo la empatía y la vulnerabilidad se manifiestan en tres áreas clave: la escucha activa, la compasión y la demostración de vulnerabilidad.

Examinaremos cómo estas cualidades se traducen en acciones concretas y comportamientos observables. Veremos cómo los líderes pueden cultivar estas habilidades en sí mismos y fomentarlas en sus equipos. También abordaremos los desafíos y obstáculos comunes que pueden surgir al intentar liderar con más empatía y vulnerabilidad, y ofreceremos estrategias prácticas para superarlos.

6.1. Escucha activa: el arte de estar verdaderamente presente

La escucha activa es el fundamento sobre el cual se construyen la empatía y la vulnerabilidad. Va mucho más allá de simplemente atender y escuchar las palabras de alguien con interés; es un proceso deliberado de estar completamente presente, absorbiendo no sólo las palabras, sino también el tono, el lenguaje corporal y las emociones subyacentes de la persona que está hablando.

Mi invitada a *Talent Pills* Juana Erice, experta en comunicación y *coach* ejecutiva muy reconocida, enfatiza la importancia de la escucha activa en la conexión humana: «La comunicación es conectar. Es lograr que la persona que te escucha deje todo lo que tiene en su cabeza, deje todas sus preocupaciones... se abra y te deje entrar». Esta perspectiva subraya que la escucha activa no es un acto pasivo, sino una forma activa de crear conexión y comprensión.

La escucha activa requiere una atención plena y una disposición a suspender nuestros propios juicios y suposiciones. Implica crear un espacio mental y emocional donde la otra persona se sienta verdaderamente escuchada y valorada. Esto implica hacer un esfuerzo consciente por evitar formar opiniones o conclusiones inmediatas sobre lo que estamos escuchando, y, en su lugar, mantener una mente abierta y curiosa. Esta práctica nos permite recibir la información de manera más completa y objetiva, lo que a su vez facilita que respondamos de manera más empática y constructiva.

Claudia Tecglen, psicóloga y activista por los derechos de las personas con discapacidad, ofrece una visión interesante sobre este aspecto: «Cuando una persona me conoce, evidentemente lo que más llama la atención de mí... es, primero, las muletas superpsicodélicas que tengo [...]. Cuando una persona con discapacidad vence el estigma del estereotipo, la conexión que se genera es muy superior y aporta una perspectiva única a cualquier equipo». Esta escucha activa nos debe llevar a replantearnos nuestros marcos conceptuales y a ver las situaciones desde ángulos completamente nuevos.

Una manera efectiva de mejorar nuestra capacidad de escucha activa es practicar la «escucha sin agenda». Esto significa abordar cada conversación con una mente abierta, sin una lista preestablecida de puntos que queremos cubrir o conclusiones a las que queremos llegar. En lugar de eso, nos permitimos ser guiados por la conversación, siguiendo los hilos que surgen naturalmente y explorando las ideas y emociones que se presentan.

Otro de mis invitados, Antonio Ortega, ex consejero ejecutivo de Bankia, comparte una perspectiva sobre la importancia de la escucha sin agenda a la hora de compartir decisiones difíciles: «Para contar cosas difíciles y escuchar a alguien, escucharle de verdad, tienes que dedicarle tiempo. Tiene que ser en persona y darle todo el tiempo del mundo. No puedes decirle: "Oye, sube a mi despacho que tengo media hora y te voy a contar esto". No, tienes que darle todo el tiempo del mundo». Ortega subraya un aspecto crucial de la escucha activa: la generosidad con nuestro tiempo y atención. El tiempo en la actualidad es un recurso escaso, y dedicar tiempo ilimitado a escuchar es un lujo. Sin embargo, es precisamente esta inversión de tiempo y atención lo que permite construir estas relaciones sólidas y tomar decisiones más informadas y empáticas, aunque sean duras y difíciles.

Otra técnica es la práctica del «reflejo». Esto implica parafrasear o resumir lo que hemos escuchado para asegurarnos de que hemos entendido correctamente. No sólo demuestra que estamos prestando atención, sino que también da al interlocutor la oportunidad de clarificar o expandir sus puntos. Este enfoque fomenta una conversación más profunda y reflexiva, permitiendo que ambas partes exploren juntas el tema en cuestión. Esto no sólo nos ayuda a escuchar con más comprensión, sino que también reduce nuestra tendencia a juzgar o interpretar prematuramente lo que estamos escuchando.

La escucha activa también implica prestar atención a lo no

dicho. Los silencios, las pausas, las expresiones faciales y el lenguaje corporal a menudo comunican tanto como las palabras habladas. Aprender a «leer» estos signos no verbales de la comunicación puede proporcionar mensajes muy importantes que las palabras por sí solas no pueden transmitir. Esta habilidad nos permite captar los matices y las sutilezas de la comunicación que a menudo se pierden cuando nos enfocamos únicamente en las palabras.

Aprender a estar cómodos con el silencio es una habilidad que a menudo se pasa por alto, pero que puede mejorar significativamente nuestra capacidad de escucha activa. En nuestra cultura, a menudo sentimos la necesidad de llenar cada pausa en la conversación, lo que puede impedir que el interlocutor tenga el espacio necesario para reflexionar y expresarse completamente.

Daniel Goleman, autor de *Inteligencia emocional*, argumenta que la escucha activa es una habilidad que se puede desarrollar y mejorar con la práctica. En una encuesta realizada por su equipo, encontraron que los líderes que se comprometieron a mejorar sus habilidades de escucha activa durante un período de seis meses reportaron una mejora significativa en sus relaciones laborales y en la eficacia de su liderazgo.

En última instancia, la escucha activa es una herramienta muy útil para construir confianza, fomentar la innovación y crear un ambiente de trabajo más inclusivo y colaborativo. Cuando los líderes practican la escucha activa, envían un mensaje claro de que valoran las contribuciones de su equipo y están comprometidos con el crecimiento y desarrollo de cada individuo.

6.2. Actuar con compasión: el poder de la empatía en acción

La compasión es la empatía en acción. Va más allá de simplemente entender los sentimientos de los demás; implica un deseo genuino de aliviar el sufrimiento y contribuir al bienestar de los demás. En el contexto del liderazgo, actuar con compasión significa tomar decisiones y acciones que consideran el impacto humano, la conexión emocional y el bienestar general de las personas involucradas.

La importancia de la compasión en el entorno de liderazgo radica en su capacidad para crear organizaciones más humanas y sostenibles. Los líderes compasivos fomentan una cultura de apoyo mutuo en la que los empleados se sienten valorados y comprendidos. En este contexto, el trabajo de Rasmus Hougaard y Jacqueline Carter, en su libro *La mente del líder*, argumenta que la compasión es un componente esencial del liderazgo. Define el liderazgo compasivo como la capacidad de reconocer el sufrimiento en los demás y tomar medidas para aliviarlo. Esto implica una acción concreta para mejorar el bienestar de los demás. Los autores destacan que la compasión en el liderazgo no es una debilidad, sino una fortaleza que permite a los líderes conectar de manera más profunda con sus equipos y tomar decisiones más equilibradas.

Hougaard y Carter proponen el «liderazgo MSC», constituido por tres componentes clave: *mindfulness* ('atención plena'), *selflessness* ('altruismo') y *compassion* ('compasión'); y este tipo de liderazgo tiene un impacto muy positivo en el desempeño de los equipos y las organizaciones. Sus investigaciones con más de cinco mil empresas en casi cien países demostraron que los líderes con altos índices de compasión tenían equipos que obtenían mejores resultados, con mejor colaboración de equipo, mayor compromiso con la empresa y tasas de rotación mucho más bajas.

La compasión en el liderazgo no significa evitar decisiones difíciles o comprometer los objetivos de la organización. Por el contrario, implica tomar esas decisiones difíciles de una manera que respete la dignidad de las personas involucradas y busque minimizar el sufrimiento innecesario. Antonio Ortega comparte una perspectiva en este sentido sobre cómo manejar situaciones difíciles con compasión: «Es importante dar argumentos a la otra persona para que esa noche, cuando llegue a su casa, pueda contar a su familia..., con argumentos razonables, lo que le ha pasado. ¿Y qué es importante...? Pues que no me lo dejes hundido». Este enfoque demuestra una consideración por el bienestar emocional de las personas, incluso en situaciones donde se deben tomar decisiones difíciles.

Enric Benito, oncólogo y experto en cuidados paliativos, nos ofrece una perspectiva de la importancia que menciona Ortega, incluso en situaciones extremas: «Cuando conectas con esa persona y es capaz de conectar consigo misma, sabe que pertenece a la misma especie, sabe que es acogida, sabe que cuando suelta lo que se encuentra es con su propia profundidad, y ahí no hay miedo, ahí hay paz». Esta observación resalta cómo la compasión puede ayudar a las personas a reconectar con su propia fuerza interior y encontrar paz incluso en situaciones tan difíciles como lo es enfrentarse a su propia muerte o a la de un ser querido.

La compasión en el liderazgo también se manifiesta en la forma en que reconocemos y celebramos los éxitos y contribuciones de los demás. Esto va más allá de las recompensas formales o los reconocimientos públicos; implica un aprecio genuino del esfuerzo y la dedicación de cada individuo. Los líderes compasivos buscan activamente oportunidades para reconocer el buen trabajo, no sólo en términos de resultados, sino también en términos de esfuerzo, crecimiento y superación personal. Esto puede incluir conversaciones uno a uno donde el líder expresa su aprecio de manera específica y sincera, o la creación de una cultura en la que el reconocimiento entre pares sea valorado y fomentado.

En su libro sobre el liderazgo compasivo, Hougaard y Carter proponen varias estrategias para mejorar nuestra capacidad de liderar con compasión:

1. Fomentar una mentalidad de «nosotros»: en lugar de enfocarse en el «yo», se busca cultivar un sentido de comunidad y conexión con el equipo y la organización en general.
2. Equilibrar la compasión con la claridad: en lugar de evitar decisiones difíciles, comunica de forma clara las expectativas y hazlo de una manera que respete y apoye a las personas involucradas.
3. Practicar la autocompasión: aprende primero a ser compasivo contigo mismo; esto te permite ser más compren-

sivo y paciente contigo, lo que a su vez facilita extender esa compasión a los demás.

4. Crear una cultura de la compasión: trabaja activamente para fomentar un ambiente de trabajo donde la compasión sea valorada y practicada por todos.

5. Practicar la gratitud: expresa gratitud regularmente para mantener una perspectiva positiva y fomentar un ambiente de aprecio mutuo.

6. Aprender de los errores: mira los errores como oportunidades de aprendizaje y crecimiento, tanto para ti mismo como para tus equipos.

Hougaard y Carter enfatizan que estas habilidades pueden ser desarrolladas y mejoradas con la práctica.

Es importante recordar que la compasión no es sinónimo de indulgencia. Los líderes compasivos mantienen altos estándares y expectativas claras, pero lo hacen de una manera que apoya y empodera a sus equipos. La compasión en el liderazgo crea un ambiente en el que las personas se sienten seguras para tomar riesgos, admitir errores y aprender de ellos.

6.3. Mostrarse vulnerable: la fortaleza en la autenticidad

La vulnerabilidad en el liderazgo a menudo se malinterpreta como debilidad o inseguridad. Sin embargo, la disposición a mostrarse vulnerable es en realidad una fuente de fortaleza y autenticidad que puede transformar la dinámica de un equipo y una organización.

Históricamente, la vulnerabilidad de un líder se consideraba una debilidad debido a una concepción tradicional del líder como una figura fuerte, infalible y sabia. Esta idea tiene raíces profundas en la historia militar y política, según la cual los líderes eran vistos como figuras heroicas que debían proyectar fuerza y certeza en todo momento. En libros clásicos de liderazgo como *El príncipe*, de Machiavelli (o Maquiavelo), se aconsejaba a los líderes mantener una imagen de poder y control absoluto. Machiavelli argumentaba que un líder debe «parecer clemente, fiel, humano, íntegro, religioso..., y serlo; pero con la condición de estar con el ánimo dispuesto a, cuando sea menester, no serlo». De forma similar, en *El arte de la guerra*, de Sun Tzu, se enfatiza la importancia de ocultar las debilidades y mantener una fachada de invulnerabilidad frente al enemigo. Estas ideas se trasladaron al mundo empresarial, ámbito en el que durante mucho tiempo se valoró un estilo de liderazgo autoritario y distante.

En el siglo xx, la literatura ha enfatizado la importancia de proyectar una imagen de seguridad y control absolutos, sin dejar espacio para la duda o la vulnerabilidad. En el libro *En busca de la excelencia*, de T. J. Peters y R. H. Waterman, sus autores presentaban a los líderes de empresas exitosas como figuras decisivas y fuertes. Por su parte, en *Winning* [Ganar], de Jack Welch (ex-CEO de General Electric) y Suzy Welch, se subraya la importancia de la confianza y la decisión en el liderazgo. Estos libros han influido en la educación de muchos de los líderes en la actualidad y han fomentado una cultura de liderazgo que valora la apariencia de control, a veces a costa de reconocer vulnerabilidades.

Sin embargo, en las últimas décadas ha habido un cambio significativo en la percepción de la vulnerabilidad en el liderazgo. Trabajos como los de Brené Brown en su libro *Dare to lead* han sido fundamentales para reinterpretar la vulnerabilidad como una fortaleza, argumentando que es esencial para la innovación, la creatividad y la conexión humana. Brené Brown define la vulnerabilidad como «la disposición a hacer algo sin garantías», es decir, a admitir cuándo no tenemos todas las respuestas, a reconocer nuestros errores y a compartir nuestros miedos e inseguridades.

Carmen García de Andrés, presidenta de la Fundación Tomillo, subraya la importancia de la autenticidad y la coherencia en el liderazgo. Ella sostiene que «liderar desde dentro significa liderar desde una posición de integridad personal, de coherencia». Esta visión nos recuerda que nuestros valores deben ser más que palabras; deben ser el núcleo de nuestras acciones y decisiones.

Irene Milleiro nos recuerda: «Una cosa clave, y a veces poco comentada, en el liderazgo del futuro y el liderazgo eficaz, es que tiene que ser vulnerable. Yo creo que la vulnerabilidad es un superpoder, y lo trabajamos muy poco». La vulnerabilidad, lejos de ser una debilidad, puede ser una herramienta poderosa para crear conexiones auténticas y fomentar la confianza. En las palabras de Juana Erice: «Cuando tú te muestras vulnerable, te muestras auténtico. Y esa autenticidad conecta con la gente. Lo contrario genera rechazo instintivo».

La vulnerabilidad en el liderazgo se manifiesta de diversas formas. Puede ser tan simple como admitir desconocimiento cuando nos enfrentamos a una pregunta difícil, o pedir ayuda a nuestro equipo cuando nos encontramos en una situación desafiante. También puede implicar compartir experiencias de fracaso y cómo éstas han contribuido a nuestro aprendizaje y crecimiento. En un nivel más profundo, la vulnerabilidad puede manifestarse al compartir nuestras luchas personales y cómo han influido en nuestra trayectoria profesional, o bien al expresar abiertamente nuestras emociones de manera transparente.

La vulnerabilidad en el liderazgo no sólo implica mostrar nuestras propias debilidades, sino también reconocer y celebrar las fortalezas de los demás. Jackie Calleja ejemplifica esta idea cuando razona que hay que «tener esa capacidad de reconocer el talento de otros y no enfocarte tanto en ti mismo, tener la humildad para hacerlo mucho con nuestro equipo». Este tipo de vulnerabilidad implica ceder el protagonismo y reconocer nuestras propias limitaciones. Al reconocer abiertamente las habilidades y contribuciones de nuestro equipo creamos un ambiente en el que todos se sienten valorados y motivados para dar lo mejor de sí mismos.

Mostrarse vulnerable puede ser delicado, especialmente en culturas que valoran la asertividad, la certeza y el control. Sin embargo, cuando los líderes se muestran vulnerables, crean un ambiente seguro para la innovación y la toma de riesgos, un entorno donde los miembros del equipo se sienten cómodos compartiendo ideas arriesgadas sin temor a hacer el ridículo. Así se ayuda a construir confianza y respeto mutuo en los equipos, y se favorece la creatividad, el aprendizaje y el pensamiento lateral, dando importancia a entender que «está bien no tener todas las respuestas».

Desarrollar la capacidad de mostrarse vulnerable requiere práctica y valentía. Implica enfrentarte a tus propios miedos e inseguridades. Algunas técnicas para cultivar la vulnerabilidad en el liderazgo incluyen:

- Decir «no sé» y pedir ayuda: al admitir tus limitaciones y buscar el apoyo de otros, demuestras que conoces tus limitaciones y valoras el conocimiento colectivo.
- Mostrar tus emociones de forma transparente y auténtica: esto no significa perder el control emocional, sino expresar tus sentimientos de manera apropiada y genuina.
- Compartir historias personales: especialmente aquellas que involucran fracasos o desafíos.
- Solicitar *feedback* de nuestro equipo y nuestros colegas: estar abiertos a recibir críticas constructivas.
- Cuando cometes errores, reconocerlos rápida y abiertamente: asumiendo la responsabilidad y enfocándote en las soluciones y el aprendizaje.
- Expresar abierta y sinceramente tu agradecimiento hacia los demás: eso no sólo fortalece las relaciones, sino que también te permite reconocer nuestra interdependencia y la importancia de los demás en nuestro éxito.
- Compartir tus aspiraciones y miedos: revelando tus esperanzas para el futuro y tus preocupaciones, invitando a otros a hacer lo mismo y creando un ambiente de confianza y apoyo mutuo.
- La práctica regular de la autorreflexión, dedicando tiempo a examinar tus pensamientos, emociones y acciones: esto nos ayuda a identificar áreas donde podríamos estar evitando la vulnerabilidad por miedo o inseguridad.

Cuando organizativamente se crea una cultura vulnerable en tu equipo, se forman naturalmente «círculos de confianza». Éstos son grupos o colectivos con quienes podemos ser completamente sinceros y transparentes, sin miedo a la crítica ajena. Contar con un espacio seguro para expresar nuestras experiencias y emociones sin temor ha demostrado tener beneficios incalculables para el desarrollo de un equipo de alto rendimiento.

Amy Edmondson, profesora de la Harvard Business School, introduce el concepto de *seguridad psicológica*. En la práctica, esto podría manifestarse en el concepto de un líder que fomenta un ambiente donde los miembros del equipo se sienten seguros para expresar sus miedos y preocupaciones sin temor a represalias, un «círculo de confianza». Google, por ejemplo, implementó esta idea en su Proyecto Aristóteles, creando equipos donde los miembros se sentían seguros para tomar riesgos y ser vulnerables frente a sus colegas. Los círculos de confianza permiten a los líderes mantenerse conectados con las realidades del día a día de su equipo. Obtienen información valiosa sobre el estado de ánimo, las preocupaciones y las aspiraciones de sus empleados, lo que les permite tomar decisiones más informadas y empáticas.

Carmen García de Andrés subraya la importancia de estos círculos de confianza: «En el liderazgo, es fundamental tener un espacio donde puedas mostrarte tal como eres, con tus dudas y tus miedos. Estos círculos de confianza te permiten ser vulnerable en un entorno seguro, lo que a su vez te da la fuerza para ser más auténtico en tu rol de líder».

Los estudios sobre el impacto de estos círculos de confianza son notables. Las investigaciones han demostrado que los equipos que fomentan estos espacios seguros para la vulnerabilidad experimentan un aumento significativo en la cohesión del equipo, la creatividad y la productividad. Un estudio realizado por Google en su Proyecto Aristóteles encontró que la *seguridad psicológica*, un concepto estrechamente relacionado con estos círculos de confianza, era el factor más importante para el alto rendimiento de los equipos.

Además, se ha observado que estos círculos de confianza aceleran el proceso de desarrollo de un equipo, permitiendo que los grupos pasen más rápidamente por las etapas de formación, confrontación y normalización para llegar a un estado de alto rendimiento. También se ha notado una mejora en la capacidad de adaptación del equipo frente a cambios y desafíos, ya que la confianza y la vulnerabilidad compartida crean una base sólida para enfrentar la incertidumbre juntos.

Es importante recordar que la vulnerabilidad no significa compartir todo con todos. Se trata de ser auténtico y transparente de una manera que sea apropiada para el contexto y que sirva al bienestar del equipo y de la organización.

Por otro lado, mostrarse vulnerable puede ser emocionalmente desafiante. Puede activar miedos profundamente arraigados de rechazo o correspondencia. De ahí la importancia de haber trabajado antes de forma significativa en tu autoconocimiento, comprendiendo tus creencias y patrones de pensamiento, para poder entender y gestionar bien tus emociones.

La vulnerabilidad en el liderazgo no consiste en ser débiles ni en exponer todas nuestras inseguridades; se trata de tener el coraje de ser auténticos, de admitir que no tenemos todas las respuestas y de crear un espacio en el que otros también puedan ser auténticos. Como dice Brené Brown: «La vulnerabilidad es la cuna de la innovación, de la creatividad y del cambio».

A medida que nuestros entornos de trabajo se vuelven más complejos y diversos, y a medida que el entorno externo es crecientemente cambiante e incierto, la capacidad de conectar genuinamente con los demás, de mostrar nuestra autenticidad (mostrando lo que sabemos y lo que desconocemos) y de comunicarnos con comprensión y compasión se vuelve cada vez más relevante.

A través de la escucha activa aprendemos a estar verdaderamente presentes para los demás, creando un espacio en el que se sienten verdaderamente escuchados y valorados. Al actuar con compasión, demostramos que nos preocupamos por el bienestar de nuestros equipos más allá de los resultados inmediatos.

Estas habilidades no son innatas; se pueden desarrollar y perfeccionar con intención y práctica. Al adoptar la empatía y la vulnerabilidad en nuestro liderazgo, no sólo nos volvemos más efectivos en nuestros roles, sino que también contribuimos a crear organizaciones más humanas, creativas e innovadoras.

Creamos espacios en los que las personas pueden ser auténticas, en los que se sienten valoradas y en los que pueden dar lo mejor de sí mismas.

Este espacio de confianza y seguridad no se debe confundir con no mantener niveles altos de exigencia y rigor. De hecho, la empatía y la vulnerabilidad pueden coexistir y reforzar un enfoque de alto rendimiento. La confianza creada a través de estas prácticas permite establecer expectativas más claras y ambiciosas, ya que los miembros del equipo se sienten seguros para asumir riesgos y enfrentar desafíos.

La empatía y la vulnerabilidad, cuando se practican adecuadamente, no disminuyen la autoridad o la efectividad del líder; más bien al contrario, pueden aumentar su influencia y capacidad para impulsar el cambio. Cuando los líderes demuestran estas cualidades, crean un ambiente en el que los empleados se sienten más comprometidos y motivados para dar lo mejor de sí mismos.

En este sentido, como dijo mi invitado a *Talent Pills* Iñaki Ereño, CEO de Bupa (compañía internacional de salud radicada en el Reino Unido): «Nosotros veníamos de una cultura Bupa, ha sido una cultura un poco paternalista, de no hablar a los empleados, claramente [...], pero es importante decir a tus equipos las "verdades del barquero"». Esta transparencia —«las verdades del barquero», como las llama Ereño—, combinada con empatía, permite a los líderes abordar desafíos complejos de manera más efectiva. El ejemplo de Ereño nos muestra que este tipo de liderazgo empático y vulnerable no sólo es posible en grandes organizaciones globales, sino que es esencial para gestionarlas eficazmente en tiempos de cambio e incertidumbre.

Desarrollar tu vulnerabilidad requiere coraje; requiere salir de nuestra zona de confort para admitir tus imperfecciones, decir «no sé» o pedir ayuda con sinceridad y compasión.

La valentía en el liderazgo no consiste en una ausencia de miedo, sino en la capacidad de actuar a pesar del miedo. Se trata de tener el coraje de ser auténticos, de tomar decisiones difíciles y de defender nuestros valores incluso cuando es incómodo o difícil.

Para ayudarte a interiorizar lo que hemos explorado y dar los primeros pasos hacia un liderazgo más empático y vulnerable, considera las siguientes preguntas:

1. Reflexiona sobre una decisión difícil que hayas tomado recientemente. ¿Cómo podrías haber incorporado más compasión en ese proceso de toma de decisiones?
2. ¿Qué aspecto de la empatía o la vulnerabilidad encuentras más difícil en tu día a día? ¿Qué paso concreto podrías dar para mejorar en este aspecto?
3. ¿Cuál ha sido tu experiencia más significativa al mostrar vulnerabilidad en tu rol de liderazgo? ¿Qué aprendiste de esa experiencia?
4. ¿Cómo podrías crear un «círculo de confianza» en tu equipo u organización? ¿Qué obstáculos prevés?

En el próximo capítulo, exploraremos cómo cultivar la valentía necesaria para este tipo de liderazgo y cómo superar los miedos que a menudo nos impiden mostrar nuestra autenticidad y vulnerabilidad.

7

Valentía y determinación: supera tus miedos

Un barco en el puerto está seguro, pero no es para eso para lo que se construyen los barcos.

JOHN A. SHEDD, autor y empresario

La valentía se ha convertido en una cualidad indispensable para los líderes que aspiran a marcar la diferencia. Esta valentía, unida a la determinación, permite, además, perseverar y mantener la motivación a pesar de los obstáculos y contratiempos. La verdadera valentía en el liderazgo se manifiesta como la capacidad de actuar con determinación frente a la incertidumbre, tomar decisiones difíciles y asumir riesgos calculados en búsqueda de un objetivo mayor.

La valentía es el catalizador que transforma las ideas disruptivas en acciones concretas y los sueños ambiciosos en realidades tangibles. Es lo que permite a los líderes desafiar el *statu quo*, cuestionar las suposiciones arraigadas y aventurarse en territorios inexplorados. Sin embargo, sin determinación, la valentía puede resultar efímera y carente de impacto. La determinación asegura que los esfuerzos valientes tengan el impacto deseado, que los líderes no sólo inicien el cambio, sino que también lo vean hasta su conclusión, superando los desafíos que surgen en el camino.

La valentía en el contexto del liderazgo no se trata de temeridad o imprudencia. Por el contrario, implica una profunda comprensión de los riesgos y desafíos, combinada con la voluntad de enfrentarlos de manera consciente. Yaiza Canosa, CEO y emprendedora, comenta: «Yo siempre he creído que en la vida hay que ser valiente. Eso supone no tener miedo a tener miedo. No tener miedo es ser temerario, ser valiente es tener miedo como tenemos todos en la vida».

Esta valentía, cuando se combina con la determinación, se manifiesta de múltiples formas: puede ser la decisión de revisar el modelo de negocio de una empresa en respuesta a las cambiantes demandas del mercado, la determinación de invertir en tecnologías emergentes aun cuando los retornos no son inmediatamente evidentes, o la voluntad de defender principios éticos incluso cuando hacerlo puede resultar costoso a corto plazo.

El miedo ante los desafíos, los cambios o las incertidumbres son naturales en la esencia del ser humano. Ocultarlos o reprimirlos como acto de valentía no es el camino. Todo lo contrario, entender y gestionar el miedo es un elemento muy importante a la hora de enfrentarte a esos desafíos. Jaime Carvajal Urquijo, reconocido economista y empresario, reflexiona sobre este tema durante nuestra conversación: «Superar tus miedos es algo muy importante. Es muy personal. La actitud al riesgo de cada persona es diferente, pero en la vida, si no tomas algún riesgo, no vas a ninguna parte».

El miedo, cuando se reconoce y se maneja adecuadamente, puede ser una fuente valiosa de información y motivación. Nos alerta sobre posibles riesgos, nos impulsa a prepararnos más exhaustivamente y nos mantiene alerta y ágiles. La verdadera valentía no reside en la ausencia de miedo, sino en la capacidad de actuar a pesar de él e, incluso, gracias a él. Y es la determinación la que nos permite continuar adelante, incluso cuando el miedo parece abrumador.

No hay que confundir la valentía con la temeridad. La valentía es ser vulnerable, no arrogante; es ser calculador y previsor, no impulsivo o imprudente; es tener confianza en uno mismo, no tener ego; es estar abierto a aprender y a escuchar, no encerrarte en tu burbuja de dominio jerárquico o en la ilusión de un conocimiento absoluto. La valentía en el liderazgo implica la disposición a mostrarse auténtico y vulnerable ante el equipo.

Tampoco hay que confundir la confianza en uno mismo, rasgo distintivo de la valentía, con el ego. El ego impide escuchar, impide aprender y, por tanto, impide el reconocimiento a considerar perspectivas diversas. Esta apertura contrasta fuertemente con la actitud cerrada y autoritaria que a menudo se confunde erróneamente con la fortaleza en el liderazgo.

En un estudio realizado por el Center for Creative Leadership, llamado «The courage of leadership: how to lead bravely in challenging times», se encontró que los líderes considerados «valientes» por la organización eran también los más efectivos en impulsar el cambio organizativo y en inspirar a sus pares y a sus equipos. Estos líderes no sólo eran capaces de tomar decisiones difíciles, sino que también creaban un ambiente donde sus equipos se sentían seguros para innovar y asumir riesgos controlados.

La valentía del líder puede tener un efecto cascada en toda la organización. Cuando los líderes demuestran valentía, inspiran a sus equipos a ser más audaces, a pensar de manera más creativa y a asumir mayores responsabilidades. Crean una cultura donde el fracaso no es temido sino visto como una oportunidad de aprendizaje, donde la innovación es alentada y donde cada miembro del equipo se siente empoderado para contribuir con sus mejores ideas y esfuerzos.

En este capítulo, hablaremos de cinco temas que nos ayudarán a comprender mejor la valentía y su impacto en el liderazgo, empezando por la determinación en sí misma, y, luego, entendiendo cómo podemos enfrentarnos a nuestros miedos, cómo tomar riesgos calculados, cómo desarrollar nuestra asertividad y confianza (que no nuestro ego) y cómo usar el miedo como un motor positivo.

7.1. Enfréntate a tus miedos

El primer paso hacia la valentía consiste en aprender a enfrentarnos a nuestros propios miedos. Estos temores pueden manifestarse de diversas formas: miedo al fracaso, miedo a la crítica, miedo al rechazo, miedo a tomar decisiones equivocadas, miedo a perder un estatus laboral o social, etcétera. Sin embargo, es crucial reconocer que el miedo, en sí mismo, no es el enemigo. El verdadero desafío radica en cómo respondemos ante él.

Enfrentar los miedos requiere, en primer lugar, reconocerlos y nombrarlos. Muchos líderes caen en la trampa de negar sus temores, creyendo erróneamente que esto los hace parecer más fuertes. Sin embargo, la verdadera fortaleza radica en la capacidad de admitir nuestras dudas, nuestros temores y nuestras desconfianzas y en trabajar activamente para superarlas.

En su libro *Mindset: la actitud del éxito*, la psicóloga Carol Dweck expone que la capacidad de enfrentar los miedos y superar los desafíos está directamente relacionada con cómo percibimos nuestras propias habilidades. Aquellos que ven sus capacidades como fijas tienden a evitar situaciones que podrían exponerlos al fracaso, mientras que aquellos con una mentalidad de crecimiento ven los desafíos como oportunidades para aprender y mejorar. Esta perspectiva es fundamental para los líderes que buscan enfrentar sus miedos de manera constructiva.

Durante una entrevista en *Talent Pills*, Francisco Polo, ex alto comisionado para España Nación Emprendedora, nos contó cómo abordar el miedo: «Siempre he creído que en la vida hay que ser valiente, pero ser valiente no es "no tener miedo". No tener miedo es ser temerario, ser valiente es tener miedo como tenemos todos en la vida. [...] Y es el vivir con ese miedo y gestionarlo como es, es decir, entender que es un aviso para que hagas mejor las cosas, para que investigues más, para que busques buenos socios, para que encuentres el mejor talento y te rodees de gente que sabe mucho más que tú para hacer aquello que quieres conseguir».

Esta visión de Polo se alinea con la investigación del psicólogo Albert Bandura sobre la autoeficacia. En su libro, *Self-effica-*

cy: the exercise of control, Bandura expuso que las personas con un alto sentido de autoeficacia ven los desafíos como tareas a dominar, en lugar de como amenazas a evitar. Esto sugiere que enfrentar nuestros miedos no sólo nos hace más valientes, sino que también aumenta nuestra confianza en nuestra capacidad para manejar situaciones difíciles.

Como dijo Edgar Cayce, célebre clarividente y sanador estadounidense, «este mundo es una escuela de almas». Para él, la existencia terrenal no era un fin en sí misma, sino un medio para el crecimiento y la evolución del alma. Ver cada experiencia de vida —tanto las animosas como las dolorosas— como lecciones diseñadas para ayudarnos a crecer y evolucionar espiritualmente te ayuda a enfrentarte a tus miedos con una mentalidad diferente.

En este sentido, Polo dice: «Cuando empecé con Actuable, había muchas incertidumbres y miedos. Pero me di cuenta de que el mayor riesgo era no intentarlo. Cada obstáculo se convirtió en una oportunidad para aprender y crecer. El miedo nunca desaparece completamente, pero aprendes a verlo como un compañero en tu viaje, no como un obstáculo». Esta idea de Polo refleja la investigación que el neurocientífico Joseph LeDoux, expone en su libro *Anxious: using the brain to understand and treat fear and anxiety*, en el que muestra que,. aunque no podemos eliminar completamente nuestras respuestas que obedecen al miedo, podemos aprender a regularlas y a reaccionar de manera más controlada.

Existen infinidad de ejercicios cuyo sentido es aprender a detectar los propios miedos y enfrentarse a ellos. A continuación, detallo algunos de los más conocidos para que cada cual pueda profundizar en ello si le interesa:

- Un ejercicio práctico para enfrentar los miedos es el «análisis de escenarios». Consiste en imaginar el peor escenario posible y, luego, planificar cómo se respondería ante él. Este ejercicio no sólo ayuda a desmitificar nuestros temores, sino que también nos prepara mentalmente para enfrentar desafíos reales. La eficacia de este enfoque se basa en la teoría de la exposición cognitiva, que sugiere que enfrentar nuestros miedos en un entorno controlado puede reducir su impacto emocional.

- Otro ejercicio efectivo es la «visualización guiada», que implica imaginar visualmente cómo te enfrentas y superas situaciones temidas. Los estudios han demostrado que esta práctica puede fortalecer las conexiones neuronales asociadas con la confianza y la resiliencia, haciendo que sea más fácil enfrentar los miedos en la vida real.
- La «técnica de reevaluación cognitiva», desarrollada por el psicólogo James Gross, implica cambiar conscientemente nuestra interpretación de una situación temida. Por ejemplo, en lugar de ver una presentación importante como una amenaza, podemos verla como una oportunidad para compartir nuestras ideas y generar un impacto positivo.
- La «técnica de exposición gradual», ampliamente utilizada en terapia cognitivo-conductual, también puede ser adaptada para el liderazgo. Implica enfrentar gradualmente situaciones temidas, comenzando con desafíos más pequeños y progresando hacia los más grandes. Esta aproximación paso a paso ayuda a construir confianza y habilidades de manera incremental.
- Finalmente, la «técnica del mentor interno», basada en la terapia de esquemas de Jeffrey Young, puede ser particularmente útil para algunas personas. Esta técnica implica imaginar una versión compasiva de uno mismo, o la de un familiar querido y admirado que ya no está con nosotros, y buscar su consejo cuando uno se enfrenta a situaciones similares. Este ejercicio ayuda a acceder a recursos internos de fortaleza y sabiduría que a menudo pasamos por alto cuando estamos dominados por el miedo.

Enfrentar nuestros miedos no supone eliminarlos por completo, sino aprender a coexistir con ellos de una manera que nos permita avanzar hacia nuestros objetivos. Como líderes, nuestra capacidad para modelar este enfoque no sólo nos beneficia a nosotros mismos, sino que también inspira y empodera a nuestros equipos para enfrentar sus propios desafíos con valentía y determinación.

7.2. Toma riesgos calculados

La toma de riesgos calculados nos permite evaluar cuidadosamente los peligros y las oportunidades, así como tomar decisiones informadas incluso cuando el resultado no está garantizado. Este enfoque requiere una combinación de un análisis riguroso de la situación, cierta amplitud de mira estratégica y la valentía para actuar en condiciones de incertidumbre.

Jesús Sainz, vicepresidente y cofundador de Puy du Fou España, subraya la importancia de la anticipación en la toma de riesgos calculados: «Al enfrentarme a grandes desafíos, lo que he procurado siempre en mi vida es algo muy importante, que es anticiparme a los problemas. No me gusta que los problemas me sorprendan. Entonces, siempre he procurado tener planes B y C para poder actuar pronto si estos problemas florecen». Esta estrategia de planificación anticipada es crucial para mitigar los riesgos y estar preparado para diferentes escenarios.

El profesor Robert E. Quinn de la Universidad de Míchigan, en su libro sobre el liderazgo transformacional *Deep change: discovering the leader within*, argumenta que los líderes efectivos son aquellos que pueden equilibrar la estabilidad con el cambio, tomando riesgos calculados que impulsan la innovación desde una estabilidad organizativa y manteniendo el balance entre disrupción y continuidad.

Este enfoque de Quinn sobre el balance entre estabilidad y cambio es muy relevante en la toma de riesgos calculados. Los líderes deben ser capaces de mantener la estabilidad operativa de la organización mientras simultáneamente impulsan el cambio y la innovación. Esto requiere una habilidad adicional para saber gestionar las tensiones internas de la organización y fomentar una cultura que valore tanto la eficiencia como la experimentación.

Para aprender a tomar riesgos de una forma más calculada existen múltiples herramientas y metodologías; a continuación, indico algunas para que cada uno pueda profundizar en ellas si lo estima oportuno:

- Un ejemplo práctico a la hora de tomar riesgos calculados es el «método de las tres preguntas» desarrollado por Roger Martin, conocido por su trabajo en pensamiento integrador y estrategia empresarial y autor del libro *The opposable mind: winning through integrative thinking*. Este método implica hacerse tres preguntas clave antes de tomar una decisión arriesgada: 1) «¿Cuáles son las condiciones mínimas para el éxito?»; 2) «¿Cuáles son las barreras para el éxito?»; y 3) «¿Cuáles son las mejores maneras de superar estas barreras?». El método de Martin es particularmente útil porque obliga a los líderes a considerar tanto los factores de éxito como los obstáculos potenciales. Al identificar las condiciones mínimas para el éxito, los líderes pueden establecer un umbral claro para determinar si vale la pena asumir un riesgo. Al mismo tiempo, al considerar las barreras y las estrategias para superarlas, pueden desarrollarse planes de contingencia más robustos.

- Otro enfoque práctico es el «análisis de escenarios», una técnica utilizada por muchas organizaciones para prepararse para diferentes futuros posibles. Este método, descrito por Jesús Sainz, implica imaginar múltiples escenarios futuros plausibles y desarrollar estrategias para cada uno. Al hacerlo, los líderes pueden identificar riesgos potenciales y oportunidades que de otra manera podrían pasar desapercibidos. El análisis de escenarios es particularmente valioso en entornos altamente inciertos o volátiles. Permite a los líderes pensar más allá de las proyecciones lineales y considerar una gama más amplia de posibles resultados.

- Otra herramienta útil es el «método de la escalera de riesgo», desarrollado por el experto en gestión de riesgos David Hillson, y descrita en su libro *Managing risk in projects*. Este enfoque implica desglosar un riesgo grande en pasos más pequeños y manejables, permitiendo a los líderes abordar los riesgos de manera incremental y controlada. Cada paso proporciona oportunidades para aprender y ajustar la estrategia, reduciendo así el riesgo general.

- La «técnica de *premortem*», popularizada por el psicólogo Gary Klein, es particularmente efectiva. En su libro *The power of intuition: how to use your gut feelings to make better decisions at work*, Klein plantea el siguiente ejercicio: el equipo imagina que el proyecto ha fracasado, y después trabaja hacia atrás para identificar todas las posibles causas de ese fracaso. La técnica de *premortem* es poderosa porque aprovecha la tendencia natural de las personas a pensar en términos de narraciones o historias. Al imaginar un futuro en el que el proyecto ha fallado, los participantes pueden identificar riesgos que de otra manera podrían haber sido pasados por alto o descartados como improbables. Además, este enfoque puede ayudar a superar el optimismo excesivo que a menudo plaga la planificación de proyectos.

- El concepto de *real options*, derivado de la teoría financiera, ofrece un marco útil para la toma de riesgos calculados en el mundo empresarial. Este enfoque implica ver las decisiones estratégicas como oportunidades que pueden aprovecharse o no en el futuro, dependiendo de cómo evolucionen las condiciones del mercado. Es particularmente interesante en entornos de alta incertidumbre o rápido cambio, ya que permite a los líderes valorar la flexibilidad estratégica y tomar decisiones que, aunque impliquen cierto riesgo inicial, preserven múltiples opciones futuras.

- De manera similar, el concepto de *hedging*, también derivado de la teoría financiera, ofrece un enfoque para la toma de riesgos calculados en proyectos inciertos. En este caso, la idea es que, aunque el objetivo final del proyecto puede no alcanzarse, el proceso de aprendizaje permite a la organización explorar posibles nuevos marcos de actuación. Este enfoque reconoce que el valor de un proyecto no reside sólo en su resultado final, sino también en el aprendizaje y las capacidades desarrolladas durante su ejecución.

En muchas situaciones, en casos de iniciativas ambiciosas, nos encontramos con obstáculos insalvables que nos paralizan y no nos dejan avanzar. Recordemos lo que nos decía Jesús Sainz sobre aquellos problemas que no tenían solución: «Cuando yo me enfrento con un problema que no tiene solución, para mí deja de ser un problema y se convierte en un dato, es una variable exógena en la ecuación. En el momento en que lo tomo como dato, me permite tener una visión diferente de la situación y me facilita adaptarme y no perder la mirada sobre la meta final». Al ver un obstáculo aparentemente insuperable como un «dato» o una «variable exógena», Sainz demuestra que podemos evitar quedar paralizados por los problemas y, en vez de eso, encontrar formas creativas de adaptarnos y seguir avanzando.

La toma de riesgos calculados requiere un equilibrio delicado entre la ambición y la prudencia. Como señala el profesor Sydney Finkelstein de la Escuela de Negocios Tuck, del Dartmouth College, los mejores líderes son aquellos que pueden «bailar en el borde del precipicio», tomando riesgos valientes pero calculados, y que impulsan a sus organizaciones hacia adelante. Sigue los pasos que sugiere la escritora y periodista Gloria Steinman: «Hazlo..., y, si tienes miedo, hazlo con miedo».

7.3. Asertividad y confianza

La valentía está intrínsecamente ligada a la asertividad y la confianza. Los líderes verdaderamente valientes son aquellos capaces de expresar sus ideas y opiniones de forma clara y firme, pero siempre desde una posición de respeto y apertura hacia los demás.

La investigación respalda la importancia del equilibrio entre asertividad y sensibilidad en el liderazgo. Un estudio publicado en el *Journal of Applied Psychology* por Daniel R. Ames y Francis J. Flynn, titulado «What breaks a leader: the curvilinear relation between assertiveness and leadership», encontró que los niveles moderados de asertividad se asocian con un liderazgo más efectivo. Los investigadores descubrieron que tanto la falta como el exceso de asertividad pueden ser perjudiciales para la efectividad del líder. El estudio sugiere que los líderes más exitosos son aquellos que logran un equilibrio, siendo lo suficientemente asertivos para impulsar el desempeño, pero también lo suficientemente sensibles para mantener relaciones positivas con su equipo.

Los líderes valientes son aquellos que están dispuestos a asumir responsabilidades y rendir cuentas por sus decisiones, tanto cuando las cosas van bien como cuando no salen según lo planeado. Este aspecto de la confianza está respaldado por la teoría del liderazgo auténtico, desarrollada por Bill George, Peter Sims, Andrew N. McLean y Diana Mayer en la Harvard Business School. Según esta teoría, expuesta en el estudio «Discovering your authentic leadership», publicado en *Harvard Business Review*, los líderes auténticos demuestran consistencia entre sus valores, palabras y acciones, lo que genera confianza y respeto entre sus seguidores.

Esta autenticidad y valentía se refleja en las palabras de Yaiza Canosa, fundadora y CEO de Goi, quien expresa: «Me da más miedo arrepentirme de no haber hecho algo que de haberlo hecho. Es como una inercia que me lleva a actuar, porque, si me voy a arrepentir de algo, prefiero que sea de haberlo intentado. Arrepentirme de no haberlo hecho me fastidiaría muchísimo más». Esta actitud demuestra una confianza que no está basada en la certeza del éxito, sino en la creencia en la propia capacidad para manejar los resultados, sean cuales sean.

Sin embargo, mantener esa confianza en uno mismo no siempre es fácil. A lo largo de nuestra vida nos enfrentamos a momentos en los que las circunstancias parecen superarnos, los retos se asemejan a montañas imposibles de escalar y el entorno puede volverse hostil, y hasta nos hallamos acechados por envidias que desean nuestro fracaso. En estos momentos de duda, es crucial buscar apoyo y encontrar una luz que nos dé fuerza para seguir adelante.

Muchas veces, esa luz proviene de quienes nos rodean, de tu círculo más íntimo (hablaremos con más detalle de este tema en el capítulo 14): tu marido o tu mujer, tus amigos, tu familia, tus mentores o jefes comprensivos, socios o colegas del trabajo... Estas personas nos recuerdan nuestro valor intrínseco, nuestras capacidades, nuestras fortalezas. Son acompañantes necesarios que nos ayudan a desgranar los problemas, a plantear soluciones, a entender que se puede avanzar, a visualizar la meta sin miedo. Sus palabras de aliento, su apoyo incondicional y su fe en nosotros pueden ser el impulso que necesitamos para recuperar la confianza perdida.

Sin embargo, no todos tienen la fortuna de contar con este círculo de apoyo cercano. En esos casos, debemos mirar más allá de nuestro entorno inmediato y buscar inspiración en referentes, en aquellos que han recorrido caminos similares. La historia está llena de individuos que, enfrentados a adversidades aparentemente insuperables, lograron triunfar contra todo pronóstico. Estas personas, aunque lejanas, pueden convertirse en nuestros guías silenciosos. Estudia sus vidas, aprende de sus estrategias y comprende cómo superaron sus propios momentos de duda, inspírate. Sus historias nos recuerdan que la grandeza no es exclusiva de unos pocos elegidos, sino que reside en cada uno de nosotros.

En este sentido, Jessa de la Morena nos comparte la importancia de buscar esos referentes, especialmente en situaciones complejas: «Yo creo que hay que escuchar a personas que han pasado por situaciones similares y que han salido adelante. Esas historias nos dan perspectiva y nos ayudan a ver que es posible superar los desafíos». Su experiencia resalta cómo estos referentes no sólo nos brindan apoyo emocional, sino que también pueden ser fuentes de inspiración y guía cuando nos enfrentamos a desafíos significativos en nuestra vida.

Existen otras técnicas, como la propuesta en la investigación de Amy Cuddy, Caroline Wilmuth y Dana Carney sobre el «poder de la postura», por ejemplo. Aunque parezca increíble, en su investigación, titulada «The benefit of power posing before a high-stakes social evaluation», demuestran que adoptar ciertas posturas físicas puede influir significativamente en nuestra confianza y nivel de estrés. Cuddy, Wilmuth y Carney señalan que mantener estas posturas durante al menos dos minutos antes de situaciones que requieran confianza, como una presentación importante o una negociación difícil, no sólo afectan a nuestra percepción mental, sino que también pueden provocar cambios hormonales, disminuyendo los niveles de cortisol.

Una técnica que nos ayuda a ganar confianza reside en hacer el ridículo de forma controlada, haciendo cosas que te fuercen a estar lejos de tu zona de confort, como puede ser el teatro u otras artes escénicas. Como nos decía Alejandro Abad: «En el mundo del espectáculo, resulta vital vivir el ridículo como algo natural..., porque es ahí donde pierdes el miedo». Exponerse a situaciones que nos permitan estar incómodos nos ayuda a no tomarnos demasiado en serio, y eso facilitará desarrollar una mayor resistencia al miedo y a la ansiedad en situaciones profesionales más críticas.

Por otro lado, el enfoque de *feedforward* de Marshall Goldsmith, expuesto en su libro *What got you here won't get you there*, ofrece una alternativa constructiva al *feedback* tradicional. El enfoque de *feedforward* se centra en soluciones y mejoras futuras, lo que puede reducir la posibilidad de ponernos a la defensiva, además de que fomenta una mentalidad de búsqueda de mejora y aumenta la confianza en uno mismo.

Algunos ejemplos de cómo implementar esta práctica incluyen:

1. En una reunión de equipo, en vez de discutir los errores del último proyecto, se podría dedicar tiempo a que cada miembro comparta una idea para mejorar el próximo proyecto.
2. Durante una evaluación de desempeño, en lugar de centrarse en las áreas donde el empleado no cumplió las expectativas, se podría preguntar: «¿En qué te gustaría trabajar para seguir creciendo el próximo trimestre?».
3. Durante una reunión de revisión de objetivos, en vez de centrarse en por qué no se alcanzaron metas pasadas, se podría preguntar: «Si tuviéramos que diseñar nuestra estrategia desde cero para el próximo año, ¿qué elementos incluirías basándote en lo que hemos aprendido?».

Tanto las técnicas de Cuddy, Wilmuth y Carney como las de Goldsmith ofrecen herramientas adicionales que podemos incorporar en nuestro día a día para desarrollar nuestra confianza y asertividad. La clave está en la disposición a salir de la zona de confort para adoptar nuevas formas de pensar.

Al final, la valentía, desde la confianza, nos permite soñar y enfrentarnos a iniciativas arriesgadas y ambiciosas. Como dice Yaiza Canosa: «Creo que a los líderes nos pagan para ser valientes y para tomar decisiones que son muy difíciles en muchos casos. O sea, soñar, ejecutar el sueño..., y para eso hay que tomar decisiones muy importantes en el camino».

Es importante destacar que la asertividad y la confianza no deben confundirse con la arrogancia o el ego. Mientras que ambos pueden manifestarse como una aparente seguridad en uno mismo, sus raíces y consecuencias son fundamentalmente diferentes:

- La confianza se basa en un conocimiento realista de las propias capacidades y limitaciones. Un líder confiado reconoce sus fortalezas, pero también es consciente de sus sombras. Esta confianza se construye a través de la experiencia, el aprendizaje continuo y la superación de desafíos, donde lo importante no es el reconocimiento personal, sino el aprendizaje en el camino y el impacto en los demás. Como señaló Verónica Pascual, hasta hace poco CEO de Asti Mobile Robotics, durante nuestra charla: «Teníamos que ser muy humildes, porque hay muchas cosas que no sabíamos y que íbamos descubriendo por el camino». Esta actitud refleja una confianza basada en la disposición a aprender y crecer.
- Por otro lado, el ego se caracteriza por una sobreestimación de las propias capacidades y una resistencia a reconocer las propias limitaciones. Un líder dominado por el ego suele mostrarse reacio a admitir errores o a buscar ayuda cuando la necesita. Mientras que la confianza fomenta la colaboración y el crecimiento del equipo, el ego tiende a crear divisiones y a inhibir el desarrollo de los demás.

Como nos recuerda Verónica Pascual, el verdadero liderazgo valiente implica un equilibrio delicado entre la confianza en nuestras capacidades y la humildad para seguir aprendiendo y creciendo. Porque, como dice el personaje Ender Wiggin, de la saga de novelas de ciencia ficción del escritor Orson Scott Card (*La saga de Ender*), y concretamente en *El juego de Ender*: «El verdadero líder no tiene necesidad de demostrarlo; está contento con mostrar el camino».

7.4. La determinación

La determinación es una cualidad fundamental en el liderazgo y el éxito personal, y su sentido trasciende la mera persecución de metas concretas. La determinación resulta crucial para evaluar el potencial de un líder, ya que define su capacidad para perseguir objetivos, superar obstáculos, ser creativo, solicitar ayuda cuando es necesario y reconocer cuándo una barrera requiere un replanteamiento estratégico.

En nuestra conversación en *Talent Pills*, Jesús Sainz, vicepresidente y cofundador de Puy du Fou España, aportó ideas que nos ayudan a entender la determinación y a saber cómo superar las barreras: «Distingo entre dos tipos de problemas: los normales, como un muro de ladrillo, y los que están fuera de nuestro alcance, como un muro de hormigón. Los problemas normales se pueden dividir y resolver poco a poco, como quitar ladrillos uno a uno. Así es como se solucionan la mayoría de los problemas al liderar un gran proyecto. Los problemas del tipo muro de hormigón no se pueden dividir, hay que considerarlos como un dato fijo a tener en cuenta». Esta metáfora ilustra la importancia de la flexibilidad y la adaptabilidad en la determinación. La verdadera determinación no implica rigidez, sino la capacidad de ajustar el enfoque cuando es necesario. Claudia Tecglen resalta este punto: «Hay que saber distinguir las críticas constructivas de las destructivas». Esta reflexión nos recuerda que la determinación efectiva incluye la capacidad de escuchar, aprender y evolucionar.

Para Egon Zehnder, la determinación es un indicador clave del potencial de liderazgo. En su modelo de evaluación de potencial, la determinación se considera una de las cuatro características fundamentales, junto con la curiosidad, el *insight* y el *engagement*. Egon Zehnder define la determinación como la capacidad de perseverar frente a los obstáculos y de recuperarse rápidamente de los reveses. Según la investigación de Egon Zehnder, los líderes con alta determinación muestran una fuerte resiliencia, mantienen el enfoque en sus objetivos a largo plazo, incluso en situaciones difíciles, y tienen la capacidad de inspirar a otros con su perseverancia. Además, estos líderes tienden a ver los fracasos como oportunidades de aprendizaje y crecimiento, en lugar de como obstáculos insuperables. En sus estudios, también han observado que la determinación es una cualidad que se puede desarrollar y fortalecer con el tiempo.

La historia de Ousman Umar, en su extraordinario viaje desde Ghana hasta España, encarna la esencia de la determinación. Su testimonio es una prueba viva de cómo la voluntad inquebrantable puede superar incluso las circunstancias más adversas. Umar afirma: «Sólo quería vivir, Luis, sólo quería vivir. Tenía claro que, con todo el aliento, con las fuerzas que me quedaran, sólo podía dar un paso más, y si fueran dos..., pues dos pasos, pero siempre un impulso más». Esta declaración captura la esencia de la determinación: la capacidad de seguir adelante, paso a paso, incluso cuando el futuro es incierto y las probabilidades parecen estar en contra.

Carmen Giménez, atleta paralímpica y campeona de España de atletismo adaptado, durante nuestra entrevista en *Talent Pills* nos ofrece una analogía con el maratón: «¿Yo corro en busca de una meta? Aparentemente, sí; pero la verdad es que la meta no tiene importancia. Me parece que el punto más importante es estar en la línea de salida. [...] La preparación previa y la valentía de estar en ese momento es lo que tiene verdadero mérito. [...] Luego, la carrera puede salir de mil maneras». Esta perspectiva desafía nuestra concepción tradicional de la determinación, sugiriendo que el verdadero valor está en el compromiso de comenzar y persistir, más que en alcanzar un objetivo específico.

La psicología positiva ha estudiado ampliamente este concepto, a menudo denominado *grit* en inglés. La investigadora Angela Duckworth, en su libro *Grit: el poder de la pasión y la perseverancia*, define la determinación como la combinación de pasión y perseverancia hacia metas a largo plazo. Sus estudios han demostrado que la determinación es un predictor más fuerte del éxito que el talento innato o el coeficiente intelectual. Duckworth argumenta que la determinación se puede desarrollar a través de cuatro elementos principales: interés, práctica, propósito y esperanza. El interés implica encontrar una pasión genuina por lo que uno hace. La práctica se refiere al compromiso con la mejora continua. El propósito conecta nuestro trabajo con un beneficio mayor para los demás. La esperanza mantiene la creencia en nuestra capacidad para superar obstáculos y alcanzar nuestras metas.

Jesús Sainz enfatiza la importancia de la educación y la experiencia en el desarrollo de la determinación: «Desde muy joven, en mis primeros roles, tuve que tomar decisiones difíciles, y eso, mucho después en la vida, me ha facilitado herramientas para ser ejecutivo, porque, cuando no tomas decisiones, te equivocas siempre y siempre surgen problemas». Esta perspectiva subraya que la determinación es una habilidad que se desarrolla con el tiempo y la experiencia.

Carmen Giménez también destaca la importancia de la salud mental en el proceso de mantener la determinación: «Tienes que tener una determinación para decir da igual, yo sé qué es lo que tengo que hacer. Entrenar sabiendo que puede salir fatal. Hoy no es el día. Yo tengo que hacerlo, y lo hago, aunque no salga bien». Esta reflexión subraya la importancia de la resiliencia mental en la determinación, la capacidad de seguir adelante incluso cuando las cosas no van según lo planeado.

Para desarrollar y mejorar la capacidad de determinación, existen varias formas. Probablemente la más efectiva es exponerse deliberadamente a pequeños desafíos y superarlos, construyendo así nuestra confianza y capacidad para enfrentar obstáculos mayores. Además, rodearse de personas positivas y motivadoras puede proporcionar el apoyo y el estímulo necesarios para mantener nuestra determinación en tiempos difíciles. Es importante recordar que la determinación no consiste sólo en perseverar ciegamente. Como señala Rodrigo Aguirre de Cárcer: «Vivimos en una sociedad donde todo se plasma en objetivos dopaminérgicos». Esta observación nos advierte sobre la trampa de buscar gratificaciones inmediatas y nos anima a cultivar la paciencia y la perseverancia necesarias para lograr objetivos significativos a largo plazo.

La determinación es la fuerza que nos impulsa a superar obstáculos, perseverar frente a la adversidad y alcanzar nuestras metas más ambiciosas. Como líderes, nuestra determinación no sólo nos beneficia a nosotros mismos, sino que también inspira y motiva a quienes nos rodean. Al cultivar y demostrar determinación, podemos crear un impacto duradero y positivo en nuestras vidas y en las vidas de los demás.

Recordemos las palabras inspiradoras de Henry Ford: «Cuando todo parezca ir en tu contra, recuerda que el avión despega contra el viento, no a favor de él». Esta cita encapsula la esencia de la determinación: es en los momentos de mayor resistencia cuando encontramos nuestra verdadera fuerza. Cada obstáculo se convierte en una oportunidad para crecer, cada desafío nos impulsa a elevarnos por encima de nuestras circunstancias. Así, al enfrentar la adversidad con coraje y persistencia, no sólo alcanzamos nuevas alturas, sino que también descubrimos el poder transformador que reside en nuestra capacidad de superar dificultades. Esta idea debería inspirarnos a avanzar siempre, incluso contra viento y marea, hacia nuestros sueños y metas.

7.5. Usa el miedo como un motor positivo

El miedo, presente en cada uno de nosotros ante desafíos importantes, es un arma de doble filo. Por un lado, nos frena, nos limita y nos detiene ante oportunidades, pero, por otro, puede ser el motor que nos impulse y que, a la vez, nos haga ser más meticulosos y preparados ante cualquier adversidad.

El miedo ante lo desconocido es algo inevitable en la esencia humana. Nelson Mandela captó magistralmente esta dualidad

cuando dijo: «El coraje no es la ausencia de miedo, sino el triunfo sobre él. El hombre valiente no es aquel que no siente miedo,
sino aquel que conquista ese miedo».

Tradicionalmente, en el mundo del liderazgo, el miedo se
ha percibido como una debilidad que debe ser ocultada o su-
primida a toda costa. Esta perspectiva ha estado profundamente arraigada en la cultura empresarial durante décadas y
ha influido en la formación de líderes y las prácticas organizacionales.

Esta cultura de infalibilidad se ha extendido a las prácticas
de desarrollo de liderazgo en muchas compañías durante el
final del siglo XX y comienzos del XXI. Esto es especialmente
notorio en entornos de alta competitividad, como la banca de
inversión o la consultoría estratégica, sectores de los que ha sur-
gido un porcentaje relevante de los líderes empresariales a nivel
mundial. Las evaluaciones de desempeño y los sistemas de promoción han tendido a recompensar a aquellos que proyectan
una imagen de seguridad constante, incluso en situaciones de
alta incertidumbre.

Esta perspectiva tradicional ha creado un ambiente donde
admitir el miedo o la incertidumbre se ha visto como una señal
de debilidad, lo cual lleva a muchos ejecutivos a suprimir o negar sus emociones naturales. Como resultado, se ha fomentado
una cultura de liderazgo que, aunque aparentemente fuerte en
la superficie, a menudo carece de la autenticidad y la vulnerabilidad necesarias para enfrentarnos a los desafíos complejos con
los que nos encontramos.

Sin embargo, esta tendencia ha cambiado radicalmente en la
actualidad. Los estudios modernos sobre liderazgo y psicología
organizativa reconocen el valor del miedo como una emoción natural y potencialmente útil. Líderes y expertos están abogando
por un enfoque más auténtico y en el que tenga cabida la vulnerabilidad, según el cual el reconocimiento y la gestión adecuada
del miedo se consideran signos de fortaleza y madurez emocional.

El miedo, cuando se gestiona adecuadamente, suele servir de
aviso. En lugar de paralizarnos, puede motivarnos a investigar
más, a buscar recursos adicionales y a desarrollar planes más de-

tallados. Francisco Polo remarca este mensaje: «Si tienes miedo, es porque efectivamente, con mucha probabilidad, estés haciendo cosas que conlleven un riesgo. Entonces hay que analizar este riesgo en detalle, ¿de qué dimensión es?, ¿cómo lo puedo abordar?, ¿qué gente necesitaré para abordarlo? Ahí hay muchas cosas que analizar y aprender». Polo nos invita a que no veamos el miedo como un obstáculo, sino como una señal que nos alerta sobre posibles riesgos y nos impulsa a prepararnos mejor.

Juan Arena, expresidente de Bankinter, ilustra esto de forma clara al contarnos su experiencia cuando le ofrecen ser profesor en Harvard. A pesar de sentirse inicialmente aterrorizado por el desafío, decidió aceptarlo y trabajar arduamente para superarlo. «Cuando me lo ofrecen, me aterrorizo, sabes, tengo miedo, pero asumo el reto —recuerda Arena—. Ese miedo me hizo probablemente estudiar mucho más de lo que anticipaba. Le dediqué muchas, muchísimas horas a prepararme cada clase [...], practicaba delante de profesores muy experimentados, lo cual me aterrorizaba [...], me obligaba a salir de mi zona de confort [...], y finalmente fue probablemente la experiencia más enriquecedora de mi vida.»

Este principio de usar tus miedos como un motor para estar preparados es especialmente importante en el contexto del liderazgo empresarial. Muchas veces, los líderes sienten la presión de mostrarse invulnerables, lo que puede llevar a decisiones precipitadas o a ignorar señales de advertencia importantes. Sin embargo, cuando se abraza el miedo como una herramienta de preparación, los líderes pueden tomar decisiones más informadas y estar mejor equipados para enfrentar los desafíos que se presenten.

En su libro *The upside of fear*, Weldon Long argumenta que el miedo puede ser una fuente de motivación para la acción y la preparación. Long, basándose en su propia experiencia personal en prisión, explora cómo el miedo puede ser reinterpretado y canalizado de manera constructiva. Long relata cómo el miedo a morir en prisión o volver a ella tras su liberación lo impulsó a transformar su vida. Utilizó este miedo para motivarse a leer libros de autoayuda y desarrollo personal, a estudiar empresariales y a trabajar en su desarrollo personal. El miedo a un futuro sombrío se convirtió en el catalizador para aprender, estudiar una carrera, desarrollar nuevas habilidades y plantearse metas ambiciosas para su vida tras salir de prisión. El autor sostiene que el miedo, cuando se enfrenta de manera consciente, puede agudizar nuestros sentidos y mejorar nuestra capacidad de toma de decisiones.

En el contexto del liderazgo, Long argumenta que los líderes que reconocen sus miedos están mejor equipados para identificar riesgos potenciales en sus proyectos y organizaciones. Esta «conciencia aumentada» les permite desarrollar estrategias más robustas y planes de contingencia más detallados. El libro sugiere que el miedo, cuando se maneja adecuadamente, puede conducir a una planificación más meticulosa y a una mayor resiliencia frente a los desafíos.

Recordemos el mensaje de Ousman Umar de cómo el miedo puede convertirse en una fuerza impulsora: «Cuando decidí crear NASCO Feeding Minds [...], cada obstáculo se convirtió en un desafío a superar, no en una razón para rendirme». Cuando estamos conectados con un objetivo que trasciende nuestros temores personales, encontramos la fuerza para perseverar frente a los obstáculos. El uso del miedo como motor positivo no consiste en eliminar el miedo por completo, sino en aprender a coexistir con él de una manera productiva.

La valentía y la determinación son elementos que trascienden la mera ausencia de miedo. Se trata de cualidades que implican enfrentarnos a los miedos de manera constructiva, tomar riesgos calculados, cultivar la asertividad y la confianza y utilizar el miedo como un motor positivo para el crecimiento y la innovación.

A lo largo de este capítulo hemos explorado cómo los líderes valientes no son aquellos que carecen de miedo, sino los que aprenden a gestionarlo y utilizarlo como una herramienta para el desarrollo personal y de sus equipos. Hemos visto cómo el enfoque tradicional de liderazgo, que valoraba la apariencia de control absoluto y la supresión de cualquier signo de duda o vulnerabilidad, está dando paso a un paradigma más auténtico y humano.

Enfrentarnos a los miedos, como nos recuerda Francisco Polo, no consiste en eliminarlos por completo, sino en analizarlos, entenderlos y utilizarlos como señales para prepararnos mejor. Esta perspectiva transforma el miedo, que deja de ser un obstáculo paralizante y se convierte en una palanca para agudizar nuestros sentidos y mejorar nuestra capacidad de toma de decisiones.

Mientras reflexionamos sobre la importancia de la valentía y la determinación en el liderazgo, nos damos cuenta de que estas cualidades cobran vida y se amplifican a través de la forma en que nos comunicamos con nuestros equipos y nuestro entorno.

Cada decisión que tomas, cada miedo que enfrentas y cada riesgo calculado que asumes te acercan un paso más a convertirte en el líder que aspiras a ser. Recuerda, la verdadera valentía no es la ausencia de miedo, sino la voluntad de avanzar a pesar de él. Te dejo con alguna pregunta. Toma nota de tus respuestas y compártelas con algún amigo:

1. ¿Cuál es tu mayor miedo que te está impidiendo dar el siguiente paso en tu carrera o en tu vida personal?
2. ¿De qué manera podrías usar tu miedo como un motor positivo en tu próximo gran proyecto o decisión?
3. ¿Cuál es ese «muro de hormigón» en tu vida o carrera que has estado tratando como un problema, pero que podrías empezar a ver como un dato fijo?
4. Si tuvieras la certeza de que no puedes fallar, ¿qué acción tomarías hoy mismo para acercarte a tus metas más ambiciosas?

En el siguiente capítulo exploraremos el poder del relato. Descubriremos cómo la comunicación persuasiva puede amplificar el impacto de un líder valiente. Aprenderemos también de los mejores sobre cómo contar historias que inspiran y motivan a equipos a brillar.

8

Conectando mentes y corazones

> El verdadero líder no se mide por su poder, sino por la capacidad de inspirar a otros.
>
> Optimus Prime, personaje
> de la película *Transformers*

Un relato que conecta va más allá de comunicar bien o ser capaz de contar historias; implica desarrollar un vínculo emocional y una capacidad para inspirar y movilizar a las personas hacia una visión compartida. En este capítulo exploraremos cómo los líderes pueden desarrollar y utilizar un relato auténtico a fin de poder influir positivamente en sus equipos y organizaciones, creando un sentido de propósito y dirección.

Este relato busca crear una conexión tanto a nivel racional como emocional, llegando, además de a las mentes, a los corazones de las personas, transformando la forma en que perciben una decisión, un objetivo, una visión. Esto se ha convertido en un factor crecientemente relevante en el mundo corporativo actual, caracterizado por rápidos cambios y una complejidad progresiva.

En un informe reciente de Egon Zehnder se señala que el papel del CEO está evolucionando hacia un rol mucho más transformador y colaborativo: «Está claro que los CEO no pueden navegar en este nuevo entorno tan dinámico basándose únicamente en sus conocimientos y experiencias pasadas [...]. Se necesita mucho más que un solo par de ojos para ver hacia el futuro [...]. Conectar emocionalmente con tu equipo y con tus *stakeholders* se ha vuelto esencial en el entorno actual, creando un sentido de propósito compartido».

Este cambio en el papel del liderazgo subraya la importancia de desarrollar un discurso que no sólo informe, sino que también inspire y motive. En el mundo actual, los líderes son aquellos que pueden articular una visión clara y convincente del futuro al mismo tiempo que conectan emocionalmente con sus equipos y *stakeholders*. A este relato que conecta, en Egon Zehnder lo llamamos *engagement*.

Eventos recientes, como la pandemia de la COVID-19, han amplificado la importancia de un relato que va más allá de los datos y las estadísticas frías. Los líderes han tenido que encontrar formas nuevas de comunicarse y conectarse con la organización mientras lidiaban con vastas conmociones, temores, duras realidades y enormes cambios estructurales. Esta situación ha llevado a muchos a desarrollar nuevas habilidades de comunicación y conexión, utilizando tecnologías avanzadas para mantener una fuerte presencia de liderazgo incluso a distancia.

En este contexto, este aspecto se ha convertido en una herramienta esencial para mantener la cohesión y el propósito compartido en entornos de trabajo cada vez más dispersos y virtuales. Los líderes que han podido comunicar de esta forma han sido capaces de mantener a sus equipos motivados y comprometidos incluso en las circunstancias más difíciles.

Para Aquilino Peña, socio cofundador de Kibo Ventures, una de las principales compañías de *venture capital* en Europa, la capacidad de comunicar una visión por parte de los fundadores es esencial: «En un fundador buscamos su liderazgo y capacidad de comunicación. Porque ten en cuenta que un fundador, desde que se levanta hasta que se acuesta (si se acuesta), tiene que estar permanentemente vendiendo, captando capital, contando su historia... y no tanto su historia, sino su visión».

Hablaremos de dos modos de comunicación fundamentales para desarrollar una conexión real: la comunicación persuasiva, que es más racional y busca influir activamente en las actitudes, creencias o comportamientos del receptor; y la comunicación afectiva o emocional, que busca crear una conexión profunda y una comprensión mutua.

Aunque diferentes en su enfoque, estas formas de comunicación comparten elementos que, combinados, crean un relato que no sólo es convincente a nivel intelectual, sino también emocionalmente resonante. Esta combinación permite a los líderes abordar tanto las preocupaciones racionales como las emocionales de sus equipos, creando un mensaje que es a la vez persuasivo y profundamente conectado con las experiencias y aspiraciones de las personas.

8.1. La comunicación persuasiva

La comunicación persuasiva va más allá de simplemente convencer con argumentos sólidos y bien estructurados; busca influir activamente en las actitudes, creencias o comportamientos del receptor.

La comunicación persuasiva no es un monólogo, sino un proceso en el que se involucra activamente al oyente, creando un espacio mental donde el mensaje puede resonar y tener impacto. A diferencia de la comunicación afectiva, la comunicación persuasiva requiere de una conversación más estructurada y orientada a objetivos específicos. Erice enfatiza la importancia de la estructura en la persuasión: «Una idea, una pregunta, un ejemplo, una pausa... Es una gran estructura para una presentación persuasiva». Este método no sólo presenta información, sino que también involucra a la audiencia, estimula la reflexión y ancla los conceptos en ejemplos concretos.

El concepto de «una idea» representa el núcleo de cualquier comunicación persuasiva. No se trata sólo de una noción abstracta, sino de un punto de anclaje que guía la estructura de un discurso o presentación. Una idea bien formulada tiene el poder de captar la atención, generar interés y provocar reflexión. No basta con presentar información; es crucial darle significado, conectándola con el público generando una tensión por resolver. En este sentido, una idea no es estática, sino un detonante de interacción y construcción de significado compartido.

Además, Erice subraya el poder de las preguntas en la comunicación persuasiva: «Las preguntas son impresionantes porque..., cuando tú haces preguntas, las personas que te están escuchando están contestando mentalmente esa pregunta, han conectado contigo». Esta observación subraya cómo la comunicación persuasiva no es unidireccional, sino que busca crear un diálogo, incluso si es interno, con la audiencia.

El *coaching* se basa en este principio, en hacer las preguntas adecuadas para buscar la reflexión ajena y que, a través del poder de la pregunta, puedas guiar al interlocutor en una dirección adecuada sin imponer tus propias ideas o soluciones. Esta técnica, conocida como mayéutica o método socrático, se remonta a la antigua Grecia y sigue siendo una herramienta poderosa en el *coaching* moderno.

Las preguntas bien formuladas tienen el poder de abrir nuevas perspectivas, desafiar suposiciones arraigadas y estimular el pensamiento creativo. En el contexto del *coaching*, estas preguntas actúan como catalizadores para el autodescubrimiento y el crecimiento personal. Al formular preguntas abiertas y reflexivas, el *coach* invita a la persona a la cual tutoriza (o *coachee*) a explorar sus propios pensamientos, emociones y motivaciones de una manera más profunda.

La comunicación persuasiva encuentra en el poder de la pregunta una de sus herramientas más efectivas. Al formular preguntas, el comunicador no sólo transmite información, sino que involucra activamente al receptor en un proceso de reflexión y descubrimiento. Este enfoque permite guiar al interlocutor hacia nuevas perspectivas sin imponer directamente un punto de vista.

El poder persuasivo de las preguntas radica en su capacidad para desafiar suposiciones preexistentes y abrir nuevas vías de pensamiento. Cuando se le pregunta a alguien «¿qué pasaría si...?», se le está invitando a imaginar nuevas posibilidades y a considerar escenarios alternativos. Este proceso mental puede ser más efectivo para cambiar perspectivas que una simple presentación de hechos.

Además, en la comunicación persuasiva, las preguntas fomentan un sentido de propiedad y compromiso. Cuando las personas llegan a una conclusión a través de su propio razonamiento, estimulado por preguntas, es más probable que se sientan comprometidas con esa idea. Esto es particularmente valioso en entornos de liderazgo, en los que el objetivo no sólo es convencer, sino también inspirar para pasar a la acción.

El arte de la persuasión a través de las preguntas requiere habilidad y práctica. Implica no sólo formular las preguntas correctas, sino también escuchar activamente las respuestas y adaptar el enfoque en consecuencia. Al dominar el uso de preguntas en la comunicación persuasiva, los líderes pueden crear un ambiente de apertura y colaboración, donde las ideas se exploran conjuntamente y las decisiones se toman con una comprensión más profunda y un compromiso más fuerte. Este enfoque contribuye a construir relaciones más sólidas y duraderas basadas en la confianza y el entendimiento mutuos.

Volvamos a lo que nos decía Erice: «Una idea, una pregunta, un ejemplo, una pausa». Hemos hablado de los mensajes y las preguntas, pero los ejemplos y los silencios son también fundamentales en la comunicación persuasiva. Los ejemplos concretos tienen el poder de transformar conceptos abstractos en realidades tangibles, permitiendo que el receptor conecte emocionalmente con el mensaje. Cuando un líder comparte una anécdota personal o un caso de estudio relevante, está proporcionando un contexto que hace que el mensaje sea más memorable y convincente.

Los ejemplos actúan como puentes entre la teoría y la práctica, y ayudan a demostrar cómo las ideas se aplican en situaciones del mundo real. Esto no sólo aumenta la credibilidad del mensaje, sino que también ayuda al receptor a visualizar cómo podría implementar esas ideas en su propio contexto. Un ejemplo bien elegido puede evocar emociones, crear empatía y superar resistencias que los argumentos lógicos por sí solos podrían no lograr.

Por otro lado, las pausas o silencios son una herramienta poderosa, pero a menudo subestimada en la comunicación persuasiva. Un silencio estratégicamente colocado puede dar tiempo al receptor para procesar la información y reflexionar sobre el mensaje, así como para crear expectativa y aumentar el impacto de las palabras que siguen, demostrar confianza y control por parte del comunicador e invitar al receptor a participar en la conversación, ya sea mental o verbalmente. Los silencios también pueden ser utilizados para enfatizar puntos clave o para crear un contraste dramático que capte la atención del receptor. Un momento de silencio puede ser refrescante y poderoso, permitiendo así que el mensaje resuene más profundamente.

La combinación efectiva de una idea, una serie de preguntas, ejemplos concretos y silencios intencionados elevan significativamente el impacto de una comunicación persuasiva, haciendo que el mensaje sea más convincente, memorable y accionable.

8.2. La comunicación afectiva

La comunicación afectiva se centra en crear una conexión emocional entre el comunicador y el receptor que permite una comprensión auténtica de sentimientos y perspectivas. Si bien la comunicación persuasiva se enfoca en llegar a las mentes de los interlocutores, la comunicación afectiva busca llegar a sus corazones. Como nos relató el doctor Juan Casado, pediatra de mucha experiencia y reconocido prestigio, en su práctica médica, la comunicación afectiva implica «hablar con cariño y cercanía», lo que genera una mayor receptividad del mensaje y confianza en el mensajero por parte del receptor.

Aquilino Peña menciona la importancia de la cercanía en la relación con los fundadores: «La cercanía yo creo que es muy importante. La cuestión de nuevo es entender que nosotros no somos gestores de las compañías. Nosotros no somos una compañía para ti, que somos el dueño y buscamos un CEO. Ya aquí trabajamos con un CEO fundador que nos invita a participar».

Mi entrevista con el doctor Juan Casado es probablemente la que mejor refleja el impacto de este tipo de comunicación. Aunque su contexto es médico, sus aprendizajes tienen implicaciones claras para el liderazgo en general. Casado enfatiza repetidamente cómo la empatía y el afecto, expresados a través de la palabra y la actitud, tienen un impacto fundamental en el receptor: «Y como vi que funcionaba, pues, claro, empecé a utilizar la palabra como forma de curación, no sólo los medicamentos, a veces también los medicamentos, cuando es necesario, pero sobre todo la palabra y la confianza». Casado demostró empíricamente que la comunicación puede ser tan poderosa como los tratamientos médicos tradicionales, abriendo una nueva perspectiva sobre el papel de la comunicación en los procesos de curación y, por extensión, en el liderazgo.

El poder de la comunicación afectiva se extiende más allá de simplemente hacer que el receptor se sienta mejor. Casado argumenta que tiene un impacto tangible en la confianza y la eficacia de la relación: «Se cree más lo que dice el médico, y esa creencia, creer en lo que te dice el médico, tiene un efecto curativo que no podemos ignorar». La confianza generada puede mejorar significativamente los resultados, sugiriendo que la relación entre el líder y el equipo es en sí misma una herramienta poderosa para este *engagement*.

Este efecto «curativo» demostrado en el ámbito médico puede aplicarse directamente al mundo corporativo. Al igual que los pacientes confían más en un médico empático, los empleados tienden a desarrollar una confianza más profunda en líderes que comunican de forma empática. Esta confianza se traduce en un mayor compromiso y una productividad mejorada. Los empleados que se sienten verdaderamente escuchados y valorados tienden a invertir más de sí mismos en su trabajo, llevando a resultados superiores para la organización.

Además, así como la comunicación afectiva puede reducir la ansiedad en pacientes que enfrentan procedimientos médicos, en el ámbito corporativo puede ser una herramienta poderosa para mitigar el estrés laboral. Los líderes que pueden comunicarse y conectar de esta manera crean un ambiente en el que los empleados se sienten apoyados y comprendidos, lo cual mejora significativamente su bienestar general y su capacidad para manejar las presiones del trabajo.

La comunicación afectiva en el entorno laboral también fomenta una atmósfera en la que los empleados se sienten más cómodos compartiendo ideas y preocupaciones. Esto es análogo a cómo un paciente que confía en su médico es más propenso a revelar síntomas importantes o preocupaciones de salud. En el contexto empresarial, esta apertura puede llevar a la identificación temprana de problemas potenciales y al surgimiento de soluciones más efectivas y creativas.

Por otro lado, la comunicación afectiva requiere entender y conocer bien al interlocutor o a la audiencia objetivo. Esto incluye conocer sus valores, necesidades y motivaciones, para poder así adaptar el mensaje de manera que lo sientan afín a ellos. Como señala Erice: «Lo importante en la comunicación es que tú te has puesto en la piel y en la mente de la gente que te está escuchando. En vez de pensar en ti, has pensado en ellos. Y al pensar en ellos, intentas aportarles valor. Y, entonces, ellos lo perciben».

Es importante recordar que este tipo de comunicación no significa evitar conversaciones difíciles o decisiones complejas. Como señala Casado: «La empatía no tiene que inhabilitar la decisión, que uno tome la decisión que tenga que tomar». La clave está en abordar estos temas de una manera que respete la dignidad de todas las partes involucradas, manteniendo la confianza y el compromiso del equipo.

La comunicación afectiva también implica ser sincero y mostrar la propia vulnerabilidad, incluso en momentos críticos y de incertidumbre, siendo conscientes del impacto de nuestras palabras. Casado ilustra esto con un ejemplo poderoso: «No sé lo que tiene tu hijo. Pero sé que lo que tiene se curará. Y eso que no se cura, él no lo tiene». Ese mensaje de claridad, incluso en la incertidumbre, es decisivo. En el liderazgo, la capacidad de infundir esperanza y confianza, incluso en situaciones de incertidumbre, genera incluso mayor confianza en el equipo. Los líderes que pueden comunicar una visión positiva del futuro, incluso en tiempos difíciles, pueden inspirar a sus equipos a superar obstáculos y alcanzar objetivos ambiciosos.

Aunque la comunicación afectiva y la comunicación persuasiva tienen enfoques distintos, son complementarias y, cuando se utilizan en conjunto, pueden tener un efecto multiplicador para favorecer ese *engagement* del que ya hemos hablado. Al combinar estas dos formas de comunicación, los líderes pueden crear un ambiente de trabajo más sano, seguro y productivo. La comunicación afectiva fomenta la apertura y la confianza, permitiendo que los empleados se sientan seguros compartiendo ideas y preocupaciones. La comunicación persuasiva, por su parte, inspira y motiva, impulsando a los equipos hacia objetivos comunes.

La autenticidad y mostrarte vulnerable tienen un papel fundamental en la comunicación afectiva y persuasiva. Esta idea desafía la noción convencional de que la persuasión requiere proyectar una imagen de perfección; en su lugar, sugiere que la vulnerabilidad puede ser una herramienta poderosa para establecer conexiones genuinas y, por ende, para ser más persuasivo.

Hemos hablado de la autenticidad con anterioridad. Pero, para una comunicación que conecta, la autenticidad y la coherencia son esenciales. Implica mostrar una versión genuina de uno mismo, sin pretensiones ni máscaras. Cuando un líder se muestra auténtico, crea un espacio de confianza donde los demás se sienten seguros para hacer lo mismo. Esta autenticidad fomenta la apertura y la honestidad entre los interlocutores, generándose así un espacio donde las ideas pueden fluir libremente y los problemas pueden abordarse de manera más abierta.

De la misma forma, la transparencia es un mínimo necesario. La transparencia en la comunicación implica ser claro y directo, así como compartir información relevante de manera abierta y honesta. Como señala el doctor Casado: «Los padres y los niños mayores perciben cuándo el médico no es sincero». De la misma manera, en el ámbito empresarial, tu interlocutor detecta fácilmente cuándo estás siendo deshonesto o excesivamente intencionado en tu intento de persuadir.

Esto no sólo incluye compartir los éxitos y las buenas noticias, sino también ser franco sobre los desafíos y las incertidumbres. La transparencia construye confianza y respeto, elementos esenciales para una comunicación efectiva. En situaciones difíciles, la transparencia puede ser particularmente poderosa. Cuando un líder admite que no tiene todas las respuestas pero que está comprometido a encontrar soluciones, esto puede generar un sentido de unidad y propósito compartido en el equipo. La transparencia también implica que haya coherencia entre nuestras palabras y nuestras acciones, lo que refuerza la credibilidad del líder y su mensaje.

Antes de finalizar, Juana Erice nos recuerda que, para poder persuadir y conectar, es casi tan importante el mensaje como el momento para hacerlo, buscar la oportunidad cuando puedas tener la plena atención del interlocutor: «Para persuadir necesitas encontrar el momento adecuado, para que la persona que te escucha ponga así foco en lo que estás diciendo y te deje entrar».

Elegir el momento y el lugar adecuados implica ser consciente del contexto y del estado emocional del interlocutor o de la audiencia. Esto puede significar escoger el momento adecuado para tener una conversación importante, como después de un éxito del equipo, cuando la moral está alta, o bien esperar a que pase una crisis inmediata antes de discutir planes a largo plazo. También implica crear un entorno físico y emocional propicio para la comunicación, libre de distracciones y en el que las personas se sientan cómodas y seguras para participar plenamente.

Como con muchas de las cosas que hemos visto, casi nadie nace comunicando bien. Como señala Erice: «A comunicar se aprende comunicando». Requiere práctica, mucha práctica, salir de tu zona de confort, estar dispuesto a probar, a equivocarte, incluso a hacer el ridículo. Pero también requiere tener a gente cerca que te ayude, te dé *feedback* y te acompañe. Busca oportunidades para hablar en público, para liderar reuniones o, simplemente, para practicar conversaciones más empáticas y persuasivas en la vida cotidiana. El desarrollo de estas habilidades es un proceso continuo que requiere paciencia y persistencia.

La comunicación que conecta mentes y corazones es un arte que trasciende las palabras y se adentra en el territorio de la empatía, la autenticidad y la visión compartida. Como líderes, nuestra capacidad para tejer un relato que vibre tanto a nivel racional como emocional puede ser la diferencia entre el cumplimiento superficial y el compromiso profundo de nuestros equipos. A continuación, dejo algunas preguntas para tu reflexión:

1. ¿En qué medida tu estilo de comunicación actual refleja tu *yo* más auténtico? ¿Cómo podrías alinearlos más estrechamente?

2. Piensa en la última decisión importante que comunicaste. ¿Fue más persuasiva que afectiva? ¿Habrías cambiado algo?

3. En un entorno cada vez más digital, ¿cómo puedes asegurarte de que tu mensaje no sólo sea oído, sino también sentido y vivido por tu equipo?

9

Construyendo puentes: *mentoring*, afinidad y colaboración

Si todas las personas avanzan juntas, entonces, el éxito se encarga de sí mismo.

HENRY FORD, ingeniero y empresario

La capacidad de construir puentes entre ideas, personas y organizaciones se ha convertido en una habilidad esencial para poder alcanzar metas mucho más ambiciosas. Construir puentes, conectándote más allá de tus equipos, buscando la colaboración y el apoyo de personas con más experiencia, permite expandir horizontes, a la vez que acelera tu aprendizaje.

En este capítulo exploraremos tres elementos fundamentales que, en conjunto, tienen el poder de transformar equipos y amplificar su impacto. Comenzaremos examinando cómo el *mentoring* sienta las bases para el desarrollo individual y el liderazgo efectivo. Después, analizaremos la importancia de cultivar equipos «afinados», capaces de sincronizar esfuerzos y materializar visiones colectivas. Finalmente, exploraremos cómo la colaboración interorganizacional permite alcanzar objetivos que trascienden las capacidades individuales de cualquier entidad.

Esta progresión desde el crecimiento personal hasta la colaboración a gran escala nos permitirá comprender cómo estos elementos se entrelazan y se refuerzan mutuamente, creando así un ecosistema en busca del aprendizaje, la innovación y el impacto. A lo largo del capítulo descubriremos cómo la combinación de estos tres pilares no sólo transforma equipos, sino que también crea oportunidades para generar un impacto significativo y duradero en nuestro entorno empresarial y social.

En el contexto actual de rápidos cambios tecnológicos y retos globales complejos, la capacidad de construir puentes se vuelve aún más relevante. Los líderes ya no pueden depender únicamente de sus propias habilidades y conocimientos para navegar en este panorama, sino que necesitan cultivar un ecosistema de aprendizaje continuo y colaboración efectiva para abordar los retos del presente y del futuro.

Además, estos tres elementos tienen un papel relevante en la creación de una cultura organizativa más inclusiva y comprometida. El *mentoring* puede ayudar a romper barreras jerárquicas y fomentar un sentido de comunidad dentro de la organización. Tener equipos «afinados» permite potenciar las fortalezas individuales, fomentar la confianza mutua y crear un ambiente de apoyo y crecimiento colectivo. La colaboración, por su parte, promueve un sentido de propósito compartido y responsabilidad colectiva que va más allá de tu organización. Estos elementos contribuyen a crear un ambiente de trabajo más satisfactorio y motivador, lo que a su vez puede mejorar la retención de talento y la productividad.

9.1. La importancia del *mentoring* en el entorno corporativo

En su esencia, el *mentoring* (o mentoría) es una relación de desarrollo en la que una persona experimentada (mentor) guía, aconseja y apoya a otra con menos experiencia (discípulo o aprendiz). El *mentoring* trasciende la mera transmisión de conocimientos, ya que consiste en cultivar una relación estrecha entre mentor y discípulo, en fomentar la reflexión y en acompañar al discípulo en su crecimiento personal y profesional.

Un ejemplo destacado del éxito del *mentoring* en el entorno emprendedor es Endeavor, una organización global sin ánimo de lucro que ha transformado el panorama emprendedor en los mercados donde opera. Fundada en 1997, Endeavor está presente en más de cuarenta países y ha apoyado a más de 2.500 emprendedores de alto impacto. Según su informe de 2023, Endeavor respalda a 81 unicornios fundados en 30 países. Las empresas apoyadas por Endeavor han generado más de 42.000 millones de dólares en ingresos anuales y creado más de 3,7 millones de empleos directos e indirectos.

Mi primer entrevistado en el pódcast, Adrián García-Aranyos, presidente global de Endeavor, ofrece una perspectiva valiosa sobre la importancia del *mentoring* en el desarrollo de ejecutivos y en sus iniciativas. Destaca: «La magia de Endeavor es precisamente eso. Es poder tener a esos grandes líderes empresariales por un lado, pero, luego, también poder atraer a un grupo de emprendedores apasionados y de alto impacto. Esta red global es única en el entorno emprendedor y es el fundamento del éxito no sólo de Endeavor, sino también de las empresas a las que apoyamos».

El programa de *mentoring* de Endeavor utiliza una red de más de cuatro mil mentores, incluyendo directivos, emprendedores experimentados y líderes empresariales. Estos mentores proporcionan orientación de forma voluntaria y sin ánimo de lucro. García-Aranyos comenta una anécdota que refleja el éxito de este modelo: «Recuerdo volver en un taxi con un emprendedor después de una sesión de *mentoring*. Éste me dijo: "Adrián, si alguna vez alguien pone en duda el impacto de Endeavor, diles que hablen conmigo"».

Muchas empresas de capital riesgo han hecho uso de este *mentoring* para acompañar a sus empresas participadas. Como señala Aquilino Peña: «Tenemos un arma muy potente que es nuestra propia comunidad de fundadores. Cuando hay uno, por ejemplo, que quiere abrir un país o un proceso de internacionalización de una determinada manera y que nosotros pensamos que es equivocada, pues lo ponemos en contacto con uno que ha fallado y con uno que lo ha hecho bien».

El éxito de este programa de mentores se basa en cuatro pilares fundamentales: un proceso de selección y filtrado de mentores muy exigente; la imparcialidad y no transaccionalidad de los mentores; un modelo de aprendizaje mutuo; y el fomento de un ecosistema de retroalimentación continua:

- La selección y el filtrado exigente de los mentores es fundamental para el éxito del programa. García-Aranyos señala: «Lo fundamental es buscar personas que tengan una experiencia previa relevante o una especialización en un sector muy concreto. Pero, más allá de la experiencia, lo importante es que haya una buena química. Queremos personas con las que sea fácil hablar, que no busquen ponerse en un pedestal ni actuar como profesores. No buscamos clases magistrales, sino una conexión auténtica y natural. [...] Luego, los propios emprendedores son quienes califican a los mentores, y a partir de ahí se hace un filtrado para fomentar a los mejores mentores..., y para descartar a los peor valorados».
- También habla de la importancia de la imparcialidad y la generosidad como mentores: «Es crucial que el mentor no busque una relación transaccional. No queremos que intenten vendernos sus servicios, sino que nos apoyen de manera genuina y desinteresada. La mejor relación de mentoría surge cuando hay una química real, algo que sólo se puede descubrir al conversar con esa persona. Si esa química existe, y si es auténtica, es posible que luego surja una relación más allá; pero los transaccionales fracasan estrepitosamente».
- Debe ser visto como un modelo de aprendizaje mutuo, que no sólo beneficia al discípulo, sino también al mentor. García-Aranyos subraya este aspecto: «A menudo, los mentores me dicen que aprenden tanto o más de los emprendedores a los que mentorizan. Eso les mantiene al día con las últimas tendencias y les da una perspectiva fresca sobre los

desafíos empresariales». Esta relación recíproca promueve una cultura de aprendizaje, crecimiento y respeto mutuo. Los mentores tienen la oportunidad de obtener nuevas perspectivas, reflexionar sobre sus propias experiencias y mantenerse al día con las tendencias emergentes en su industria.

- El programa de Endeavor, además, busca crear un efecto dominó que estimula el ecosistema emprendedor. A medida que los emprendedores tienen éxito, se les pide que se conviertan en mentores, compartiendo de esta forma sus experiencias con la próxima generación. Esta cultura de la «devolución» ha sido fundamental para el modelo de éxito de Endeavor y contribuye a la riqueza de su comunidad.

Aunque el *mentoring* ha demostrado ser efectivo en el ecosistema emprendedor, su aplicación en el mundo corporativo está subdesarrollada. Los entornos corporativos tienden a preferir programas de formación estructurados, dejando menos espacio para la orientación personalizada que ofrece el *mentoring*. En *The mentor's guide*, Lois J. Zachary señala que los programas estructurados, aunque beneficiosos, pueden no satisfacer las necesidades específicas de cada empleado, algo en lo que el *mentoring* destaca.

El *mentoring* tiene el potencial de revolucionar el desarrollo del talento corporativo. En *Mentoring 101: what every leader needs to know*, John C. Maxwell sostiene que el *mentoring* no sólo acelera el desarrollo de talento, sino que también fomenta un compromiso más profundo y lealtad entre los empleados, mejorando la retención y creando una cultura positiva de colaboración. Además, al cultivar a futuros líderes, el *mentoring* puede garantizar la continuidad de la visión y los valores de una empresa.

En el entorno actual, el *mentoring* es más accesible que nunca. En *Modern mentoring*, Randy Emelo argumenta que la era digital ofrece nuevas vías para el *mentoring*, haciéndolo más viable y dinámico. Este enfoque puede adaptarse a la realidad rápida y conectada del mundo corporativo actual, ofreciendo flexibilidad y fomentando una cultura de aprendizaje continuo.

García-Aranyos, basándose en su experiencia, ofrece algunas ideas sobre cómo se puede aplicar el *mentoring* en un contexto corporativo, incluso cuando tu empresa no lo ofrece de forma estructurada:

1. Sé proactivo: «Uno tiene que ser proactivo en buscar mentores. Un mentor no aparece para decirte: "Oye, ven para que te mentorice". Uno tiene que estar buscando de forma proactiva».
2. Aprovecha la disposición de la gente a ayudar: «Mucha gente está muy dispuesta a ayudar cuando le preguntas».
3. Busca más allá de la jerarquía directa: «Idealmente, no tiene que ser alguien de tu línea directa en el organigrama».
4. Busca fuera de tu organización: García-Aranyos sugiere que los mentores pueden encontrarse en conferencias sectoriales, redes locales, cámaras de comercio y otros espacios profesionales. Incluso en los casos en los que se ofrece estos modelos de *mentoring* en el mundo corporativo, muchas organizaciones limitan sus programas a relaciones internas, restringiendo la diversidad de perspectivas.

El modelo de Endeavor demuestra cómo un programa de *mentoring* bien diseñado puede impactar significativamente no sólo en individuos y organizaciones, sino en ecosistemas empresariales enteros.

Las empresas no deberían pasar por alto la importancia del *mentoring* en el desarrollo del talento interno. Integrar el *mentoring* en su cultura puede promover el crecimiento individual, mejorar el desarrollo del liderazgo y fomentar una fuerza laboral más dinámica y comprometida. Al brindar esta orientación personalizada, facilitar el acceso a contactos ajenos a su equipo (o a su organización) y compartir conocimientos especializados, el *mentoring* puede impulsar el crecimiento de los empleados, mejorar la retención, fomentar la innovación y fortalecer una cultura positiva de aprendizaje y colaboración.

El mensaje es claro: todos deberíamos buscar activamente mentores, estar abiertos a diversas perspectivas y estar dispuestos a aprender y compartir conocimientos. Como dice García-Aranyos: «Lo primero es abrirse, porque a esa gente no la vas a conocer estando dentro de tu caparazón».

El *mentoring* no es sólo una herramienta de desarrollo profesional; es una forma de crear conexiones significativas, fomentar la innovación y construir un futuro más colaborativo y exitoso. Ya sea en una *start-up* o en una gran corporación, el poder del *mentoring* puede ser la clave para desbloquear el potencial individual y organizativo.

El *mentoring* es una inversión en el futuro de la organización y en el desarrollo de su capital humano. Como García-Aranyos concluye: «Estamos buscando todo el tiempo esa colaboración y concienciando a la sociedad de que tenemos que trabajar juntos. Desde Endeavor creo que estamos predicando con el ejemplo». Esta filosofía de colaboración y desarrollo mutuo es el corazón del *mentoring* efectivo y puede ser un catalizador poderoso para el crecimiento organizativo y el liderazgo inspirador.

9.2. Equipos «afinados»

Se ha escrito mucho sobre cómo ser un mejor líder de equipos y sobre las diferentes estrategias para fomentar tu liderazgo, adaptándolo a las necesidades de los individuos, etcétera. Este apartado no busca ayudarte a mejorar tu capacidad de liderar equipos, lo que busca es ayudarte a mejorar la conexión entre sus miembros —entendiendo las experiencias de perfiles en contextos muy diferentes— y a reflexionar en cómo se puede avanzar a la hora de mejorar la colaboración de los miembros de un equipo, gestionar egos y, en definitiva, mejorar su armonía..., todo lo cual supone tener un equipo «afinado».

La capacidad de crear y mantener equipos que funcionan en perfecta armonía se ha convertido en una habilidad esencial para los líderes, especialmente en entornos inciertos o cambiantes como el actual. Ramón Torrelledó, reconocido director de orquesta, compara la formación de equipos con la afinación de una orquesta. Esta analogía no es casual; tanto en la música como en los negocios, la sincronía y la armonía son fundamentales para lograr resultados excepcionales.

En el mundo empresarial, los equipos afinados son aquellos que pueden adaptarse rápidamente a los cambios, innovar de manera efectiva y mantener un alto nivel de rendimiento incluso en situaciones de estrés. Según un estudio de 2018 elaborado por Aghina, W. y otros para McKinsey, «The five trademarks of agile organizations», las empresas con equipos sincronizados son hasta cinco veces más propensas a experimentar un crecimiento significativo que aquellas con equipos desconectados o desafinados. El estudio encontró que las organizaciones caracterizadas por equipos bien coordinados y adaptables superan significativamente a sus pares en términos de crecimiento, rentabilidad y retorno para los accionistas.

La creación de equipos verdaderamente afinados va más allá de la selección de individuos talentosos; requiere cultivar una cultura que tenga eco en cada miembro del equipo. Jackie Calleja señala: «El 95 por ciento de la gente que está en Bmum, sea cual sea la labor que desempeñen, están muy alineados con nuestra cultura de trabajo». En Bmum buscan no sólo contratar por habilidades técnicas, sino también por la afinidad con los valores y la visión de la organización. Cuando se logra este nivel de alineación, cada miembro del equipo se convierte en un embajador de la cultura, creando un ambiente de trabajo muy cohesionado. Este enfoque contribuye a la retención del talento y a la creación de una experiencia consistente para los clientes o, en el caso de Bmum, para los pacientes.

Sin embargo, a menudo subestimamos el tiempo y los recursos necesarios para este proceso crucial. Fernández-Aráoz expone un dato sorprendente sobre un reconocido CEO de una compañía global que dijo una vez: «El problema es que solamente dedicamos el 3 por ciento de nuestro tiempo al reclutamiento Y, como consecuencia de eso, tenemos que desperdiciar el 70 por ciento de nuestro tiempo manejando nuestros errores de reclutamiento». La importancia de invertir tiempo y esfuerzo en la selección y el desarrollo del talento no puede ser subestimada, ya que es fundamental para el éxito a largo plazo y la sostenibilidad de cualquier organización.

Un equipo afinado, según Torrelledó, va más allá de ser simplemente un grupo de personas que trabajan juntas. La diferencia clave está en la transformación de un mero grupo en un verdadero equipo. En sus palabras: «Un grupo son personas que coexisten, que están uno al lado del otro, es como tener un grupo de lapiceros, un grupo de pilas, es un colectivo de individuos en el que cada uno aporta únicamente de forma individual, lo cual no aporta nada». Un equipo «afinado», por otro lado, es una unidad cohesiva donde cada miembro no sólo comprende su rol individual, sino que también se integra armoniosamente con sus compañeros. Un grupo puede tener individuos altamente calificados, pero si no trabajan en armonía, su potencial colectivo se desperdicia.

Las características que definen a un equipo «afinado» incluyen una interacción basada en el aprendizaje mutuo, la ausencia de «divos» o figuras que eclipsen al resto, una estructura jerárquica clara pero flexible y un fuerte sentido de pertenencia y aprendizaje común. Torrelledó enfatiza: «Siempre que los miembros de esa orquesta, los miembros de esa empresa, interactúen aprendiendo... Porque así, al interactuar aprendiendo, se consigue pasar de grupo a equipo».

Este enfoque en el aprendizaje común es fundamental para Torrelledó. En un estudio realizado por el Center for Creative Leadership se encontró que las organizaciones que fomentan una cultura de aprendizaje común son un 37 por ciento más propensas a ser líderes en innovación en sus respectivos campos. Esto se debe a que el aprendizaje en equipo no sólo mejora las habilidades individuales, sino que también fortalece la capacidad para adaptarse y evolucionar como equipo.

Otra característica clave de los equipos «afinados» es la comunicación. Torrelledó señala: «En una orquesta está el concertino, que es el encargado de los violines, está el primer viola, el primer chelo... Es una jerarquía similar a la de una empresa. Esta estructura facilita una comunicación fluida y una coordinación precisa, elementos esenciales tanto en una orquesta como en cualquier equipo corporativo».

Uno de los principales obstáculos para crear y mantener un equipo «afinado» es la gestión de egos y aspiraciones individuales que pueden entrar en conflicto con los objetivos del equipo. Torrelledó advierte: «Si aparece un "divo" en un equipo o en una empresa, y se le permite ese ego, esa empresa va mal. No es equipo, es todavía un grupo». Este problema de los «divos», o estrellas individuales, es común en muchos entornos profesionales. Un estudio publicado en la *Harvard Business Review*, titulado «Too many stars spoil the team» (2018), de Groysberg, Polzer y Elfenbein, encontró que los equipos con una «estrella» dominante a menudo tienen un rendimiento inferior al de los equipos más equilibrados. Los investigadores descubrieron que cuando se añaden estrellas a un equipo, el rendimiento del equipo aumenta hasta cierto punto, pero luego comienza a disminuir a medida que se añaden más estrellas. Un exceso de talento individual puede ser perjudicial para el rendimiento del equipo si no se gestiona adecuadamente.

Otro desafío es mantener la motivación y el compromiso a largo plazo, especialmente cuando los miembros del equipo aspiran a roles más prominentes. Esto puede llevar a la frustración y la desalineación. Torrelledó aborda este tema sugiriendo que es crucial ayudar a los miembros del equipo a «llegar a amar lo que es el trabajo de orquesta, el trabajo en equipo, por encima de amar su trabajo como solista, como individuo». Hay que fomentar una cultura que valore la colaboración y el éxito colectivo por encima del reconocimiento individual, porque eso mejora el rendimiento del equipo, y también ayuda a gestionar los egos y las ambiciones desmedidas de sus miembros.

Además, en el entorno empresarial actual, caracterizado por el trabajo en remoto y las estructuras organizativas más planas, mantener la cohesión y la afinación del equipo es especialmente relevante. Un estudio de Gallup titulado «State of the American workplace» mostró que sólo el 2 por ciento de los equipos alcanzan un alto rendimiento cuando trabajan de forma remota, lo que subraya la importancia de desarrollar estrategias específicas para mantener la afinación en estos contextos. Muchas compañías han decidido volver a un trabajo presencial al ver que su rendimiento creativo se había perdido de forma significativa al trabajar en remoto. Reed Hastings, cofundador, ex-CEO (2002-2023) y actual presidente ejecutivo de Netflix, expresó su preocupación sobre el trabajo en remoto en una entrevista con *The Wall Street Journal* en 2020: «No poder reunirnos en persona, particularmente a nivel internacional, es una pura negatividad. Se ha perdido la creatividad». Esta declaración refleja la creencia en que la colaboración en persona es crucial para la creatividad y la innovación, aspectos fundamentales para mantener un equipo «afinado» en el sentido que describe Torrelledó. De la misma forma, David Solomon, CEO de Goldman Sachs, fue un firme defensor del regreso a la oficina, afirmando en una conferencia en febrero de 2023: «Creo que para una empresa como la nuestra, que se basa en una cultura de aprendizaje de los demás, la innovación, la colaboración y el aprendizaje, [el trabajo en remoto] no es ideal para nosotros y no es una nueva normalidad».

Existen varias estrategias para fomentar la armonía en el equipo, como las que Torrelledó destaca basándose en su experiencia como director de orquesta. Estas estrategias, que se pueden aplicar eficazmente en el entorno empresarial, incluyen:

- Primero, es crucial liderar con el ejemplo. Torrelledó subraya la importancia de la visibilidad y accesibilidad del líder: «Un director de orquesta se pone delante de 70..., va a pecho descubierto, dando ejemplo, y tiene que dar ejemplo en *feedback*». Este liderazgo visible y accesible es fundamental para construir confianza y respeto dentro del equipo.
- Segundo, es esencial mantener una búsqueda constante de la excelencia, exigiendo lo mejor de cada miembro del equipo. Torrelledó insiste: «El líder tiene que estar todo el día exigiendo que ellos sepan que no te vale cualquier cosa que hagan. Hay que buscar la perfección [...]. Acostumbra a la orquesta a estar en la perfección constantemente, y la gente, cuando lo distingue y lo sabe, mejora muchísimo,

muchísimo». Esta búsqueda de la excelencia no debe confundirse con perfeccionismo paralizante; más bien se trata de fomentar una cultura de mejora continua y altos estándares.

- Tercero, se debe cultivar un fuerte sentido de pertenencia, lo que Torrelledó describe como fundamental para evitar una «empresa desafinada». En sus palabras: «Lo más importante de un equipo es que esté afinado, que es el sentido de pertenencia a la marca». Este sentido de pertenencia es crucial para la motivación y el compromiso a largo plazo.
- Por último, hay que conocer la importancia de celebrar regularmente los logros del equipo, no sólo los grandes éxitos, sino también los pequeños avances y mejoras. Esto refuerza el valor del trabajo colectivo y ayuda a mantener la motivación. Como señala Torrelledó: «Cuando la orquesta consigue esa armonía perfecta, ese momento de excelencia, es importante reconocerlo. Es como si toda la orquesta vibrara junta. Esos momentos, grandes o pequeños, son los que construyen la confianza y el espíritu del equipo».

Como en una orquesta, donde los instrumentos necesitan ser afinados regularmente, los equipos necesitan una «afinación» continua para mantener su alto rendimiento y *engagement*. El resultado de este esfuerzo es un equipo que no sólo es más efectivo y productivo, sino que también proporciona un ambiente de trabajo más satisfactorio y enriquecedor para todos sus miembros. Como Torrelledó finalmente señala con sabiduría: «En el fondo, somos seres musicales [...], de la misma manera, cuando un equipo bien afinado vibra en armonía, se crea una sinfonía extraordinaria, sorprendente y única, que contagia a la audiencia».

9.3. El poder de la colaboración

En los apartados anteriores de este capítulo hemos explorado la importancia del *mentoring* y el desarrollo de equipos afinados en el contexto de un liderazgo conectado que busca la excelencia y comparte metas comunes. Con la colaboración, avanzamos hacia un concepto que amplía y complementa estas ideas. Esta forma de trabajo conjunto, que trasciende los límites de una organización individual, se ha convertido en una estrategia crucial para abordar desafíos complejos en el mundo actual.

La colaboración transversal no es simplemente una opción, sino que a menudo es la única manera viable de enfrentar retos que parecen imposibles o que permiten acceder a talento escaso y especializado con un objetivo común. En este entorno digital, cada vez más interconectado y complejo, la capacidad de colaborar de forma transversal se ha convertido en una competencia crítica para líderes, organizaciones e incluso naciones por igual.

Esta forma de colaboración permite aprovechar recursos y conocimientos diversos, fomentando la innovación y la resolución de problemas a una escala que sería inalcanzable para una entidad aislada. Al unir fuerzas y recursos, las organizaciones pueden superar limitaciones individuales, acceder a nuevos mercados, compartir riesgos y acelerar el proceso de innovación.

Un caso paradigmático de la importancia de la colaboración a nivel global fue el desarrollo de las vacunas contra la COVID-19. La pandemia presentó un desafío sin precedentes que requirió una respuesta rápida y coordinada a nivel mundial. La colaboración entre gobiernos, instituciones académicas, empresas farmacéuticas y organizaciones de salud pública permitió el desarrollo, la prueba y la distribución de vacunas en un tiempo récord. Esta hazaña científica y logística demostró el poder de la colaboración para superar obstáculos aparentemente insuperables. En menos de un año, se desarrollaron múltiples vacunas eficaces, un proceso que normalmente lleva una década o más. Este logro fue posible gracias a la combinación de recursos financieros, conocimientos científicos, capacidades de fabricación y redes de distribución de múltiples entidades a nivel global.

La colaboración durante la crisis de la COVID-19 no se limitó al desarrollo de vacunas. También vimos ejemplos inspiradores de colaboración en la producción de equipos de protección personal, en el desarrollo de tratamientos, en la compartición de datos epidemiológicos y en la coordinación de respuestas de salud pública. Estas experiencias han dejado lecciones valiosas sobre cómo la colaboración puede movilizarse rápidamente para enfrentar crisis globales.

Otro ejemplo significativo de colaboración se encuentra en la lucha contra el cáncer. La Asociación Española Contra el Cáncer (AECC) ha adoptado la colaboración como su estrategia principal para abordar este complejo problema de salud. Mi antiguo socio en Egon Zehnder, Ramón Reyes, presidente de la AECC, enfatizó la necesidad de esta aproximación durante nuestra entrevista: «El cáncer es un problema de tal calado, de tal calibre..., que no lo podemos abordar por nosotros solos, por el Sistema Nacional de Salud, por las empresas farmacéuticas... Con lo cual estamos abocados, sí o sí, a trabajar juntos». Esta declaración subraya cómo la colaboración se vuelve no sólo beneficiosa, sino absolutamente necesaria cuando se enfrentan problemas a gran escala. El cáncer, con su complejidad biológica y su impacto multidimensional en la sociedad, requiere un enfoque que combine los esfuerzos de investigadores, médicos, pacientes, organizaciones sin fines de lucro, el sector público y privado y una infinidad de voluntarios.

La AECC ha implementado un enfoque colaborativo que abarca múltiples sectores y partes interesadas. Reyes explica una de sus iniciativas más recientes: «Acabamos de lanzar, hace un año y medio, una iniciativa acordada por todos los entes principales, "Todos contra el cáncer", que ha sido declarado "acontecimiento de especial interés público" por el gobierno, con apoyos fiscales para todas las empresas, a fin de facilitar y unir todos estos esfuerzos posibles».

Este enfoque demuestra cómo la colaboración puede amplificar el impacto de las iniciativas, aprovechando recursos y experiencia de diversas fuentes. Al involucrar al gobierno, a las empresas y a la sociedad civil, la AECC está creando un ecosistema de colaboración que puede abordar el cáncer desde múltiples ángulos: investigación, prevención, tratamiento y apoyo a los pacientes.

La estrategia de colaboración de la AECC ha tenido un impacto significativo en la lucha contra el cáncer en España. Desde el lanzamiento de su iniciativa «Todos contra el cáncer», la asociación ha logrado movilizar recursos sin precedentes, uniendo esfuerzos de más de doscientas entidades públicas y privadas. Este enfoque colaborativo ha permitido aumentar la inversión en investigación oncológica, mejorar los programas de prevención y detección temprana y ampliar los servicios de apoyo a pacientes y familiares. Como resultado, se han acelerado los avances en tratamientos personalizados y se ha mejorado la calidad de vida de miles de personas afectadas por el cáncer.

Más allá de ayudar en la resolución de problemas específicos como el cáncer o las pandemias globales, la colaboración también puede ser una estrategia fundamental para el desarrollo económico y tecnológico de naciones enteras. Un ejemplo fascinante de esto se encuentra en el caso de Taiwán y su industria de semiconductores.

Carlos Barrabés, un reconocido emprendedor y experto en innovación, utiliza el ejemplo de Taiwán y su industria de semiconductores para ilustrar cómo la colaboración puede impulsar el desarrollo económico y tecnológico de una nación entera: «Taiwán es una especie de superorganismo. Es un organismo complejo. Si tú miras todas las hormigas del mundo, las tienes que ver como un único bicho. No puedes verlas. De la misma forma, si miras Taiwán, lo tienes que ver como un bicho». Esta analogía, que Barrabés nos contó en nuestra charla de *Talent Pills*, subraya cómo la colaboración puede crear un ecosistema interconectado que es más que la suma de sus partes.

El caso de Taiwán es particularmente relevante en el contexto actual de la economía global. En un entorno donde la tecnología y la innovación son los motores principales del crecimiento económico, Taiwán ha logrado posicionarse como un líder mundial en la industria de semiconductores, un sector crucial para la economía digital. Este éxito no es fruto del azar, sino el resultado de una estrategia nacional deliberada que ha fomentado la colaboración entre diversos actores del ecosistema tecnológico.

Según Barrabés, el éxito de Taiwán en la industria de los semiconductores se debe en gran medida a un modelo de colaboración que trasciende las fronteras tradicionales entre empresas, gobierno y universidades. Barrabés señala: «Taiwán ha creado un modelo de incentivo. Y ese modelo de incentivos tiene su base en los intangibles, en los datos, en la propiedad intelectual y en el talento, en cómo intercambian esas cosas». Este enfoque de colaboración va más allá de transacciones financieras tradicionales, y se centra en el intercambio de conocimientos y de activos intangibles.

La colaboración, como demuestra el caso de Taiwán, puede transformar industrias enteras y economías nacionales. Barrabés señala: «Colaboran porque hay incentivos, pero colaboran porque tienen un objetivo. Y esto es maravilloso, es superpoderoso». Esta observación subraya la importancia de alinear incentivos y objetivos en las colaboraciones a gran escala.

El éxito de Taiwán en la industria de los microchips es verdaderamente impresionante. La isla, con una población de sólo 23 millones de habitantes, se ha convertido en un gigante mundial en la producción de semiconductores. Taiwan Semiconductor Manufacturing Company (TSMC), la empresa líder del país en este sector, produce más del 50 por ciento de los chips del mundo y más del 90 por ciento de los chips más avanzados. Este dominio en una industria tan crítica ha convertido a Taiwán en un actor clave en la cadena de suministro global de tecnología.

Este éxito se ha logrado a través de una estrategia nacional que ha fomentado la inversión en educación, investigación y desarrollo y que ha creado un entorno propicio para la innovación. El gobierno taiwanés ha desempeñado un papel crucial en la creación de parques científicos, la promoción de la colaboración entre la industria y la academia y el establecimiento de políticas que favorecen el desarrollo del sector tecnológico.

Además, Taiwán ha fomentado un modelo de «coopetición» (cooperación + competencia) entre sus empresas de semiconductores, donde compiten en algunos aspectos, pero colaboran en otros, especialmente en investigación y desarrollo. Este enfoque ha permitido a la industria taiwanesa mantenerse a la vanguardia de la innovación tecnológica.

El éxito de Taiwán en la industria de los microchips no sólo ha impulsado su economía, sino que también le ha otorgado una importancia geopolítica significativa. La dependencia global de los chips taiwaneses ha convertido la isla en un actor crucial en las cadenas de suministro internacionales, influyendo en las dinámicas económicas y políticas globales.

Sin embargo, la colaboración requiere un esfuerzo deliberado para superar barreras culturales y celos organizativos y hacer crecer la amplitud de miras personales. Requiere una visión compartida y un propósito común. Carlos Barrabés señala: «Necesitas tener un propósito compartido. Y construir ese propósito compartido se llama liderazgo». Este enfoque en el propósito compartido puede ser el pegamento que mantiene unidas las colaboraciones complejas y multifacéticas.

Este tipo de colaboración es cada vez más común en el entorno tecnológico, donde el talento en áreas como la inteligencia artificial (IA), la computación cuántica y la ciberseguridad es extremadamente escaso y altamente demandado. Las empresas están descubriendo que la colaboración, incluso con competidores potenciales, puede ser la clave para acceder al talento y a los recursos necesarios para mantenerse a la vanguardia de la innovación tecnológica.

Un claro ejemplo es el caso de OpenAI y Microsoft, para los que la colaboración permitió, entre otras cosas, acceder a un talento escaso en el campo de la inteligencia artificial. OpenAI, una empresa líder en investigación de IA, se asoció con Microsoft en 2019 para obtener acceso a la potencia de cómputo necesaria para desarrollar modelos de IA avanzados. Microsoft, por su parte, ganó acceso exclusivo a algunas de las tecnologías más avanzadas de OpenAI. Esta colaboración permitió a OpenAI acceder a recursos computacionales que de otra manera serían prohibitivamente costosos, mientras que Microsoft pudo integrar tecnologías de IA de vanguardia en sus productos y servicios. La colaboración también facilitó el intercambio de conocimientos entre los equipos de investigación de ambas empresas, acelerando el desarrollo de nuevas tecnologías de IA.

El poder de la colaboración radica en su capacidad para desbloquear el potencial colectivo y crear soluciones que ninguna entidad podría lograr por sí sola. Como dijo Isaac Newton: «Si he visto más lejos es porque estoy sobre hombros de gigantes».

A continuación dejo algunas preguntas que pueden ayudar a recapacitar sobre los temas tratados en este capítulo y la importancia que tiene construir puentes alrededor tuyo:

1. ¿De qué manera podrías implementar un programa de *mentoring* en tu organización que trascienda las jerarquías formales y fomente un aprendizaje bidireccional?
2. Reflexiona sobre tu equipo actual. ¿Qué «instrumentos» necesitan ser afinados y cómo podrías ayudar a ello y a los miembros de tu equipo? ¿Cómo puedes gestionar los egos dentro de tu equipo?
3. ¿Cuál es el desafío más complejo que enfrenta tu industria y que podría beneficiarse de una colaboración interorganizacional al estilo de la AECC? ¿Qué pasos podrías dar para iniciar esa colaboración?
4. Reflexiona sobre tu propio desarrollo como líder. ¿Cómo podrías combinar el *mentoring*, la creación de equipos «afinados» y la colaboración para amplificar tu impacto y el de tu organización en los próximos cinco años?

10

Conclusiones de la segunda parte

A lo largo de esta segunda parte hemos revisado desde la comprensión de la empatía y la vulnerabilidad hasta el poder de la colaboración y el *mentoring*, mostrando un enfoque de liderazgo que trasciende las nociones tradicionales de autoridad y control.

Comenzamos examinando la importancia de la empatía y la vulnerabilidad en el liderazgo. Descubrimos que estos elementos, lejos de ser debilidades, son en realidad superpoderes que permiten a los líderes crear conexiones auténticas y fomentar un ambiente de confianza y crecimiento mutuo. La empatía, como vimos en los ejemplos del doctor Juan Casado, no sólo tiene el poder de transformar las relaciones interpersonales, sino también los resultados tangibles en diversos campos, desde la medicina hasta el mundo empresarial.

La vulnerabilidad, por su parte, emergió como una fuerza que permite a los líderes mostrarse auténticos y humanos, creando así un espacio donde otros también se sienten seguros para ser ellos mismos. Esta autenticidad, como señaló Juana Erice, es fundamental para establecer conexiones genuinas y fomentar un ambiente de confianza y apertura en las organizaciones.

Profundizamos en el poder de construir puentes, la comunicación afectiva y persuasiva, reconociendo que la capacidad de conectar emocionalmente y comunicar una visión convincente es fundamental para movilizar equipos y organizaciones hacia un objetivo común. La comunicación afectiva, como demostró el doctor Casado, puede tener efectos casi «curativos» en las relaciones y en la eficacia de los equipos. Por otro lado, la comunicación persuasiva, con su enfoque en la estructura y la participación activa del oyente, se reveló como una herramienta poderosa para inspirar y motivar.

La valentía y la determinación son cualidades esenciales en el liderazgo moderno. Descubrimos que el verdadero coraje no consiste en la ausencia de miedo, sino en la capacidad de actuar a pesar de él. Jesús Sainz nos recordó que el miedo puede motivarte para una mejor preparación y un análisis más preciso; al mismo tiempo que enfatizaba la importancia de la anticipación y la planificación en la toma de riesgos calculados.

El concepto de equipos «afinados», introducido por Ramón Torrelledó, nos proporcionó una metáfora poderosa para comprender la importancia de la armonía y la coordinación en los equipos de trabajo. Aprendimos que, al igual que en una orquesta, un equipo bien afinado requiere una interacción constante, un aprendizaje mutuo y un fuerte sentido de pertenencia.

La exploración del *mentoring* nos llevó a comprender su poder transformador en el desarrollo del talento. El ejemplo de Endeavor, expuesto por Adrián García-Aranyos, ilustra cómo un programa de *mentoring* bien diseñado puede tener un impacto significativo no sólo en individuos y organizaciones, sino en ecosistemas empresariales enteros. Descubrimos que el *mentoring* efectivo se basa en la generosidad, la imparcialidad y un modelo de aprendizaje mutuo.

Finalmente, profundizamos en el poder de la colaboración como una fuerza transformadora capaz de abordar desafíos complejos y crear valor de maneras innovadoras. Los ejemplos de la lucha contra el cáncer liderada por la AECC y el éxito de Taiwán en la industria de semiconductores nos mostraron cómo la colaboración puede amplificar el impacto de las iniciativas y transformar industrias enteras.

A lo largo de este camino, hemos descubierto que estos elementos no son habilidades aisladas, sino que se entrelazan y se refuerzan mutuamente. La empatía alimenta la comunicación efectiva, que a su vez fomenta la colaboración. La valentía permite la vulnerabilidad, que crea el espacio para el *mentoring* auténtico. Los equipos afinados son el resultado de una comunicación afectiva, una colaboración efectiva y un liderazgo valiente.

Este enfoque integrado no sólo tiene el potencial de ayudar a los individuos y las organizaciones, sino también de generar un impacto positivo en la sociedad en general. El liderazgo que hemos explorado en esta segunda parte trasciende las jerarquías tradicionales y los objetivos puramente financieros, abrazando una visión más holística y humanista del éxito empresarial y personal.

Hemos aprendido que el verdadero liderazgo no consiste sólo en dirigir, sino en inspirar y elevar a quienes nos rodean. Se trata de crear un ambiente donde las personas puedan dar lo mejor de sí mismas, donde la innovación florezca y donde el propósito compartido impulse el progreso colectivo.

Es importante recordar que estas habilidades no son innatas, sino que se pueden desarrollar. Eso requiere práctica, reflexión honesta y una disposición a aprender, a salir de nuestra zona de confort y a adaptarnos continuamente.

En la próxima tercera parte, «Añade dimensiones a tu liderazgo», exploraremos cómo podemos profundizar aún más en nuestro desarrollo como líderes. Comenzaremos explorando cómo la curiosidad puede ser un elemento fundamental en tu desarrollo profesional y vital. La capacidad de mantenerse curioso y abierto a nuevas ideas y perspectivas se vuelve hoy más relevante que nunca. Examinaremos cómo podemos cultivar una mentalidad de crecimiento que nos permita adaptarnos y prosperar en entornos cada vez más complejos e inciertos.

Nos adentraremos en el concepto de adaptabilidad y transversalidad, explorando cómo podemos desarrollar la flexibilidad necesaria para navegar en entornos de alta incertidumbre y liderar en diversos contextos. En un mundo donde los límites entre industrias y disciplinas se desdibujan cada vez más, la capacidad de pensar y actuar de manera transversal se convierte en una ventaja competitiva fundamental.

Examinaremos también cómo la innovación y el pensamiento disruptivo pueden ser cultivados en la era digital y de la inteligencia artificial. Descubriremos cómo el juego y el «aprender haciendo», sin miedo a equivocarnos, pueden ser fuentes poderosas de creatividad.

Finalmente, exploraremos la importancia de la resiliencia y el optimismo en el liderazgo. En un mundo caracterizado por el cambio constante y la incertidumbre, la capacidad de mantener una actitud positiva y de recuperarse de los reveses se vuelve fundamental.

Tercera parte

Añade dimensiones a tu liderazgo

11

Curiosidad

Nada en este mundo es algo a temer, todo es sólo para ser comprendido. Ahora es el momento de comprender más, para tener menos miedo.

MARIE CURIE, física y química

En este capítulo buscaremos entender cómo la curiosidad puede impulsarnos a salir de nuestra zona de confort, expandir nuestros horizontes y desarrollar la capacidad de adaptarnos a entornos desconocidos e inciertos. La curiosidad es más que un simple estado mental; es casi un estado energético que nos permite explorar nuevos entornos con vitalidad renovada y entusiasmo.

La curiosidad es la chispa que enciende el fuego del conocimiento, la innovación y el crecimiento personal. Es el motor que impulsa a los grandes líderes, innovadores y pensadores a desafiar el *statu quo* y buscar constantemente nuevas formas de entender y mejorar el mundo que nos rodea. Albert Einstein dijo una vez: «No tengo talentos especiales, sólo soy apasionadamente curioso». Esta declaración de uno de los científicos más brillantes de la historia subraya la importancia fundamental de la curiosidad en el logro de grandes avances y descubrimientos.

La curiosidad es una característica innata y fundamental del ser humano, especialmente evidente en la infancia. Jean Piaget, pionero en el estudio del desarrollo cognitivo infantil, observó que «los niños son curiosos por naturaleza; constantemente exploran y preguntan sobre el mundo que los rodea». Esta curiosidad natural no es sólo una característica de la niñez, sino una herramienta básica para la supervivencia y adaptación al entorno en el que nacemos. Esta habilidad para absorber rápidamente información, adaptarse a nuevos entornos y desarrollar habilidades complejas ha sido fundamental para nuestra supervivencia como especie. La curiosidad infantil, con su apertura y asombro ante el mundo, es un testimonio de la plasticidad y del potencial del ser humano. Es un recordatorio de nuestro potencial innato para crecer, adaptarnos y evolucionar como individuos y como especie.

Esta curiosidad innata también ha sido fundamental en la evolución humana. Nuestros ancestros, impulsados por la curiosidad, se aventuraron a explorar nuevos territorios, desarrollaron herramientas innovadoras y buscaron comprender los misterios del universo. El explorador noruego Roald Amundsen, el primero en alcanzar el polo sur terrestre, dijo una vez: «La curiosidad es el motor más poderoso de la exploración y del descubrimiento». Esta misma curiosidad ha impulsado los grandes avances científicos y tecnológicos a lo largo de la historia. Como dijo Marie Curie, pionera en el campo de la radiactividad: «Soy de las que piensan que la ciencia tiene una gran belleza. Un científico en su laboratorio no es sólo un técnico: es también un niño colocado ante fenómenos naturales que le impresionan como un cuento de hadas».

Sin embargo, a medida que crecemos, nuestra educación, nuestros miedos y los patrones de pensamiento limitantes pueden ir apagando esa curiosidad natural y hacernos quedar en nuestra zona de confort. El psicólogo y escritor Ken Robinson argumenta que «nuestro sistema educativo ha minado nuestra creatividad». Según Robinson: «Todos los niños tienen talentos tremendos, y los desperdiciamos despiadadamente». El miedo al fracaso y al ridículo también puede sofocar nuestra curiosidad. Como observó Eleanor Roosevelt: «Tienes que aceptar que vas a cometer errores una y otra vez. Lo importante es que aprendas de ellos y sigas adelante». Superar estos miedos y patrones limitantes es crucial para reavivar nuestra curiosidad natural.

En el contexto empresarial actual, la curiosidad es el catalizador para adaptarnos a entornos nuevos e inciertos. Nos permite abordar nuevas situaciones con una mente abierta y flexible, buscando activamente comprender y aprender en lugar de reaccionar con miedo o resistencia. Como señala Juan Arena, expresidente y CEO de Bankinter: «En un mundo que cambia exponencialmente tienes que estar siempre atento, porque la curiosidad, insisto, es la exploración de lo nuevo. Y yo creo que es una necesidad en un líder». Esta perspectiva subraya la importancia crítica de la curiosidad en el liderazgo moderno, para el que la capacidad de anticipar y adaptarse al cambio es fundamental para el éxito.

En este sentido, Fernández-Aráoz enfatiza la creciente importancia de la curiosidad en el entorno actual: «El tema es que, hoy en día, la curiosidad es mucho más importante que antes. Vivimos en un mundo tan imprevisible que no tienes ni idea de lo que va a suceder mañana. Idealmente, quieres a personas que no sólo puedan hacer bien el trabajo hoy, sino que también lo puedan hacer bien mañana, independientemente de cómo cambie el entorno». Esta perspectiva subraya la necesidad de cultivar una curiosidad constante y una capacidad de adaptación, no sólo para enfrentar los desafíos actuales, sino también para prepararse para un futuro incierto y cambiante.

Francesca Gino, profesora de la Harvard Business School y autora de *Rebel talent*, señala: «Los líderes que son curiosos están mejor equipados para navegar por la incertidumbre del mundo actual. La curiosidad les permite admitir que no tienen todas las respuestas y buscar activamente nueva información y perspectivas».

Jeff Bezos, fundador de Amazon, ha atribuido gran parte del éxito de la compañía a su *day one mentality* ['mentalidad del día uno'], que esencialmente es una filosofía de curiosidad perpetua. Bezos explica: «El día dos es el estancamiento. A éste le sigue la irrelevancia; luego, el doloroso y humillante declive y, en última instancia, la muerte. Y ése es el motivo por el que aquí siempre es el día uno». Esta mentalidad es una forma de curiosidad institucionalizada, un compromiso constante con el aprendizaje, la experimentación y la adaptación. Como dice Bezos: «Quedarse en el día uno requiere que experimentes con paciencia, aceptes los fracasos, plantes semillas, protejas los brotes y redobles tus esfuerzos cuando veas la satisfacción del cliente».

La curiosidad nos empuja fuera de nuestra zona de confort. Nos desafía a explorar territorios desconocidos. Este proceso puede ser incómodo e incluso aterrador a veces, pero es precisamente en estos momentos de incomodidad cuando tiene lugar el verdadero crecimiento. Como dijo el psicólogo Abraham Maslow: «En cualquier situación dada, uno tiene dos opciones: dar un paso adelante hacia el crecimiento o dar un paso hacia atrás hacia la seguridad». La curiosidad es lo que nos impulsa a dar ese paso hacia el crecimiento, a pesar del miedo y la incertidumbre.

En este capítulo exploraremos cómo podemos cultivar y nutrir nuestra curiosidad. Examinaremos estrategias para desarrollar una mentalidad de crecimiento, fomentar la exploración constante y superar las barreras del ego que a menudo inhiben nuestra curiosidad. A través de ejemplos y perspectivas prácticas, descubriremos cómo la curiosidad puede convertirse en una poderosa herramienta para el desarrollo personal que nos llenará de vitalidad.

11.1. Mentalidad de crecimiento

La *mentalidad de crecimiento*, un concepto popularizado por la psicóloga Carol Dweck, es la creencia de que nuestras habilidades y nuestra inteligencia pueden desarrollarse con esfuerzo, aprendizaje y persistencia. Esta mentalidad es el fundamento sobre el cual se construye una curiosidad duradera y productiva.

En su libro *Mindset: la actitud del éxito*, Dweck contrasta la mentalidad de crecimiento con la mentalidad fija. Mientras que las personas con una mentalidad fija creen que sus cualidades son inmutables, aquellas con una mentalidad de crecimiento ven los desafíos como oportunidades para mejorar. Dweck argumenta que «el amor por el aprendizaje» es una característica clave de la mentalidad de crecimiento. Según Dweck, las personas con una mentalidad de crecimiento tienden a alcanzar más porque se preocupan menos por parecer inteligentes y se esfuerzan más por aprender. Ven el fracaso no como una evidencia de falta de inteligencia, sino como una oportunidad para crecer y aumentar sus capacidades. Esta perspectiva fomenta la resiliencia y la persistencia frente a los obstáculos. Dweck enfatiza que la mentalidad de crecimiento no consiste sólo en esfuerzo, sino que también implica buscar nuevas estrategias y aprovechar los recursos y la ayuda de los demás cuando se enfrentan dificultades. Esta apertura al aprendizaje y la adaptación es lo que hace que la mentalidad de crecimiento sea tan poderosa para fomentar la curiosidad y el desarrollo continuo.

Juan Arena encarna la esencia de fomentar una mentalidad de crecimiento. Su trayectoria multifacética, que abarca desde la ingeniería hasta la psicología, pasando por la banca y la docencia en la Harvard Business School, es un testimonio vivo de cómo la curiosidad puede impulsar una carrera extraordinaria y una vida plena. Ejemplifica esta mentalidad de crecimiento en su constante búsqueda de conocimiento: «La curiosidad hay que cultivarla, hay que regarla. Y se riega con trabajo». Esta simple pero profunda declaración resume la esencia de lo que significa fomentar la curiosidad en nuestra vida profesional y personal.

Incluso en los momentos más intensos de su carrera bancaria, Arena continuaba explorando nuevos campos de estudio. Como él mismo relata: «Yo seguí estudiando mientras estaba trabajando en el banco..., estudié Psicología. La Psicología me lleva a interesarme por la antropología, y por eso paso a estudiar Antropología Cultural». Esta dedicación al aprendizaje continuo, incluso en áreas aparentemente no relacionadas con su trabajo diario, demuestra una comprensión de que el crecimiento personal y profesional no se limita a un campo específico.

Arena ofrece un ejemplo inspirador de cómo la curiosidad

transversal puede enriquecer el liderazgo. Él explica: «Yo empecé como un líder muy analítico y financiero, enfocado en los números y las estrategias. Pero, a medida que exploraba la Psicología y la Antropología, descubrí dimensiones completamente nuevas del liderazgo. Estos estudios me permitieron entender mejor las motivaciones humanas, las dinámicas de grupo y cómo las culturas influyen en el comportamiento. Esto fue crucial cuando lideramos la transformación digital de Bankinter. No sólo entendíamos la tecnología, sino también cómo las personas se adaptan al cambio y cómo crear una cultura de innovación».

Steve Jobs, conocido por su capacidad para anticipar y dar forma al futuro de la tecnología, atribuyó gran parte de su éxito a su curiosidad y a la capacidad de tener una visión amplia y heterogénea. «Mucha gente en nuestra industria no ha tenido experiencias muy diversas —dijo Jobs; y añadió—: Por lo tanto, no tienen suficientes puntos en su vida para conectar, y terminan con soluciones muy lineales, sin una perspectiva amplia sobre el problema. Cuanto más amplia sea la comprensión de la experiencia humana, mejor diseño tendremos».

Satya Nadella, CEO de Microsoft, ha atribuido gran parte del renacimiento de la compañía a lo que él llama una *cultura de aprendizaje*, impulsada por la curiosidad. Nadella afirma: «La mayor amenaza para la innovación en Microsoft es nuestra cultura pasada y nuestro éxito pasado. La única forma de combatirlos es con una cultura de aprendizaje, alimentada por la curiosidad».

La mentalidad de crecimiento también implica una constante autoevaluación y un compromiso con la mejora continua. Arena comparte una práctica personal que ilustra esto: «Yo paso una revista de casi dos minutos a mi día. Y pienso si he crecido. El día que no lo he hecho, no me siento a gusto». Esta simple pero eficaz práctica de reflexión diaria es una herramienta que cualquier persona puede adoptar para mantener un enfoque constante en el crecimiento y el aprendizaje. La curiosidad introspectiva nos permite identificar y cuestionar nuestros propios sesgos y limitaciones mentales.

Reconocer que el fracaso y los errores son parte integral del proceso de aprendizaje es inherente a la mentalidad de crecimiento. En lugar de verlos como indicadores de falta de capacidad, debemos interpretarlos como oportunidades de mejora. De esta manera podemos enfrentarnos a nuevos retos con confianza y optimismo.

Las personas con una mentalidad de crecimiento creen que sus habilidades pueden desarrollarse a través del esfuerzo, el aprendizaje y la persistencia. Esta mentalidad, que en esencia es una forma de curiosidad aplicada a uno mismo, nos permite ver el potencial en nosotros mismos y en los demás. Como líderes, esto es particularmente importante, ya que nos permite fomentar el desarrollo de nuestros equipos y crear una cultura de aprendizaje en nuestras organizaciones. Arena subraya la importancia de esto en el liderazgo: «Yo creo que la actitud del líder..., bien, yo creo que al líder se le copia. El líder deja una pátina en sus equipos, y eso es una responsabilidad muy grande». Si el líder es curioso, si está constantemente buscando aprender y mejorar, si ve los desafíos como oportunidades de crecimiento, esa actitud se contagia a toda la organización, ya que crea un ambiente en el que la curiosidad es valorada, el aprendizaje continuo es la norma y cada miembro del equipo se siente empoderado para explorar, cuestionar y crecer.

Para cultivar una mentalidad de crecimiento, podemos adoptar varias prácticas que fomenten el desarrollo personal y profesional. Podemos abrazar los retos en lugar de evitarlos, buscando situaciones difíciles como oportunidades para crecer. La persistencia frente a los obstáculos es esencial, ya que la resistencia y la perseverancia nos permiten superar dificultades y aprender de ellas. Además, entender el esfuerzo como el camino hacia el dominio y aprender de las críticas también son aspectos relevantes. Por último, encontrar lecciones e inspiración en el éxito de otros nos ayuda a usar sus logros como motivación, en lugar de verlos con envidia o como una amenaza.

Fomentar la curiosidad es un compromiso con el aprendizaje y el crecimiento continuos. Es una decisión consciente de mantenerse abierto, receptivo y ávido de nuevas experiencias y conocimientos. Es la voluntad de cuestionar nuestras suposiciones, buscar nuevas perspectivas e incluso desafiarnos a nosotros mismos.

11.2. El ego como principal freno del crecimiento

Uno de los mayores obstáculos para la curiosidad y el crecimiento continuo es el ego. El ego, entendido como una imagen inflada de nuestra propia importancia o capacidad, puede impedirnos ver nuestras limitaciones, aprender de los demás y adaptarnos a nuevas situaciones. Este fenómeno, ampliamente reconocido en psicología y liderazgo, puede manifestarse de diversas formas y tener consecuencias significativas tanto a nivel personal como organizativo.

Una de las manifestaciones más sutiles y perniciosas del ego es lo que Juan Arena denomina *síndrome de cabañismo*. Arena advierte sobre los peligros de dejarse llevar por el ego y la comodidad que éste proporciona: «Si no exploras, puedes llegar a tener un *síndrome de cabañismo*, de no querer salir de ti, no querer salir de aquello que es lo más conocido para ti, donde te sientes cómodo, en tu superficie de confort».

Este *cabañismo* es una extensión del ego que busca protegerse de lo desconocido y mantener una ilusión de control y superioridad. Al aferrarnos a lo familiar y rechazar nuevas experiencias o perspectivas, el ego se refugia en su «cabaña» mental, evitando desafíos que podrían exponer sus limitaciones o requerir un crecimiento incómodo. Así, el ego no sólo nos impide reconocer nuestras propias limitaciones, sino que también nos encierra en una zona de confort que limita nuestro potencial de crecimiento. El *síndrome de cabañismo* se convierte en una manifestación clara de cómo el miedo a lo ajeno, alimentado por un ego inflado, puede restringir nuestra capacidad de adaptación y evolución personal y profesional.

El psicólogo y autor Daniel Goleman, conocido por su trabajo en inteligencia emocional, ha señalado que el ego puede ser una forma de «punto ciego» emocional. En su libro *Liderazgo: el poder de la inteligencia emocional*, Goleman profundiza en este concepto, explicando que el ego excesivo puede actuar como una barrera para el aprendizaje. Cuando un líder está demasiado seguro de sus propias habilidades y conocimientos, tiende a cerrarse y no querer escuchar nuevas ideas y perspectivas. Esto es particularmente peligroso en el entorno empresarial actual, caracterizado por cambios rápidos y disrupciones constantes. Además, Goleman señala que los líderes con excesivo ego a menudo evitan admitir errores o pedir ayuda, lo que puede resultar en la perpetuación de estrategias ineficaces y en la pérdida de oportunidades de mejora. En contraste, los líderes con una inteligencia emocional bien desarrollada son capaces de reconocer sus propias limitaciones, valorar las contribuciones de los demás y crear un ambiente de aprendizaje continuo y de colaboración.

Carlos Barrabés enfatiza la importancia de la humildad en este proceso de aprendizaje continuo: «Yo creo que en un mundo en el que el conocimiento está a un clic de distancia, considerarte el tipo más listo o más importante del mundo es tu primer y mayor fracaso». Esta humildad nos permite mantener una mente abierta y receptiva. Barrabés amplía esta idea, sugiriendo que la humildad no sólo es crucial para el aprendizaje individual, sino también para el éxito organizacional en un entorno de rápido cambio tecnológico. Él argumenta que las empresas que cultivan una cultura de humildad y aprendizaje continuo están mejor posicionadas para innovar y adaptarse a las disrupciones del mercado.

Barrabés sostiene que incluso los mayores expertos en una tecnología concreta deben mantener una actitud de humildad y apertura, reconociendo que el panorama tecnológico está en constante evolución. «Cada vez que aprendemos más, más nos emocionamos», dice, subrayando la importancia de mantener un sentido de asombro y curiosidad, incluso a medida que acumulamos conocimientos y experiencia.

La humildad, según Barrabés, no implica una falta de confianza o ambición. Por el contrario, argumenta que la verdadera confianza proviene del reconocimiento de nuestras propias limitaciones y de la disposición a aprender constantemente. Esta ac-

titud permite a los líderes y a las organizaciones mantenerse ágiles y adaptables en un mundo en constante cambio.

Muchos líderes, especialmente CEO, pueden caer en la trampa del *cabañismo* que menciona Arena, rodeándose de un equipo directivo que no cuestiona las decisiones, que no se atreve a
decir que no y que perpetúa una cultura de conformidad. Esta
tendencia a vivir en una burbuja de seguridad y reafirmación
donde no existen casi voces disonantes es igualmente peligrosa.
Aunque no siempre es resultado directo del ego, sino que puede
surgir de una necesidad de control o de una aversión al conflicto,
el hecho de no tener voces disonantes en el equipo es un elemento que mata la curiosidad y limita el crecimiento organizativo.

El consultor de liderazgo Marshall Goldsmith aborda este fenómeno crucial en su influyente libro *What got you here won't
get you there*. Goldsmith argumenta de manera convincente que
muchos de los comportamientos que inicialmente llevan a los
líderes al éxito pueden, paradójicamente, convertirse en obstáculos significativos para su crecimiento continuo y su eficacia
a largo plazo. Entre los comportamientos problemáticos que
Goldsmith identifica, destaca la tendencia a añadir demasiado
valor. Esto se manifiesta cuando los líderes sienten la necesidad
de mejorar o modificar cada idea que se les presenta, incluso
cuando la idea original ya era buena. Aunque esta conducta puede demostrar inteligencia, a menudo desalienta a los miembros
del equipo y sofoca la innovación. Otro comportamiento perjudicial es la necesidad excesiva de ganar. Algunos líderes se obsesio-
nan tanto con «tener razón» en cada situación que pierden de
vista objetivos más importantes y dañan relaciones valiosas en el
proceso. Además, Goldsmith señala la dificultad para escuchar
como un obstáculo común. Muchos líderes exitosos desarrollan
la costumbre de dominar las conversaciones, lo que puede llevar
a perder información crucial y alienar a sus equipos.

Carol Dweck también habla de cómo el ego puede frenar el
crecimiento. Según Dweck, las personas que se preocupan en
exceso por parecer inteligentes no se esfuerzan en aprender. Explica: «En una mentalidad fija, los errores y los reveses pueden
ser experimentados como una amenaza al sentido de identidad

y valor propio. Esto puede llevar a comportamientos defensivos y a evitar situaciones que podrían exponer las debilidades de uno».

Amy Edmondson, profesora de la Harvard Business School, ha realizado una investigación extensiva sobre el concepto de *seguridad psicológica* en las organizaciones. Edmondson argumenta que, para que las personas se sientan cómodas tomando riesgos, haciendo preguntas y admitiendo errores (todos comportamientos cruciales para la curiosidad y el crecimiento), necesitan sentir que no serán castigadas o humilladas por hacerlo. En su libro *La organización sin miedo*, Edmondson proporciona estrategias para crear entornos que fomenten la seguridad psicológica y, por extensión, la curiosidad y la creatividad. También implica cultivar un entorno, tanto personal como profesional, que valore y fomente la experimentación y el pensamiento disruptivo.

Un ejemplo ilustrativo de cómo estos comportamientos pueden llevar al fracaso se puede observar en el controvertido final de la serie *Juego de tronos* (atención, lo que sigue viene a ser un *spoiler*, así que sáltate los siguientes tres párrafos si no has visto la serie y tienes intención de verla). El arco narrativo de Daenerys Targaryen, también llamada *Madre de Dragones*, ofrece una metáfora de cómo el éxito puede llevar a la arrogancia y, en última instancia, al fracaso.

A lo largo de la serie, Daenerys acumula poder y seguidores, liberando esclavos y conquistando ciudades. Su ascenso es impresionante, pasando de ser una exiliada sin recursos a convertirse en una líder poderosa con un ejército leal y tres dragones. Sus éxitos iniciales se basan en su compasión, su visión de un mundo mejor y su capacidad para inspirar a otros, lo que le hace tener un número significativo de seguidores que comparten su misma visión.

Sin embargo, estos mismos éxitos comienzan a alimentar una creciente y peligrosa sensación de infalibilidad. Hacia el final de la serie vemos cómo la confianza de Daenerys se transforma gradualmente en arrogancia. Empieza a mostrar signos de los comportamientos problemáticos que Goldsmith identifica.

Quizá lo más significativo es cómo Daenerys deja de escuchar a sus consejeros. Personajes como Tyrion Lannister y Jon Snow, que anteriormente habían sido voces de razón y moderación, son cada vez más ignorados. Daenerys se convence de que sólo ella sabe lo que es mejor, desestimando cualquier voz que no se alinee con sus deseos. Esta incapacidad para considerar perspectivas alternativas la aísla cada vez más.

El clímax de esta transformación llega con la devastación de la ciudad Desembarco del Rey. En un acto que horroriza incluso a sus seguidores más leales, Daenerys arrasa dicha ciudad con el fuego de su dragón, matando a miles de civiles inocentes. Esta decisión destructiva es el resultado directo de su ego y su incapacidad para escuchar o considerar otras opciones. El arco narrativo de Daenerys sirve como una advertencia ilustrativa sobre los peligros del liderazgo sin restricciones y la importancia de mantener la humildad y la apertura a diferentes perspectivas, incluso en la cúspide del éxito. Su caída ilustra cómo los mismos rasgos que pueden llevar a un líder al éxito —determinación, confianza, visión— pueden, si no se equilibran con la humildad y la capacidad de escuchar, conducir a la ruina.

La *soledad del líder* es una expresión que hemos escuchado demasiadas veces, un lugar común que se ha convertido en una especie de verdad aceptada sin cuestionamiento. Sin embargo, esta soledad no es una condición inevitable ni deseable. Es fundamental que los líderes comprendan que la responsabilidad inherente a su rol no debe traducirse en aislamiento. Un líder reconoce la importancia de rodearse de personas diversas y valiosas que aporten distintas perspectivas y conocimientos. Debe buscar activamente la colaboración y fomentar un entorno en el que las ideas puedan fluir libremente. Además, los líderes deben ser conscientes de la importancia de su red de apoyo fuera del ámbito profesional. Resulta vital mantener conexiones con mentores, colegas y amigos que pueden ofrecer consejos y perspectivas externas. (Este último aspecto lo veremos en detalle en el capítulo 14.) Estas relaciones pueden proporcionar un equilibrio y ayudar a los líderes a ver más allá de su *cabañismo*. La verdadera responsabilidad del líder es asegurar que nunca camina solo, sino acompañado de un equipo que se siente valorado y escuchado.

Para superar estos frenos al crecimiento, los líderes no sólo tienen que trabajar en sí mismos, sino también crear una cultura organizativa que fomente la curiosidad y el aprendizaje continuo. Esto puede implicar:

1. Fomentar la diversidad de pensamiento: rodearse intencionalmente de personas con perspectivas diferentes y valorar las voces disonantes.
2. Practicar la escucha activa: hacer un esfuerzo consciente por escuchar y considerar las ideas de los demás, incluso cuando desafían nuestras propias creencias.
3. Modelar la vulnerabilidad: admitir abiertamente cuándo no se sabe algo o cuándo se ha cometido un error, demostrando que es seguro y valorado hacerlo.
4. Celebrar el aprendizaje, no sólo el éxito: reconocer y recompensar los esfuerzos por aprender y crecer, no sólo los resultados exitosos.
5. Fomentar la experimentación: crear espacios seguros para probar nuevas ideas y aprender de los fracasos.
6. Practicar la autorreflexión: dedicar tiempo regularmente a examinar nuestros propios sesgos, suposiciones y áreas de mejora.
7. Buscar entornos que favorezcan tu humildad: salir de tu zona de confort y entrar en contacto con realidades muy diferentes y que te ayuden a ganar perspectiva sobre lo que realmente importa.

La historia de Arena sobre su experiencia en el Pozo del Tío Raimundo (zona del barrio madrileño de Entrevías) ilustra cómo las experiencias que nos sacan de nuestro entorno y que fomentan nuestra humildad pueden tener un impacto profundo y duradero en nuestra perspectiva de liderazgo. Arena explica: «Yo tengo algunas experiencias que me han dejado cicatrices profundas [...], una de mis experiencias que más me marcaron en mi vida, aunque apenas hablo de ella, fue vivir un año en el Pozo del

Tío Raimundo en la década de 1960, en donde se recibía toda la emigración de las zonas rurales españolas, con miles de chabolas y mucha gente pasándolo muy mal; eso a mí me ha dado una perspectiva diferente, ha dejado algo en mis adentros, ha dejado una huella que me ha ayudado mucho en el liderazgo».

Esta experiencia, que llevó a Arena fuera de su zona de confort y lo expuso a realidades muy diferentes a las suyas, demuestra cómo el desafío a nuestro ego y a nuestras preconcepciones puede enriquecer enormemente nuestra perspectiva y nuestra capacidad de liderazgo. Nos recuerda que algunas de las lecciones más valiosas y transformadoras pueden venir de experiencias que inicialmente pueden parecer irrelevantes para nuestra carrera o desarrollo profesional.

Otro ejemplo similar es el del padre Álvaro Ramos, cuya experiencia es un ejemplo claro de cómo estas relaciones pueden cambiar tu vida para siempre: «Yo tuve la suerte de haber sido testigo de la pobreza desde joven [...], de tener amplitud de miras [...], esto te permite conocer el mundo, lo bueno y lo malo [...], me hizo ver un mundo de gente más humilde, en situaciones muy difíciles, pero también descubrí que son personas como nosotros. Me abría a un mundo que era injusto pero, por otro lado, me permitió entender que yo lo podía cambiar». Esta experiencia lo expuso a realidades sociales muy diferentes a las suyas, ampliando su comprensión del mundo e inspirándole a buscar formas de marcar una diferencia, y, probablemente, constituyéndose en una de las razones que están en la base de su vocación como sacerdote.

Superar los frenos al crecimiento implica reconocer que el crecimiento y la curiosidad son procesos de por vida, no destinos a los que se llega. Como dijo el filósofo y psicólogo William James: «El mayor descubrimiento de mi generación es que los seres humanos pueden alterar sus vidas alterando sus actitudes mentales». Al adoptar una mentalidad de crecimiento, enfrentar nuestros miedos y cultivar la curiosidad, podemos continuar creciendo y aprendiendo a lo largo de nuestras vidas y carreras.

A lo largo de este capítulo hemos explorado cómo la curiosidad, una cualidad innata y tan evidente en la infancia, debe ser cultivada y aprovechada para impulsar nuestro desarrollo personal y profesional. Hemos visto cómo referentes como Juan Arena han utilizado la curiosidad, no sólo como un motor para crecer y estar al día de lo que ocurre en el mundo, sino como un motor para conectarse con entornos muy diferentes, cultivando la humildad, permitiendo así añadir dimensiones no tan obvias a la propia capacidad de liderazgo.

La mentalidad de crecimiento, como nos ha enseñado Carol Dweck, es el terreno fértil donde la curiosidad puede florecer. Al abrazar esta mentalidad, transformamos los desafíos en oportunidades, y los fracasos, en lecciones. Esto no sólo nos beneficia a nosotros mismos, sino que crea un efecto dominó positivo en nuestros equipos y organizaciones.

Sin embargo, el camino hacia una curiosidad sostenida no está exento de obstáculos. El ego, el miedo al fracaso y la comodidad de lo conocido —el *cabañismo*, como lo llama Arena— pueden actuar como frenos peligrosos. Reconocer estos frenos es el primer paso para superarlos. La historia del personaje Daenerys Targaryen, de *Juego de tronos*, nos sirve como un recordatorio ilustrativo de cómo incluso los líderes más inspiradores pueden caer en la trampa del ego y de la inflexibilidad.

La curiosidad es el combustible que impulsa nuestra evolución personal y profesional. Es la chispa que enciende la innovación, el puente que conecta disciplinas aparentemente dispares y la lente a través de la cual vemos posibilidades donde otros ven obstáculos. A continuación, dejo algunas preguntas adicionales para tu propia reflexión:

1. ¿En qué áreas de tu vida has construido «cabañas» mentales y cómo podrías desmantelarlas para fomentar un crecimiento más allá de tu zona de confort?
2. ¿Cómo podrías transformar tu miedo al fracaso en una curiosidad por el proceso de aprendizaje que el fracaso ofrece?
3. Si tuvieras que diseñar una experiencia transformadora para ti mismo, similar a la de Juan Arena en el Pozo del

Tío Raimundo, ¿cómo sería y qué aspectos de tu liderazgo crees que desafiaría y mejoraría?

4. ¿Cómo podrías rediseñar los procesos de toma de decisiones en tu organización para que la curiosidad y el cuestionamiento sean parte integral, evitando así caer en la trampa del *cabañismo* colectivo?

5. Si pudieras tener una conversación con tu *yo* del futuro dentro de diez años, ¿qué preguntas le harías para entender cómo la curiosidad ha moldeado tu trayectoria y qué nuevos horizontes ha abierto?

La verdadera fuerza de un líder no reside en tener todas las respuestas, sino en hacer las preguntas correctas. Como dijo el famoso físico Richard Feynman: «Estoy convencido de que todo lo que se necesita para hacer un progreso en cualquier campo es una curiosidad apasionada, diligencia y un poco de autodisciplina».

12

Innovación y pensamiento disruptivo en la era digital

El futuro no es un lugar al que vamos, sino uno que estamos creando. Los caminos hacia él no se encuentran, se hacen.

JOHN SCHAAR, teórico político y escritor

No cabe duda de que nos encontramos ante el umbral de una nueva era, ante un panorama de cambio sin precedentes. La tecnología está transformando radicalmente nuestra forma de vivir, trabajar y pensar. La revolución digital y el auge de la inteligencia artificial están redefiniendo no sólo nuestras industrias y economías, sino también la esencia misma de lo que significa ser humano.

La velocidad y la magnitud de los cambios que estamos experimentando son verdaderamente asombrosas. Como señala Ray Kurzweil, reconocido futurólogo, cofundador de Singularity University y director de ingeniería en Google: «En los próximos veinte años vamos a ver más avances tecnológicos que en los últimos dos mil años». Esta afirmación, aunque pueda parecer hiperbólica, refleja la aceleración exponencial del progreso tecnológico que estamos presenciando. José Luis Cordeiro, ingeniero, futurólogo y profesor de Singularity University, también ha compartido ideas similares en su entrevista en *Talent Pills*, subrayando la importancia de comprender y adaptarse a este ritmo acelerado de cambio.

El impacto de estas tecnologías exponenciales se está sintiendo en todos los sectores, desde la medicina hasta la educación, pasando por las finanzas y el sector industrial. La inteligencia artificial, en particular, está emergiendo como una fuerza transformadora sin precedentes. Ya no es simplemente una herramienta más en nuestro arsenal tecnológico; se está convirtiendo en un colaborador, un amplificador de nuestras capacidades cognitivas y, en algunos casos, incluso en un competidor. Como observa Carlos Barrabés, emprendedor y experto en tecnología: «La inteligencia artificial no nos va a reemplazar como personas. La que te va a reemplazar es otra persona que utilice la inteligencia artificial».

Esta observación subraya un punto fundamental: la verdadera disrupción no proviene simplemente de la existencia de estas tecnologías avanzadas, sino de cómo las integramos en nuestras vidas y organizaciones. La innovación real ocurre en la intersección entre la tecnología y la creatividad humana, en la forma en que reimaginamos procesos, productos y servicios a la luz de estas nuevas capacidades.

Pero estas tecnologías exponenciales pueden ir más allá de una transformación en las organizaciones o en nuestra manera de entender el mundo, pueden tener un impacto en nuestra sociedad que hace una década habrían parecido ciencia ficción. Como señala Cordeiro, estamos en el umbral de una revolución respecto a la longevidad humana: «El objetivo es que podamos vivir de forma estable en una edad biológica entre 20 y 25 años [sin envejecer]». Este concepto de *rejuvenecimiento biológico* va más allá de simplemente extender la duración de la vida, se trata de mejorar fundamentalmente la calidad de vida. Cordeiro argumenta que «si detenemos el envejecimiento, detenemos todas estas enfermedades crónicas».

Esta visión del futuro, aunque pueda parecer utópica, e incluso absurda, está respaldada por inversiones milmillonarias de algunas de las empresas más grandes del mundo. Google (a través de su subsidiaria Calico), Amazon (a través de Altos Labs) y otras compañías tecnológicas están invirtiendo miles de millones de dólares en investigación sobre el envejecimiento y la longevidad.

Kurzweil argumenta que el envejecimiento es un problema de ingeniería que se puede resolver, y cree que, con los avances en la biotecnología y la inteligencia artificial, podremos aumentar nuestra longevidad incluso indefinidamente. Kurzweil ha comparado el genoma humano con un software obsoleto, sugiriendo que podemos reprogramar nuestros cuerpos para mejorar y prolongar la vida. Predice que, en el futuro cercano, posiblemente antes de 2030, podremos añadir un año adicional a nuestra expectativa de vida cada año, lo que eventualmente nos permitirá alcanzar lo que él llama *velocidad de escape de longevidad*.

Iñaki Ereño, CEO de Bupa, una de las empresas de salud más grandes del mundo, incluso llegó a reconocer que la superlongevidad ya no es ciencia ficción ni una utopía inalcanzable: «No sé cuándo llegará esa *velocidad de escape* [...], igual no soy tan optimista como Cordeiro, pero estoy de acuerdo en que llegará».

En este entorno de cambios tan profundos y que se producen a tal velocidad, mantener tu curiosidad no es sólo una necesidad, es un mínimo necesario. Además, tenemos que ser capaces de abrazar un pensamiento disruptivo que nos permita navegar por esta ola de cambio sin la sensación de hundirnos. Como dice el CEO de Microsoft, Satya Nadella: «El éxito en la era digital depende menos de entender la tecnología que de entender cómo la tecnología puede transformar nuestras organizaciones y vidas».

En este capítulo reflexionaré sobre cómo algunos referentes y líderes empresariales están adaptándose en este entorno y cómo lo pueden fomentar en sus organizaciones: ¿tenemos que desarrollar un conocimiento profundo en alguna de estas tecnologías o es mejor la transversalidad? En cualquiera de los escenarios: ¿cómo me puedo mantener al día para no sentirme agobiado con tanto cambio?, ¿cómo hago para que una organización tradicional pueda adoptar una cultura que abrace estos cambios y los aproveche?

12.1. Profundidad versus transversalidad

El desarrollo de estas tecnologías exponenciales ha generado brechas muy significativas a la hora de identificar y atraer a talento con especialidad en estos campos. Adicionalmente, la velocidad de cambio de estas tecnologías requiere perfiles que tienen una dedicación casi exclusiva para mantenerse al día y entender sus aplicaciones en el entorno corporativo.

En este contexto, la dicotomía entre profundidad y transversalidad se ha convertido en un tema central para líderes y organizaciones a la hora de entender cómo seguir evolucionando o creciendo organizativamente. Por un lado, la profundidad de conocimiento en áreas específicas puede proporcionar una ventaja competitiva significativa cuando exista un talento escaso con esos conocimientos. Por otro lado, la transversalidad permite una adaptabilidad mayor, crucial en un entorno en constante cambio.

Luis Ferrándiz, emprendedor digital, exsocio de McKinsey Digital y profesor del IESE, nos ofreció una perspectiva interesante sobre la situación del talento con conocimiento profundo en tecnologías digitales en España: «Tenemos gente buena, muy buena, muy especialista, muy técnica, incluso gente que es capaz de asociar muy bien negocio y tecnología. Sí, pero no a escala. Entonces no estamos siendo capaces de escalar ese talento a la velocidad que el mercado está demandando». La brecha entre la demanda de habilidades digitales y la capacidad del mercado laboral para satisfacerla no hace más que crecer. Ferrándiz señala que este problema no es exclusivo de España, sino que es «algo universal» que se observa en Europa y Estados Unidos. Es por tanto necesario desarrollar nuevas estrategias para el desarrollo y la retención del talento digital, así como un enfoque más ágil y adaptable en la educación y la formación profesional.

Carlos Barrabés enfatiza la importancia de la transversalidad en el mundo actual: «Yo creo que el mundo al que vamos va a necesitar muchas más personas transversales, y ser transversal es muy complicado». La creciente necesidad de profesionales capaces de conectar diferentes disciplinas y adaptarse rápidamente a nuevos contextos es clara. Barrabés resalta que la especialización, siendo necesaria, será una ventaja competitiva de unos «pocos elegidos», las personas más brillantes, trabajando en los entornos más complejos y para las compañías más disruptivas. Para la gran mayoría de las personas, esto no es una realidad. «Y una cosa que es sorprendente es cómo te encuentras a la gente especializándose cada día más en lo mismo, en una carrera casi sin fin. Cuando en realidad lo que estamos viendo claramente es que va a haber muchos cambios de sector, que va a haber muchísimos cambios en aquello que te piden las plataformas..., y que ninguno te está pidiendo una especialización tan potente, a no ser que estés en la élite global. Éste es otro tema. Pero, para el 90 por ciento de la gente, lo que le debe importar es hacerse más versátil.» Barrabés opina que ese talento con conocimientos profundos será escaso pero inaccesible para la gran mayoría de las empresas. Según Barrabés, deberíamos enfocarnos en desarrollar habilidades transversales que nos permitan adaptarnos y prosperar en un futuro cambiante y colaborar con empresas que tienen ese acceso al talento escaso.

La transversalidad también implica la capacidad de colaborar efectivamente con expertos en diferentes áreas, lejos de tu área de control. Este tema lo comentamos en *Talent Pills* junto con Carmen Vidal, presidenta de la Asociación de la IA Generativa en España; ella enfatiza la importancia de «formar parte de un ecosistema fuera de tu propia compañía donde puedas compartir tus problemas y aprender conjuntamente —Vidal añade—: Compartir, salir de la cueva. Muchas veces, nosotros nos quedábamos en nuestro mundo, y al final, por miedos o por comodidad, no hablabas tanto con otras empresas que hacen cosas similares a las tuyas. Pero la realidad es que compartir ideas ayuda muchísimo». Esta perspectiva resalta la importancia de la colaboración y del intercambio de ideas en un entorno cada vez más complejo e interconectado.

Sin embargo, la transversalidad no implica un conocimiento superficial. Diego del Alcázar, CEO de la IE University, subraya la importancia de tener una base sólida: «Tienes que tener un conocimiento mínimo troncal. Este tronco tiene que ser fuerte.

Y luego tú ya vas construyendo las ramas». Esta metáfora ilustra la necesidad de un sólido conocimiento fundamental sobre el cual construir habilidades más diversas y adaptativas.

Según mi experiencia, la naturaleza de las habilidades requeridas evoluciona significativamente a medida que se avanza en la jerarquía organizacional. Salvo contadísimas excepciones, para roles de alta dirección, el énfasis se desplaza del conocimiento técnico profundo hacia habilidades más amplias y adaptativas. En estos niveles superiores, las competencias más valoradas incluyen la capacidad de conectar ideas y conceptos de diversas disciplinas, la habilidad para colaborar eficazmente en entornos multidisciplinarios, una alta adaptabilidad frente a los cambios y una alta curiosidad. Esto no significa que el conocimiento técnico sea irrelevante; por el contrario, es crucial mantener un nivel básico de comprensión de las tecnologías clave. Este conocimiento fundamental permite a los líderes formular las preguntas adecuadas, entender las implicaciones estratégicas de las decisiones tecnológicas y comunicarse eficazmente con especialistas técnicos.

En posiciones de comité directivo, en roles que inicialmente requerían un conocimiento profundo, hemos observado un patrón interesante: los individuos que más éxito alcanzan suelen combinar una curiosidad insaciable con una elevada inteligencia emocional. Esta combinación les permite adquirir rápidamente el conocimiento mínimo necesario en diversas áreas, mientras desarrollan la capacidad de conectarse eficazmente con personas y entornos muy diversos. Esta habilidad para «conectar los puntos» entre diferentes disciplinas, tecnologías y perspectivas humanas, se ha vuelto cada vez más valiosa en un mundo empresarial caracterizado por la complejidad y el cambio constante. Los líderes que pueden navegar con fluidez entre diferentes áreas de conocimiento, manteniendo una visión holística y estratégica, son los que mejor posicionados están para guiar a sus organizaciones hacia el futuro.

El éxito en roles de liderazgo sénior parece depender menos de la profundidad del conocimiento en un área específica y más de la capacidad de sintetizar información de múltiples fuentes, de adaptarse rápidamente a nuevos contextos y de facilitar la colaboración entre diversos equipos y disciplinas. Esta transversalidad, combinada con una base sólida de conocimientos fundamentales y una curiosidad elevada, parece ser la fórmula para el liderazgo en la era digital. Mi invitado a *Talent Pills* Javier Rodríguez Zapatero, ex-CEO de Google en España, autor de *Por una España digital* y presidente de la escuela de negocios ISDI, añade: «La clave es enseñar a tu mente a que no te cueste ni tengas pereza para aprender la siguiente versión, porque, además, cuanto más rápido aprendes una cosa, más rápido aprendes a aprender». Esta perspectiva enfatiza la importancia de desarrollar una mentalidad de aprendizaje continua, más que centrarse exclusivamente en la profundidad técnica.

Para los líderes y profesionales, esto implica un compromiso con el aprendizaje continuo y la curiosidad. Significa estar dispuesto a salir de la zona de confort y explorar nuevas áreas de conocimiento, incluso si inicialmente parecen estar fuera de nuestro campo de experiencia. También implica desarrollar la humildad para reconocer que la gran mayoría de nosotros no podemos ser expertos en todo y es mejor desarrollar la capacidad para saber colaborar efectivamente con aquellos que tienen conocimientos complementarios. Para las organizaciones, el desafío es crear culturas que valoren tanto la profundidad como la transversalidad. Esto puede implicar la creación de equipos diversos que combinen diferentes tipos de experiencia y conocimiento, así como el fomento de la colaboración interdepartamental y el aprendizaje cruzado.

12.2. Revisión de la curiosidad en este nuevo entorno

En un entorno donde el conocimiento ya no es un factor diferencial porque está «a un clic de distancia», donde este conocimiento se vuelve cada vez más efímero debido a la rapidez del cambio, es importante revisar la forma en la que comprendemos la curiosidad, explicada en detalle en el capítulo anterior.

Como señala Javier Rodríguez Zapatero: «La duración o la vigencia de las habilidades que uno aprende se va acortando cada año. Si antes desarrollamos habilidades que nos podían hacer sobrevivir durante 20 o 25 años, ahora, las habilidades tienen una vida media de cuatro o cinco años, que se va a ir acortando». Como dice Carlos Barrabés, emprendedor y experto en tecnología: «Vale..., dices que eres experto en IA, pero de qué mes me estás hablando». Esta realidad plantea un desafío significativo: ¿cómo mantenerse al día sin sentirse abrumado por el constante flujo de nueva información y tecnologías?

Como dice Diego del Alcázar, CEO de la IE University y autor de *La genética del tiempo*, la respuesta parece residir en tener una mentalidad muy activa: «Hay que tener la mente muy despierta». Esta curiosidad no sólo debe aplicarse a las nuevas tecnologías, sino también a campos aparentemente no relacionados que pueden ofrecer perspectivas valiosas, sin olvidarnos de las humanidades. Del Alcázar profundiza en este tema, y afirma: «Lo más importante es que una persona sea capaz de entenderse a sí misma, entender el mundo del que viene y que, al mismo tiempo, sea capaz de poder pensar críticamente sobre las consecuencias de sus actos y de los actos de su entorno. [...] Para mí, uno de los aspectos fundamentales, sobre todo en esta época de cambio constante, es el "ser capaz de...", a través de las humanidades, de la filosofía, de la historia, de la literatura, de la poesía, de la música, pues es clave entendernos mejor a nosotros mismos y entender el mundo en el que vivimos».

En el contexto del aprendizaje continuo, esto sugiere que la exploración de áreas fuera de nuestra especialidad puede conducir a conclusiones y soluciones creativas. Juan Arena reconoce que haber estudiado Antropología y Psicología ha sido un elemento que le ha ayudado en su capacidad de liderar personas. De la misma forma, para Diego del Alcázar, el hecho de haberse lanzado a escribir un libro de ficción le ha ayudado a desarrollar su humildad y su creatividad como líder.

Otro de mis invitados, Alberto Benbunan, un emprendedor en serie de mucho éxito, subraya la importancia de la práctica constante en el aprendizaje. Benbunan dice que no se considera especialmente inteligente (aunque yo creo que es una de las personas más inteligentes que conozco), pero de lo que presume es de mantener una mentalidad práctica y no tener miedo, lo cual le ha ayudado enormemente. Él afirma: «Esto es practicar y practicar... Practicar es aprender, es aprender los truquitos». Esta idea de *aprender haciendo* es crucial en un entorno en el que las herramientas y tecnologías están en constante evolución. El enfoque de Benbunan refleja la teoría del aprendizaje experiencial de David Kolb, que sostiene que el aprendizaje es más efectivo cuando se basa en experiencias concretas seguidas de reflexión, conceptualización y experimentación activa. En el contexto de la tecnología en rápida evolución, esto sugiere que la participación práctica y la experimentación con nuevas herramientas y conceptos es fundamental para un aprendizaje efectivo.

En este sentido, recuperemos la capacidad para jugar en el aprendizaje. Los niños aprenden jugando, y este enfoque ofrece numerosas ventajas que a menudo se pierden en el aprendizaje adulto tradicional. El juego fomenta un aprendizaje acelerado, estimula la creatividad, promueve una actitud positiva hacia el aprendizaje y ayuda a ver el fracaso como una parte natural del proceso de descubrimiento y crecimiento. Stuart Brown, psiquiatra y fundador del National Institute for Play, argumenta que el juego no es sólo para niños, sino que es fundamental para la creatividad y la innovación en adultos. Según Brown, el juego nos permite explorar posibilidades sin miedo al fracaso, lo que es esencial en un entorno de aprendizaje continuo. Este enfoque lúdico del aprendizaje puede ayudar a superar la resistencia y el miedo que a menudo acompañan la adquisición de nuevas habilidades, especialmente en áreas tecnológicas que pueden parecer intimidantes.

Diego del Alcázar refuerza esta idea cuando señala que «entender la educación como algo transaccional es un error». El aprendizaje por curiosidad, por el simple placer de conocer y entender, puede ser increíblemente valioso en el largo plazo, proporcionando perspectivas y conexiones inesperadas que pueden resultar cruciales en el futuro. Este enfoque se alinea con el concepto de *aprendizaje profundo* propuesto por educadores como Ken Bain, que argumenta que el aprendizaje más valioso y duradero ocurre cuando estamos intrínsecamente motivados por la curiosidad y el deseo de entender.

¿Cómo podemos fomentar este tipo de aprendizaje continuo y curioso en nuestras organizaciones y en nosotros mismos? Aquí hay algunas estrategias que los líderes y profesionales pueden considerar:

- Crear una cultura de aprendizaje: Carlos Barrabés enfatiza la importancia de crear un entorno que valore y recompense el aprendizaje continuo. Esto no sólo implica proporcionar recursos y oportunidades de aprendizaje, sino también fomentar una mentalidad que vea el aprendizaje como una parte integral del trabajo diario.
- Fomentar la experimentación: como sugiere Alberto Benbunan, el aprendizaje efectivo a menudo implica *aprender haciendo*. Los líderes pueden crear espacios seguros para la experimentación, donde los empleados puedan probar nuevas ideas y tecnologías sin miedo al fracaso; esto podría incluir el «tiempo de juego» dedicado, hackatones o proyectos piloto para explorar nuevas tecnologías.
- Promover la diversidad de pensamiento: Diego del Alcázar destaca la importancia de las humanidades y el pensamiento crítico en la era digital. Los líderes pueden fomentar esto alentando a los empleados a explorar campos fuera de su área de especialización, organizando charlas interdisciplinarias o creando equipos de proyecto diversos.
- Aprovechar la tecnología: la misma tecnología que está acelerando el cambio también ofrece poderosas herramientas para el aprendizaje continuo; las plataformas de aprendizaje en línea, la inteligencia artificial adaptativa y la realidad virtual pueden ofrecer experiencias de aprendizaje personalizadas y atractivas.
- Fomentar la reflexión: el aprendizaje efectivo no consiste sólo en absorber nueva información, sino también en reflexionar sobre ella y aplicarla. Los líderes pueden fomentar prácticas como la escritura de diarios de aprendizaje, sesiones de revisión de proyectos o discusiones grupales

para promover la reflexión y la integración de nuevos conocimientos.

El aprendizaje continuo en la era digital no consiste en intentar adquirir nuevos conocimientos técnicos para mantenerte al día, sino en desarrollar una mentalidad constante que fomente tu curiosidad y adaptabilidad. Esta mentalidad de aprendizaje continuo no sólo beneficia a los individuos, sino que es crucial para la supervivencia y el éxito de las organizaciones.

Como dice el escritor William Gibson: «El futuro ya está aquí, pero no está bien distribuido». La idea de Gibson sugiere que las innovaciones y los avances que definirán nuestro futuro ya existen de alguna forma, pero no son uniformemente accesibles o comprendidos por todos. La frase de Gibson nos recuerda que el futuro no es algo que simplemente nos sucede, sino algo que creamos activamente.

El éxito en la era del aprendizaje continuo no consiste sólo en mantenerse al día con la tecnología, sino en desarrollar la capacidad de identificar, comprender y aprovechar las oportunidades que el «futuro» ya presente nos ofrece.

12.3. Cultura de innovación

En el contexto actual, desarrollarte a nivel individual no es suficiente, es necesario contagiar a la organización, inspirar a los demás y crear una cultura de innovación. Esto se ha convertido en un imperativo para las organizaciones que desean mantenerse competitivas y relevantes. La dificultad radica en cómo hacerlo. Muchas organizaciones optan por tener un departamento de innovación que tenga como única misión identificar oportunidades y evaluar amenazas posibles derivadas de posibles disrupciones, muchas veces tecnológicas. Sin embargo, otras organizaciones optan por hacerlo de una forma mucho más distribuida, bajo la creencia de que no se puede delegar la innovación en un área.

El enfoque centralizado tiene sus defensores. Clayton M. Christensen, profesor de la Harvard Business School y autor de

El dilema de los innovadores, argumenta que «las organizaciones con unidades de innovación dedicadas pueden enfocarse más efectivamente en identificar y desarrollar ideas disruptivas». Este enfoque permite una visión estratégica coherente y puede facilitar la asignación de recursos a proyectos de alto impacto. Además, un equipo dedicado puede desarrollar habilidades especializadas y metodologías específicas para la innovación.

Por otro lado, el enfoque distribuido tiene sus propios méritos. Gary Hamel, fundador de Strategos, reconocido experto en gestión y autor de varios libros sobre liderazgo e innovación, afirma que «la innovación es demasiado importante para dejarla en manos de un pequeño grupo de élite». Este enfoque argumenta que las ideas innovadoras pueden surgir de cualquier parte de la organización y que limitar la innovación a un departamento específico puede resultar en oportunidades perdidas. Además, un enfoque distribuido puede fomentar una cultura de innovación más amplia y arraigada en toda la organización.

La realidad es que ambos enfoques tienen sus fortalezas y debilidades. Un enfoque puramente centralizado puede perder el contacto con las realidades del día a día de diferentes áreas de la empresa, mientras que un enfoque completamente distribuido puede carecer de dirección estratégica y dispersar los recursos. Muy probablemente, la solución óptima reside en un enfoque híbrido que combine elementos de ambos, aprovechando las fortalezas de cada uno mientras mitiga sus debilidades.

En su análisis sobre la innovación corporativa, John Hagel, cofundador y director del Center for the Edge de Deloitte, ofrece una perspectiva diferente sobre cómo las organizaciones pueden abordar este desafío. Hagel sugiere que, para empezar, las empresas necesitan cambiar fundamentalmente su enfoque estratégico. Propone eliminar los tradicionales planes a cinco años, inútiles bajo su perspectiva en el entorno actual de constante disrupción. En su lugar propone un enfoque dual: una visión a largo plazo (20 años) combinada con múltiples iniciativas a corto plazo (6-12 meses). Este enfoque permite a las empresas mantener una visión del futuro mientras se mantienen ágiles y adaptables en el presente.

Además, Hagel enfatiza la importancia de replantearse el proceso de innovación interna. Argumenta que las grandes instituciones deben tener un modelo de «aprendizaje escalable», creando un entorno donde las personas puedan aprender más rápido, y mejor juntas que por separado. Y para hacer esto hay que «hacerlo en serio», argumenta; y añade: «Si nuestro objetivo principal es impulsar el aprendizaje y la mejora a escala, necesitamos cambiar todo aquí: desde los sistemas de compensación, los sistemas de gestión y las herramientas hasta el espacio físico. No he conocido ninguna empresa que lo haya hecho de esta forma para toda la compañía».

Javier Rodríguez Zapatero enfatiza que este proceso de aprendizaje escalable comienza por el CEO: «Si el CEO o la CEO de la compañía no tienen claro que el aprendizaje es fundamental, entonces no hay nada que hacer». Esta visión *top-down* (de arriba hacia abajo) es probablemente la más aceptada en muchas organizaciones, y con razón. El liderazgo desempeña un papel crucial en establecer el tono y la dirección de la cultura organizativa. Sin embargo, un enfoque únicamente *top-down* no es suficiente para crear una verdadera cultura de innovación.

Luis Ferrándiz ofrece una perspectiva adicional sobre cómo las empresas están abordando este desafío de aprendizaje continuo. Señala que muchas organizaciones están optando por dos estrategias principales: el *reskilling* de empleados existentes y la contratación de talento externo: «Hay dos posibilidades..., o bien asegurarnos de que las escuelas están proporcionando el suficiente talento en esa dirección, o bien la otra [...], el *reskilling* de gente, de directivos que puedan hacerlo, que vienen de un mundo en el que la tecnología les es afín y que pueden reciclarse». Esta observación subraya la necesidad de un enfoque multifacético para abordar la brecha de habilidades digitales, que involucre tanto a las instituciones educativas como a las empresas.

Como menciona Iñaki Ereño: «Nosotros creemos mucho en la transformación desde dentro. Les explicamos a nuestros empleados que todos ellos pueden participar en el proceso de cambio. No me importa si llevas veinte años aquí; te animo a que te subas al tren de la transformación..., y vamos a hacerlo juntos.

Hablamos con ellos muchísimo, y vinculamos todo lo que hacemos a los incentivos para asegurar que todos estén alineados y comprometidos con la estrategia». Ereño subraya la necesidad de una comunicación abierta y constante, así como la creación de incentivos que alineen los objetivos personales con los estratégicos de la empresa.

Alberto Benbunan sugiere un enfoque complementario *bottom-up* (de abajo hacia arriba) para el aprendizaje y la implementación de nuevas tecnologías: «Yo creo que, hoy en día, la implementación de las estrategias de experimentación y aprendizaje en IA que están haciendo grandes empresas la están haciendo mal, porque lo hacen de arriba hacia abajo, cuando lo deberían hacer de abajo hacia arriba». Benbunan argumenta que es crucial proporcionar a todos los empleados un nivel básico de alfabetización en IA, permitiéndoles comprender y utilizar estas herramientas en su trabajo diario. Este enfoque *bottom-up* puede ayudar a crear una adopción más orgánica y sostenible. Permite que la innovación surja de todos los niveles de la organización, no sólo de la alta dirección. A menudo, los empleados que están en contacto directo con los clientes y los procesos diarios tienen ideas valiosas sobre cómo mejorar e innovar, y un enfoque de abajo hacia arriba les da la oportunidad de contribuir significativamente.

Carmen Vidal enfatiza la importancia de crear un entorno que fomente la experimentación y el aprendizaje: «Necesitamos que la gente se vaya formando en IA y que vaya adquiriendo experiencia en usarla en su día a día». Esto implica no sólo proporcionar oportunidades de formación, sino también crear un ambiente donde se anime a los empleados a experimentar con nuevas tecnologías y enfoques, y donde se vea la experimentación como una oportunidad de aprendizaje.

Claramente, de nuevo, se necesitan ambos enfoques. Es necesario tener un CEO que ejemplifique este modelo de aprendizaje y que fomente la experimentación y desarrollo desde las bases, pero también es crucial empoderar a los empleados en todos los niveles para que contribuyan a la innovación. Muchas veces, la innovación proviene de quien está más cerca del terreno y ese elemento es fundamental protegerlo y nutrirlo.

Pero este enfoque mixto no es suficiente si no se fomenta una colaboración y comunicación que huya de silos organizacionales. En nuestra conversación de *Talent Pills*, Quico Machín, jefe de inteligencia artificial en la IE University y profesor adjunto en la IE Business School, subrayó la importancia de la comunicación y colaboración interna en este proceso: «No hay que subestimar las redes internas, donde se hable del uso de la IA, de las mejores prácticas y de cómo puede ayudar en la colaboración entre diferentes departamentos». Promover que se compartan experiencias y unas mejores prácticas puede acelerar la adopción de nuevas tecnologías y enfoques en toda la organización.

Algunas organizaciones, como Gucci, Prada, Accor o Zurich Insurance, han desarrollado lo que llaman *shadow boards* para fomentar la innovación organizativa eliminando silos y centralismos. Estos *shadow boards* están compuestos por un grupo diverso de personas, normalmente jóvenes, de diferentes campos y experiencias, que son espejo del Comité Ejecutivo, con su propia agenda, recursos y objetivos para que planteen iniciativas que deben ser presentadas al Comité Ejecutivo de la compañía. Este enfoque permite discutir ideas y desafiar perspectivas, lo que puede ampliar enormemente el horizonte intelectual de la organización.

Los *shadow boards* han demostrado ser particularmente efectivos en industrias que enfrentan rápidos cambios tecnológicos, pero también demográficos. Por ejemplo, para Gucci, este *shadow board*, compuesto por empleados menores de 30 años, ayudó muchísimo a conectar con los consumidores *millennials* y de la generación Z, lo cual contribuyó a un aumento significativo de las ventas. De manera similar, Prada ha adoptado un enfoque parecido con su «Prada Thought Council», iniciativa en la que reúne a jóvenes talentos de diferentes departamentos para aportar nuevas perspectivas a la estrategia de la empresa. La implementación exitosa de *shadow boards* requiere un compromiso genuino por parte de la alta dirección con un propósito y recursos bien definidos.

Otras organizaciones buscan un enfoque diferente para impulsar la innovación. John Hagel sugiere una estrategia interesante «innovando de forma silenciosa en los bordes del negocio *core*». Esta estrategia implica identificar múltiples áreas prometedoras, en el borde del negocio actual, y que tengan el potencial de escalar, pero sin que eso implique cambiar el negocio *core* a corto plazo. El objetivo es encontrar un «borde» que genere resultados a corto plazo, que proporcione ingresos adicionales sin atacar el núcleo existente. Para ello buscan identificar, probar y evaluar de forma ágil, con inversiones moderadas, y filtrar estas iniciativas en función del potencial de negocio, su capacidad disruptiva y la probabilidad de convertirse en el nuevo negocio *core* del futuro.

Para que esta estrategia tenga éxito, Hagel aconseja invertir la menor cantidad de dinero posible en estas iniciativas para así evitar activar los «anticuerpos» que existen en toda organización. Hagel enfatiza la importancia de mantener estos esfuerzos en silencio, evitando declaraciones públicas masivas y enfocándose simplemente en obtener resultados. No es necesario buscar la alineación de todo el equipo de liderazgo; basta con tener a una persona que reporte información y resultados directamente al CEO o a otro individuo de alto nivel que pueda proporcionar apoyo y apalancamiento. También es importante asegurarse de que los líderes de estas iniciativas tengan un claro sentido de urgencia, ya que el tiempo puede matar los «bordes» si no se obtienen resultados a corto plazo.

En todo proceso de innovación corporativo, existen tres agentes de cambio fundamentales que deben estar completamente alineados para garantizar el éxito de cualquier iniciativa innovadora. Estos agentes no sólo deben trabajar en conjunto, sino que también deben, como dice Barrabés, «compartir una visión común y considerar la innovación como una prioridad estratégica»:

- Es fundamental que el CEO desempeñe un papel de liderazgo. Debe apoyar y entender la innovación como una prioridad estratégica. Se necesita un mínimo conocimiento del entorno competitivo y una curiosidad elevada, además de una visión transversal, para poder conectar puntos. Asimismo, es esencial tener un mínimo de conocimiento de cómo ciertas tecnologías pueden afectar directamente la estrategia del negocio, no sólo para ser capaz de hacer las preguntas adecuadas, sino también para diseñar una estrategia con una ambición disruptiva pero realista.

- Además, es necesario el desarrollo de un área que lidere la innovación, que sirva de punta de lanza, que sea el apoyo del comité ejecutivo en cuanto a las posibles amenazas y oportunidades, que experimente y que considere el fracaso como una oportunidad de aprendizaje. Este equipo debe invertir en oportunidades prometedoras, en los «bordes» (como sugiere Hagel), y fomentar y estar conectado en un ecosistema de innovación más amplio que incluya *startups*, universidades y otros socios potenciales, así como desarrollar una propia metodología de innovación que funcione en el contexto organizativo de la compañía.
- Por último, resulta crucial proporcionar las herramientas y la cultura necesarias para fomentar una cultura de experimentación y aprendizaje en cada una de las personas de la organización, una cultura que fomente la colaboración y el intercambio de ideas, dándoles a esas personas incluso algo de tiempo para probar y desarrollar iniciativas. Esto podría incluir la implementación de programas de intraemprendimiento, a partir de los cuales los empleados puedan proponer y desarrollar sus propias ideas innovadoras, así como la creación de espacios de innovación donde los empleados puedan experimentar con nuevas tecnologías y enfoques.

Como señala Diego del Alcázar: «Estamos al comienzo de un cambio enorme. Todas las semanas están pasando cosas». En este contexto, las organizaciones que puedan crear y mantener una cultura de innovación genuina no sólo estarán mejor posicionadas para sobrevivir, sino para prosperar en la era digital.

Acabo este apartado recordando las palabras de Reed Hastings, cofundador y CEO de Netflix: «La innovación consiste en decir que no a mil cosas». Esta cita captura la esencia de una cultura de innovación. No se trata sólo de generar nuevas ideas, sino de tener el coraje y la disciplina para enfocarse en las que realmente importan, de estar dispuesto a desafiar el *statu quo* y de tener la visión para ver más allá de lo inmediato.

La innovación y el pensamiento disruptivo se han convertido en pilares fundamentales para navegar en esta era digital. La capacidad de adaptarse, aprender continuamente y fomentar una cultura de innovación se ha vuelto esencial, primero para los individuos, que después puedan «contagiar» a la organización.

La dicotomía entre profundidad y transversalidad en el conocimiento de un directivo es una cuestión difícil de plantear y a la que es difícil responder. Mientras que la especialización puede proporcionar ventajas competitivas en áreas específicas, la transversalidad ofrece una adaptabilidad crucial en un entorno en constante evolución. La realidad es que ambas son necesarias, pero en diferentes proporciones según el nivel y el contexto organizacional. Para la mayoría de los profesionales, especialmente en roles de liderazgo, la capacidad de conectar ideas de diversas disciplinas, colaborar eficazmente en entornos multidisciplinarios y mantener una alta adaptabilidad se ha vuelto más valiosa que el conocimiento profundo en una sola área.

La rapidez con la que evolucionan las tecnologías y las habilidades requeridas exige una mentalidad de curiosidad insaciable y una disposición para el aprendizaje constante. Este aprendizaje no debe limitarse a las nuevas tecnologías, sino que debe abarcar un espectro más amplio, incluyendo las humanidades, que proporcionan una comprensión más profunda del mundo y de nosotros mismos.

La práctica constante, el *aprender haciendo*, se ha revelado como una práctica efectiva para mantenerse al día respecto a los cambios tecnológicos. Este enfoque, combinado con una actitud de jugar aprendiendo, puede ayudar a superar el miedo y la resistencia que a menudo acompañan la adquisición de nuevas habilidades. Recuperar la capacidad de jugar en el proceso de aprendizaje no sólo hace que el éste sea más agradable, sino que también fomenta la creatividad y la innovación. En palabras del actor John Cleese: «La esencia misma de jugar es la apertura a que cualquier cosa que pase está bien... No puedes jugar si tienes miedo de que moverte en alguna dirección sea incorrecto, algo que no deberías haber hecho... Mientras estás siendo creativo, nada está mal, no existe tal cosa como un error, y, sin embargo, cualquier tontería te puede llevar al descubrimiento... Jugar es un ingrediente básico en la creatividad».

Para las organizaciones, crear una cultura de innovación se ha convertido en un imperativo estratégico. El desarrollo de una cultura de innovación requiere un compromiso desde la alta dirección, pero también debe involucrar a todos los niveles de la organización. El primer ejecutivo juega un papel crucial para establecer el tono, la prioridad y la dirección, pero es igualmente importante empoderar a los empleados en todos los niveles para que experimenten y contribuyan a la innovación. Estrategias como los *shadow boards* y la innovación «en los bordes» del negocio principal han demostrado ser efectivas para fomentar nuevas ideas y perspectivas.

La comunicación abierta y constante, así como la creación de incentivos que alineen los objetivos personales con los estratégicos de la empresa, son elementos clave para fomentar una cultura de innovación. Además, proporcionar a todos los empleados un nivel básico de alfabetización en nuevas tecnologías, como la inteligencia artificial, puede ayudar a crear una adopción más orgánica y sostenible de estas herramientas en toda la organización.

En última instancia, la innovación no consiste sólo en generar nuevas ideas, sino en tener la disciplina para enfocarse en las que realmente importan. Requiere disponer de la voluntad de desafiar el *statu quo* y de la visión para ver más allá de lo inmediato. Como dijo John Schaar: «El futuro no es un lugar al que vamos, sino uno que estamos creando. Los caminos hacia él no se encuentran, se hacen». De ahí la importancia de identificar, comprender y aprovechar las oportunidades que este «futuro presente» ofrece.

La era digital no sólo ha transformado nuestras industrias y economías, sino que también está redefiniendo lo que significa ser humano. Los avances en campos como la inteligencia artificial y la biotecnología están abriendo posibilidades que antes parecían ciencia ficción. La forma en que abordemos estos desafíos y aprovechemos estas oportunidades no sólo determinará el éxito de nuestras organizaciones, sino también el bienestar de nuestras sociedades y el futuro de la humanidad.

En contra de lo que se pueda pensar, la inteligencia artificial nos permitirá priorizar el desarrollo emocional, fomentando una cultura empresarial más humana y empática. Como nos recuerda Quico Machín: «La inteligencia artificial es el momento de la inteligencia emocional. Todo el ahorro de tiempo, de tareas que hoy en día el directivo podría hacer..., con todo ese ahorro, ¿qué es lo que va a hacer [el líder]? Ser más humano, ser más empático con sus equipos..., y eso va a "capilarizar" toda la empresa».

En este contexto actual, donde la innovación y el pensamiento disruptivo son más que nunca imperativos, nos encontramos ante una encrucijada fascinante. La revolución digital no sólo está transformando nuestras industrias y economías, sino que está redefiniendo la esencia misma de lo que significa ser humano y liderar. La verdadera disrupción no reside en la tecnología *per se*, sino en nuestra capacidad para reimaginar nuestro papel como líderes, como organizaciones y como sociedad. ¿Estamos preparados para ser los arquitectos de este nuevo mundo, donde la inteligencia artificial no reemplaza, sino que amplifica nuestra humanidad? A continuación, dejo algunas preguntas adicionales para vuestra reflexión:

1. Si pudieras implantar un *shadow board* en tu organización, ¿qué voces y perspectivas incluirías que actualmente están ausentes en la toma de decisiones estratégicas?

2. ¿Cómo podrías rediseñar tu día a día para incorporar el concepto de *jugar aprendiendo*, y qué impacto crees que tendría en tu creatividad y en la de tu equipo?

3. Si pudieras «rejuvenecer» una parte de tu organización, ¿qué área elegirías y cómo crees que esa «juventud» po-

dría ayudar a transformar el resto de la empresa? ¿Qué te frena a hacerlo?

4. Si tuvieras que crear un «mapa genético» de la innovación en tu organización, identificando los «genes» que fomentan y los que inhiben la creatividad, ¿cuáles serían los más dominantes y cómo podrías «editar» ese genoma para lograr mayor adaptabilidad?

Como nos decía Victor Hugo, cuando hablaba de un futuro incierto: «El futuro tiene muchos nombres. Para los débiles es lo inalcanzable. Para los temerosos, lo desconocido. Para los valientes es la oportunidad». No queda otra, toca ser valientes.

13

Resiliencia

No puedes volver atrás y cambiar el principio, pero puedes comenzar donde estás y cambiar el final.

C. S. Lewis, académico y novelista

En el capítulo anterior exploramos cómo la innovación y el pensamiento disruptivo pueden transformar organizaciones y sectores enteros. Sin embargo, el camino hacia la innovación está plagado de obstáculos, fracasos y momentos de duda. Es aquí donde la resiliencia se convierte en un componente esencial.

La resiliencia, en su esencia, es la capacidad de recuperarse de las dificultades, adaptarse a los cambios y mantenerse erguido con un objetivo en mente. En el contexto del liderazgo, va más allá de «aguantar» o «sobrevivir»; se trata de mantener una mentalidad positiva, aprender de los reveses y emerger más fuerte y sabio de las experiencias difíciles, o en palabras archiconocidas de Nelson Mandela: «No juzgues mi éxito por cuántas veces he caído, sino por cuántas veces me he levantado».

La resiliencia en el liderazgo no sólo beneficia al líder individualmente, sino que tiene un efecto cascada en toda la organización. Un líder resiliente inspira a su equipo a enfrentar los desafíos con una mentalidad positiva y proactiva, fomentando una cultura de adaptabilidad y crecimiento. Esta capacidad de recuperación colectiva se vuelve especialmente crucial en tiempos de crisis o cambios rápidos, permitiendo a la organización no sólo sobrevivir, sino prosperar en entornos inciertos.

Además, la resiliencia está íntimamente ligada a la innovación. Los líderes resilientes son más propensos a tomar riesgos calculados y a ver los fracasos como oportunidades de aprendizaje, lo que fomenta un ambiente donde la creatividad y la experimentación pueden florecer. Esta mentalidad es esencial para impulsar la innovación continua y mantener la competitividad en un mundo empresarial en constante evolución.

En este capítulo exploraremos tres componentes relevantes en la resiliencia en el liderazgo: el optimismo y el buen humor, la gestión eficiente del tiempo y la adaptabilidad. El optimismo y el buen humor son algo más que simples rasgos de personalidad: son estrategias de afrontamiento que pueden ayudarnos a mantener una perspectiva objetiva en tiempos difíciles y a inspirar confianza en tus equipos. Por otro lado, la gestión eficiente del tiempo es una habilidad crítica que nos permite maximizar nuestra energía y productividad, mantener el equilibrio y conservar la energía necesaria para enfrentarnos a los retos que se presenten. Por último, la adaptabilidad nos permite ajustarnos a cambios y nuevas circunstancias con flexibilidad, encontrando soluciones innovadoras ante desafíos inesperados. Juntos, estos componentes fortalecen nuestra capacidad de liderazgo al permitirnos enfrentar adversidades con una actitud positiva, eficiente y abierta al cambio, promoviendo un entorno de trabajo inspirador y resiliente.

13.1. El optimismo y el buen humor

El optimismo y el buen humor no consisten en una positividad ciega o en ignorar los problemas. Se trata más bien de mantener una perspectiva equilibrada y constructiva, incluso en las circunstancias más desafiantes. Los optimistas ven los obstáculos como oportunidades de crecimiento y aprendizaje, y son capaces de transmitir esta mentalidad a sus equipos.

El optimismo puede transformar nuestra perspectiva de la vida y nuestra capacidad para enfrentar los desafíos. Esta característica no sólo mejora nuestro bienestar, sino que también tiene un impacto significativo en cómo interactuamos con los demás en entornos profesionales y personales.

El buen humor, por su parte, es una herramienta sorprendentemente efectiva en el arsenal del líder resiliente. La capacidad de encontrar el lado humorístico de las situaciones difíciles no sólo ayuda a aliviar el estrés, sino que también puede fomentar la cohesión del equipo y mejorar la moral en tiempos de crisis. Como dijo el comediante Victor Borge: «La risa es la distancia más corta entre dos personas». El buen humor puede ayudar a romper barreras, fomentar la creatividad y crear un ambiente donde las personas se sientan más cómodas tomando riesgos y compartiendo ideas.

El optimismo y el buen humor no son sólo estados mentales pasivos, sino herramientas activas que podemos utilizar para mejorar el estado mental ajeno. Como señala Claudia Tecglen: «Hay que ser generoso con el prójimo. Y no cuesta nada ser amable». Esta simple observación subraya cómo el optimismo y la amabilidad pueden crear un ambiente positivo que beneficia a todos.

La investigación científica respalda el poder del optimismo en el liderazgo. Un estudio publicado en el *Journal of Applied Psychology* encontró que el optimismo era especialmente efectivo en la gestión del cambio organizativo y en la motivación de sus equipos. Este estudio, titulado «The role of positive psychological states in upper level managers' job satisfaction», fue realizado por Fred Luthans y sus colegas en 2007. La investigación examinó a 74 directivos de alto nivel en una gran organización y encontró que el optimismo, junto con la esperanza y la resiliencia, estaban significativamente relacionados con la satisfacción laboral y el rendimiento. Además, el estudio concluyó que el optimismo se asociaba con una mejor gestión del estrés y una mayor capacidad para tomar decisiones bajo presión. Los optimistas mostraron una mayor tendencia a perseverar en la búsqueda de soluciones cuando se enfrentaban a obstáculos, lo que resultó en un mejor desempeño general y una mayor satisfacción laboral tanto para ellos como para sus equipos.

Otro estudio relevante, publicado en el *Leadership Quarterly* en 2009 por Boas Shamir y Galit Eilam, titulado «What's your story? A life-stories approach to authentic leadership development», destacó cómo los relatos personales optimistas influyen positivamente. Los investigadores encontraron que los líderes que podían construir y comunicar historias de vida optimistas y significativas eran percibidos como más auténticos y tenían un mayor impacto en sus seguidores. Esas historias nos dan perspectiva y nos ayudan a ver que es posible superar los desafíos.

Es importante entender que el optimismo no significa ignorar los problemas o las dificultades. Como nos recuerda Ousman Umar: «La realidad supera la ficción [...]. Pero cuando parece que todo está perdido es cuando sale el sol». El verdadero optimismo implica reconocer los desafíos y, aun así, mantener la fe en nuestra capacidad para superarlos. Umar, quien enfrentó circunstancias extremadamente difíciles en su viaje desde Ghana, demuestra cómo el optimismo puede ser una fuerza motriz incluso en las situaciones más adversas.

Enric Benito, en su transición de la oncología a los cuidados paliativos, nos ofrece una perspectiva muy diferente sobre el final de la vida. Su experiencia le ha enseñado que, incluso en las situaciones más desafiantes, existe la posibilidad de encontrar belleza y significado: «El proceso de morir... es maravilloso, es mágico si lo sabes cuidar y acompañar sin miedo», afirma, desafiando la percepción común de la muerte como algo puramente negativo. Esta visión resalta la importancia de un enfoque compasivo y sin temor. Benito sugiere que, con el acompañamiento adecuado, el proceso de morir puede convertirse en una experiencia profunda y significativa, tanto para el paciente como para quienes lo rodean, transformando así un momento de aparente oscuridad en uno de revelación y conexión humana.

Para cultivar el optimismo y el buen humor en nuestras vidas y en nuestro estilo de liderazgo, existen ciertas prácticas; he aquí algunas, para vuestra reflexión:

- En primer lugar, y casi la más importante, practicar la gratitud es una excelente manera de incrementar nuestro nivel de optimismo. Tomarse el tiempo cada día para reconocer y apreciar las cosas buenas que tenemos en nuestras vidas puede tener un impacto positivo significativo en nuestra perspectiva y bienestar emocional.
- Además, es importante cultivar relaciones positivas. Rodearnos de personas que sean optimistas, que nos transmitan energía positiva y que mantengan un buen humor puede influir enormemente en nuestra propia actitud. La energía y el entusiasmo de quienes nos rodean pueden ser contagiosos, ayudándonos a mantener una visión más positiva y alegre.
- De la misma forma, es importante huir de aquellos que nos transmiten energía negativa, que a veces es más difícil de ejecutar. En este sentido, Claudia Tecglen comparte su «regla de tres»: «Mi regla de tres es simple: la primera vez que una persona me trata diferente por mi discapacidad, lo entiendo y no pasa nada. La segunda vez, aún tengo paciencia. Pero si a la tercera vez sigue sin ver más allá de mis muletas y mi discapacidad, soy yo quien decide apartarla de mi vida. No tengo tiempo para quienes no ven mi verdadero valor. [...]. Esta regla de tres es mi filtro para las relaciones. La primera interacción es un aprendizaje, la segunda es un recordatorio; pero si a la tercera vez aún me tratas diferente por mi discapacidad, entonces soy yo quien decide distanciarse. La vida es demasiado corta para perder tiempo con quienes no pueden ver más allá de las muletas». Todos debemos aplicar esta regla de tres en nuestras vidas, incluso si no tenemos discapacidad. La vida es demasiado corta para rodearnos de aquellos que nos miran con displicencia o no ven nuestro verdadero valor.
- Por último, otra estrategia esencial es encontrar el humor en la vida cotidiana y sonreír más a menudo. Buscar activamen-

te momentos de alegría y diversión, incluso en las tareas más mundanas, puede mejorar notablemente nuestro estado de ánimo. Ver el lado divertido de las situaciones y permitirnos reír puede aliviar el estrés y hacernos sentir más livianos y felices. Es sorprendente ver la diferencia en la frecuencia de sonrisas entre niños y adultos. Según un estudio realizado por la Universidad de Minnesota, los niños sonríen un promedio de 400 veces al día, mientras que los adultos sólo sonríen unas 20 veces al día en promedio. Esta disparidad significativa sugiere que, a medida que envejecemos, tendemos a perder parte de nuestra capacidad natural para encontrar alegría y humor en la vida cotidiana. Esta estadística resalta la importancia de cultivar activamente el buen humor y la actitud positiva en nuestra vida adulta. Como decía Charlie Chaplin: «Un día sin reír es un día perdido».

Integrar estas prácticas en nuestra rutina diaria no sólo nos beneficia personalmente, sino que también enriquece nuestro estilo de liderazgo, creando un ambiente más positivo y motivador para quienes estén a nuestro alrededor. Como líderes, podemos modelar estas prácticas y crear un ambiente que fomente el optimismo y el buen humor en nuestros equipos. Esto no sólo mejorará el bienestar de nuestros colaboradores, sino que también puede conducir a una mayor innovación, colaboración y productividad.

El optimismo y el buen humor son más que simples rasgos de personalidad; son habilidades que podemos cultivar y que pueden tener un impacto profundo en nuestra vida personal y profesional. Como nos recuerda la maravillosa escritora Helen Keller: «Mantén tu rostro hacia el sol y no podrás ver la sombra. Ésa es la clave del optimismo».

13.2. La gestión eficiente del tiempo

En el liderazgo, la gestión eficiente del tiempo es un componente relevante en la resiliencia. Sin ella, incluso los líderes más determinados y optimistas pueden verse abrumados y agotados. Esta habilidad va más allá de simplemente dedicar más energía en menos tiempo a las tareas; se trata de priorizar estratégicamente, mantener el enfoque en lo que realmente importa y conservar la energía para los desafíos más importantes.

El impacto de no ser eficiente en la gestión del tiempo puede ser devastador tanto a nivel personal como profesional. Según un estudio realizado por la Universidad de California, los trabajadores pierden en promedio 2,1 horas al día debido a distracciones e interrupciones. Además, el Instituto Americano del Estrés reporta que el 80 por ciento de los trabajadores sienten estrés en el trabajo, y casi la mitad dice que necesita ayuda para manejar el estrés. Gran parte de este estrés está directamente relacionado con una mala gestión del tiempo, lo que lleva a plazos incumplidos, trabajo de baja calidad y un desequilibrio entre la vida laboral y la personal.

Agustín Peralt, experto en productividad personal y gestión del tiempo, argumentaba en *Talent Pills*: «La solución no pasa por trabajar muchas horas. De hecho, siempre digo que si la clave para tener una carrera exitosa y con proyección fuera simplemente trabajar muchas horas, sería demasiado sencillo». La noción común de que el éxito en el liderazgo se mide por la cantidad de horas trabajadas es claramente incierta. Peralt enfatiza en su lugar la importancia de la efectividad y la eficiencia en las horas que trabajas.

Peralt subraya la importancia de eliminar los malos hábitos que obstaculizan la productividad, como la multitarea constante. Él señala: «El ejemplo más claro de esto lo encontramos en personas que, sin ser conscientes, consultan su e-mail o mensajes de WhatsApp cada dos minutos, todo el día. Eliminar ese hábito y evitar la multitarea es la herramienta más sencilla para mejorar tu eficiencia». En su lugar, Peralt aboga por períodos de trabajo enfocado y sin interrupciones, lo que él llama «trabajar con atención plena en un mismo tema durante un lapso de entre 30 y 45 minutos».

La atención plena en el trabajo es un concepto fundamental en la gestión eficiente del tiempo. Implica concentrarse completamente en la tarea en cuestión, evitando distracciones y cambios constantes de enfoque. Esta práctica no sólo mejora la calidad del trabajo realizado, sino que también reduce el estrés y aumenta la satisfacción laboral. Peralt sugiere: «Si realmente necesitas estar concentrado preparando algo importante durante 45 minutos, que sabes que es el tiempo que te va a permitir hacerlo con mucha calidad, lo primero es que tengas un control del entorno que no te permita distraerte». Este consejo es particularmente relevante en nuestra era digital, donde las distracciones están constantemente al alcance de la mano.

La búsqueda del equilibrio entre la vida profesional y la personal es uno de los mayores desafíos que enfrentan los líderes, especialmente en campos exigentes como la medicina. Abigail Núñez, cofundadora de Bmum, habla con franqueza de esta lucha: «Ha habido muchos momentos en que te sientes mal..., te sientes mala madre. En mi trabajo, siempre tengo que estar de guardia por si una mamá se pone de parto. Es habitual que de repente te llamen y tengas que salir, mientras sabes que tienes a tus hijos solos en casa. Eso es duro de gestionar». Esta reflexión pone de manifiesto la complejidad emocional que conlleva equilibrar las demandas profesionales con las responsabilidades familiares.

La resiliencia, en este contexto, no consiste sólo en «aguantar», sino en encontrar la forma de reconocer esos conflictos internos y externos y poder manejarlos. Implica aprender a perdonarnos a nosotros mismos, establecer límites saludables y, como sugiere Abigail Núñez, encontrar formas de integrar nuestras responsabilidades profesionales y personales de manera que ambas se enriquezcan mutuamente. Este enfoque contribuye a generar una sensación más profunda de realización y propósito en todas las áreas de nuestra vida.

Todos tenemos diferentes patrones de energía que tenemos que conocer antes de trabajar en cómo mejorar. Peralt explica: «Si tú no gestionas bien tus niveles de energía, hay un momento del día en el que tu productividad baja, y eso se convierte en horas de baja calidad». Reconocer y trabajar con nuestros ritmos naturales de energía puede ayudarnos a ser más. Esto implica ajustar las tareas más demandantes durante nuestros períodos de mayor energía y reservar las tareas menos exigentes para los momentos de menor energía.

La priorización es otra práctica relevante para la gestión del tiempo. Peralt recomienda: «Dedicar tiempo a la priorización mensual. Todos los meses, dedica dos o tres horas con papel y bolígrafo a pensar en qué es lo verdaderamente prioritario para el mes que viene, de manera plena, no solamente profesional». Este enfoque reconoce que la resiliencia no sólo estriba en la eficiencia en el trabajo, sino también en mantener un equilibrio saludable en todas las áreas de tu vida.

En este sentido, es interesante revisar la «ley de Parkinson», que establece que el trabajo se expande hasta que llena completamente el tiempo disponible para su realización. Peralt advierte sobre este fenómeno: «Debemos ser conscientes de cómo asignamos el tiempo a las tareas para evitar que se extiendan innecesariamente». Esta conciencia nos puede ayudar a establecer plazos realistas pero desafiantes para nuestras tareas, mejorando así nuestra eficiencia.

La priorización va de la mano con la capacidad de decir «no» a las actividades que no están alineadas con nuestras prioridades. Como señala el autor y empresario Warren Buffett: «La diferencia entre las personas exitosas y las realmente exitosas es que las realmente exitosas dicen que no a casi todo». Esta capacidad de decir «no» a lo que no es esencial es crucial para mantener el enfoque y la energía necesarios para ser resiliente a largo plazo. Aprender a decir «no» con humildad y educación es un elemento fundamental que muchas veces olvidamos en nuestra gestión del tiempo.

Peralt también enfatiza la importancia de la planificación y el seguimiento. Él resume este enfoque con tres principios clave: «Lo que no se escribe, no se prioriza, o bien, más fuerte aún, no existe. Lo que no se agenda no se hace. Lo que no se mide no se mejora». Estos principios subrayan la importancia de la intencionalidad y la estructura en la gestión del tiempo y la construcción de la resiliencia.

La delegación es otra habilidad clave en la gestión efectiva del tiempo, especialmente para los líderes. Peralt sugiere: «Aprender a delegar es fundamental para liberar tiempo para las tareas realmente importantes». La delegación no sólo nos permite concentrarnos en nuestras responsabilidades más cruciales, sino que también contribuye al desarrollo de nuestro equipo. Sin embargo, muchos líderes luchan con la delegación, ya sea por perfeccionismo, por control o por la creencia errónea de que pueden hacerlo todo ellos mismos. Aprender a confiar en los miembros del equipo y darles la oportunidad de crecer a través de nuevas responsabilidades es un aspecto crucial del liderazgo y la gestión del tiempo.

Un aspecto a menudo descuidado de la gestión del tiempo es la importancia de los descansos y el tiempo de recuperación. Peralt advierte: «El descanso no es un lujo, es una necesidad para mantener altos niveles de productividad y creatividad». Esta perspectiva se alinea con la investigación moderna sobre productividad, que muestra que los descansos regulares y el tiempo de desconexión son cruciales para mantener altos niveles de rendimiento a largo plazo. Incorporar pausas regulares en nuestra rutina diaria no sólo nos ayuda a recargar energías, sino que también puede mejorar nuestra creatividad y capacidad de resolución de problemas.

Gestionar el tiempo en el trabajo remoto y en modelos híbridos tiene sus propios desafíos. Peralt observa: «El modelo híbrido de trabajar desde casa y trabajar en la oficina está teniendo una consecuencia: que no vemos a nuestros equipos y no nos ven tanto como nos veían. El contacto personal cara a cara ha desaparecido y se está perdiendo algo. Y, además, los equipos lo reconocen y te dicen que hemos perdido cohesión». Esta observación subraya la importancia de ser intencional no sólo en la gestión de nuestro propio tiempo, sino también en la creación de espacios para la conexión y la colaboración con nuestros equipos.

Establecer rutinas y hábitos es la base para mejorar, como dice Peralt: «Los hábitos son la clave para una gestión del tiempo sostenible». Al convertir prácticas efectivas de gestión del tiempo en hábitos, podemos reducir la cantidad de energía mental que dedicamos a decisiones cotidianas, liberando así recursos para tareas más importantes y creativas. Esto podría incluir hábitos como revisar y actualizar la lista de tareas al inicio de cada día, programar bloques de tiempo para el trabajo profundo o establecer límites claros para el uso de dispositivos electrónicos.

Es importante recordar que la gestión del tiempo no es un fin en sí mismo, sino un medio. Como dice Peralt: «El objetivo final de la gestión del tiempo es tener una vida más equilibrada y satisfactoria». Como líderes, nuestra capacidad para gestionar el tiempo de manera efectiva no sólo eleva nuestro rendimiento y bienestar, sino que también nos ayuda a ser un referente para nuestros equipos y organizaciones. Al dominar esta habilidad, no sólo amplificamos nuestro impacto profesional, sino que también cultivamos una vida más rica y equilibrada, demostrando que es posible alcanzar el éxito sin sacrificar nuestra salud o nuestras relaciones personales.

El tiempo es nuestro bien más preciado. Aprender a gestionarlo nos ayudará a tener una vida más equilibrada y plena. Me gusta recordar las palabras de Stephen R. Covey, autor del libro *Los 7 hábitos de la gente altamente efectiva*, en este sentido: «El tiempo es lo único que no podemos recuperar. Podemos perder y ganar dinero. Podemos recuperar la salud perdida. Pero el tiempo que pasa es irrecuperable».

13.3. La adaptabilidad

Los líderes que pueden adaptarse rápidamente a nuevas situaciones, ajustar sus estrategias en función de las circunstancias cambiantes y ayudar a sus equipos a gestionar la incertidumbre sobresalen en el entorno corporativo actual, especialmente en el contexto actual de incertidumbre y donde el cambio es la única constante.

La esencia de la adaptabilidad en el liderazgo radica en la capacidad de evolucionar constantemente, de desaprender lo obsoleto y reaprender lo necesario. Como sabiamente señala Adam

Grant en su libro *Piénsalo otra vez*, la verdadera adaptabilidad implica la valentía de cuestionar nuestras propias convicciones y la humildad de reinventarnos cuando sea necesario. Grant afirma: «La inteligencia es la capacidad de aprender [...], la flexibilidad es la voluntad de aprender, y la adaptabilidad es la capacidad de desaprender y reaprender». Esta perspectiva nos aleja de la noción anticuada de un líder omnisciente e inmutable, y lo acerca a la imagen de un aprendiz perpetuo, siempre dispuesto a evolucionar.

Entre mis invitados, Carmen Giménez, atleta paralímpica y fundadora de la Fundación Deporte y Desafío, encarna la esencia misma de cómo la adaptabilidad es un elemento fundamental en la resiliencia. Tras sufrir una agresión que la dejó en silla de ruedas, Giménez tuvo que reaprender completamente su forma de vivir y pensar. Ella recuerda: «Después de la agresión, yo no me levanté al día siguiente contenta y feliz diciendo qué bien, qué oportunidad me ha dado la vida. No, mis pensamientos eran terribles, eran muy limitantes. Era el "no puedo"». Adicionalmente, Giménez perdió a su hijo Bruno recién nacido. Fue en ese momento cuando entendió que la resiliencia requiere una constante adaptación a nuevas realidades, por dolorosas que sean. Esta experiencia reforzó su determinación para encontrar nuevas formas de superar los desafíos y crear un impacto positivo a partir de la adversidad. Giménez nos dice lo siguiente: «Yo empecé a correr gracias a mi hijo Bruno. Corro por Bruno para llevar a mi hijo por las calles». Esta declaración refleja cómo Giménez ha convertido una tragedia personal en una fuente de motivación y propósito, adaptando su vida y sus objetivos a una nueva realidad.

La adaptabilidad en el liderazgo no consiste sólo en sobrevivir a los cambios, sino en tener una actitud proactiva, anticipando y dando forma al futuro. En su libro *Leading change*, el experto en liderazgo John Kotter argumenta que la capacidad de un líder para adaptarse y guiar a otros a través del cambio es una de las habilidades más relevantes. Kotter subraya que los líderes adaptables no sólo responden al cambio, sino que lo anticipan y lo catalizan cuando es necesario. En su libro, Kotter argumenta que los líderes adaptables son capaces de generar victorias a corto plazo ya que esto permite mantener el impulso y la motivación durante procesos de cambio prolongados. Estas victorias tempranas sirven como evidencia tangible de que el cambio está dando frutos, lo cual refuerza la confianza del equipo en esta nueva dirección. También ayudan a silenciar a los escépticos y críticos, proporcionando pruebas concretas de la viabilidad de la nueva estrategia. Kotter enfatiza que estas victorias deben ser visibles, inequívocas y claramente relacionadas con el esfuerzo de cambio para maximizar su impacto en la moral y el compromiso en la organización.

La adaptabilidad también se manifiesta en cómo los líderes se enfrentan a la incertidumbre. Como dice Rosabeth Moss Kanter, profesora de la Harvard Business School y autora de *Confianza: cómo empiezan y terminan las rachas ganadoras y las rachas perdedoras*: «Los líderes deben desarrollar una tolerancia a la ambigüedad y ser capaces de prosperar en situaciones de incertidumbre. La capacidad de mantener una visión clara mientras se navega por aguas turbulentas es lo que distingue a los grandes líderes». La adaptabilidad no sólo implica ajustarse a las circunstancias cambiantes, sino también buscar activamente formas de mejorar y crecer en medio de la incertidumbre.

La adaptabilidad también se extiende a cómo manejamos el fracaso y la adversidad. Los líderes resilientes y adaptables no ven los reveses como derrotas finales, sino como una parte natural del camino. Como señala Ousman Umar: «Para nosotros, el fracaso era una oportunidad para volver a intentarlo». Esta mentalidad te permite aprender de cada obstáculo, ajustar estrategias y seguir adelante con determinación. Esta capacidad de recuperarse rápidamente y extraer lecciones de las experiencias negativas no sólo fortalece la resiliencia personal del líder, sino que también inspira y empodera a otros para enfrentarse a los retos con mayor confianza.

La investigación respalda la importancia de la adaptabilidad en la resiliencia. Un estudio publicado en 2008 por Mary Crossan, Dusya Vera y Len Nanjad en *The Leadership Quarterly*, titulado «Transcendent leadership: strategic leadership in dynamic environments», habla de un modelo que enfatiza la capacidad de los líderes para adaptarse a entornos dinámicos y complejos. Los autores argumentan que esta capacidad de adaptación es fundamental para gestionar la incertidumbre y la complejidad en el entorno actual, permitiendo a los líderes responder a desafíos imprevistos y oportunidades emergentes. Los autores argumentan que esta adaptabilidad va más allá de la mera reacción a los cambios; implica la habilidad de anticiparlos y moldear proactivamente el entorno. Esto requiere desarrollar una conciencia del contexto en el que operan, incluyendo las nuevas tendencias en su industria y en el panorama macroeconómico más amplio.

Para que la adaptabilidad sea relevante a nivel corporativo, es importante mantener un equilibrio sano entre la estabilidad y el cambio. En su trabajo sobre el liderazgo transformacional, el profesor Quinn, de la Universidad de Míchigan, demuestra que aquellos que pueden mantener un equilibrio entre la continuidad y el cambio son los que manifiestan una mayor capacidad de adaptabilidad. En su libro *Beyond rational management*, Quinn profundiza en esta idea, explicando que los líderes deben ser capaces de gestionar las tensiones organizativas. Por un lado, deben mantener la estabilidad necesaria para la eficiencia operativa y la confianza de los *stakeholders*. Por otro lado, deben impulsar el cambio y la innovación para mantenerse competitivos en un entorno dinámico. Esta dualidad requiere lo que Quinn llama *complejidad conductual*, la habilidad de exhibir comportamientos aparentemente contradictorios según lo demande la situación.

Quinn argumenta que los líderes con alta capacidad de adaptabilidad son aquellos que pueden moverse con facilidad entre roles como el de «mentor» (enfocado en el desarrollo de personas), «innovador» (impulsando el cambio y la creatividad), «productor» (centrado en resultados y eficiencia) y «facilitador» (promoviendo la cohesión y el trabajo en equipo). Esta versatilidad permite responder a las cambiantes demandas del entorno, manteniendo al mismo tiempo la coherencia y la dirección estratégica de la organización. Además, Quinn enfatiza que esta capacidad de equilibrio no es estática, sino dinámica. Los líderes deben reevaluar y ajustar el balance entre estabilidad y cambio, respondiendo a las señales tanto internas como externas. Esto requiere una conciencia situacional, una comprensión de la cultura y la habilidad de comunicar la necesidad de cambio o de continuidad según el caso.

Esta adaptabilidad de la que habla Quinn es especialmente relevante en este contexto actual de constante cambio tecnológico. Requiere una combinación de visión estratégica, agilidad operativa, alfabetización tecnológica y sensibilidad ética. Los líderes deben ser capaces de anticipar y comprender las implicaciones de las tecnologías emergentes, no sólo en términos de su potencial técnico, sino también en cuanto a su impacto en los modelos de negocio, la cultura de la compañía y las expectativas de los clientes.

Como líderes, nuestra capacidad para adaptarnos no sólo determina nuestro propio éxito, sino también el éxito y la resiliencia de nuestras organizaciones y equipos. La adaptabilidad no consiste sólo en responder al cambio, sino en anticiparlo y aprovecharlo. Al cultivar la adaptabilidad, no sólo nos equipamos a nosotros mismos y a quienes lideramos para sobrevivir, sino para prosperar en el mundo dinámico y en constante evolución de hoy. A continuación, expongo algunas preguntas adicionales para vuestra reflexión:

1. ¿Cómo podrías utilizar alguno de tus fracasos más recientes como herramientas de enseñanza para tu equipo, sin que esto afecte a la confianza en tu liderazgo?

2. ¿De qué manera podrías integrar prácticas de «desaprendizaje» en tu rutina y la de tu equipo para fomentar una mayor adaptabilidad? ¿Qué hábitos o creencias consideras que son los más urgentes de «desaprender»?

3. ¿Cómo cambiaría tu enfoque de liderazgo si consideraras el optimismo como una habilidad estratégica en lugar de un rasgo de personalidad? ¿Qué prácticas implementarías para cultivarlo deliberadamente en ti mismo y en tu equipo?

4. Si tuvieras que crear un programa de «entrenamiento en resiliencia» para futuros líderes en tu organización, ¿qué experiencias o desafíos incluirías como fundamentales para desarrollar esta cualidad?

14

Red de apoyo

Ninguno de nosotros llega por sí solo. Todos somos el resultado de alguien que nos ha tendido la mano, que nos ha mostrado el camino, que nos ha señalado la dirección correcta.

THURGOOD MARSHALL, primer juez afroamericano
de la Corte Suprema de Estados Unidos

Mientras que en el capítulo anterior exploramos el mundo de la resiliencia que nos permite mantenernos firmes frente a las adversidades y barreras que siempre surgen en nuestro camino, ahora nos adentramos en un aspecto igualmente relevante, aunque con una mirada al exterior: la importancia de tejer una red de relaciones que no sólo enriquece nuestra vida personal y profesional, sino que nos permite ampliar horizontes, yendo más allá de nuestro equipo, de nuestra organización e incluso de nuestro sector de actividad.

La reflexión del juez Thurgood Marshall en la cita de apertura de este capítulo nos invita a reconocer una verdad sobre la naturaleza humana: ninguno de nosotros es una isla. Nos recuerda que, detrás de cada líder exitoso, cada innovador revolucionario o cada persona que ha dejado una huella en el mundo, hay una red invisible de mentores, referentes, colaboradores, amigos y familiares que han proporcionado apoyo, orientación y aliento en momentos importantes.

Esta perspectiva nos desafía a reconocer y valorar la importancia que tienen las contribuciones de los demás en nuestras propias trayectorias. Nos insta a cultivar la humildad y la gratitud, reconociendo que nuestros éxitos son, en gran medida, un esfuerzo colectivo. Al mismo tiempo, nos recuerda nuestra responsabilidad de ser esa mano tendida para otros, de iluminar el camino para aquellos que vienen detrás de nosotros, perpetuando así un ciclo de apoyo y crecimiento mutuo.

Para muchos, la soledad es una fuente de paz, tranquilidad y consuelo. Es importante no confundir la necesidad de buscar momentos de silencio y soledad, como señalaban Ricardo Forcano y Pablo d'Ors en la primera parte de este libro, con el aislamiento excesivo, que puede ser perjudicial. Estos momentos de soledad son esenciales para encontrar nuestra propia voz. Sin embargo, la soledad en exceso puede ser peligrosa, como advierte Carl Jung: «La soledad es peligrosa. Es adictiva. Una vez que te das cuenta de cuánta paz hay en ella, no quieres lidiar con la gente». El equilibrio entre la búsqueda de momentos de introspección y la necesidad de conexiones humanas es fundamental en tu desarrollo profesional y personal.

La tecnología y la automatización están transformando rápidamente la naturaleza del trabajo y la forma en que nos relacionamos unos con otros. El auge del trabajo en remoto, la proliferación de reuniones virtuales y la omnipresencia de las redes sociales podrían, en teoría, facilitarnos la construcción de una red de contactos más amplia e internacional. Sin embargo, la realidad es más compleja y, en muchos casos, estas mismas tecnologías que nos conectan digitalmente están mermando nuestras habilidades interpersonales y sociales en el mundo físico.

Esta falta de aptitudes sociales está muy presente en la preocupación de nuestros hijos. Estudios recientes han arrojado luz sobre cómo las generaciones más jóvenes están experimentando dificultades significativas en el desarrollo de sus capacidades sociales. Según un informe publicado en el *Journal of Developmental Psychology*, los niños y adolescentes que pasan más de tres horas diarias en dispositivos electrónicos muestran una disminución notable en sus habilidades para interpretar expresiones faciales y entender matices emocionales en la comunicación cara a cara.

Este fenómeno no se limita a la infancia y adolescencia. Un estudio llevado a cabo por la Universidad de Stanford reveló que los adultos jóvenes que reportan un uso intensivo de redes sociales tienden a experimentar niveles más altos de ansiedad social y menor satisfacción en sus relaciones interpersonales directas. Estos hallazgos subrayan la importancia crítica de cultivar activamente nuestras habilidades sociales y de construir redes de apoyo sólidas en un mundo cada vez más digitalizado.

Esta paradoja de la conectividad moderna no es un fenómeno aislado ni afecta únicamente a los niños y a los adultos jóvenes. La ironía es palpable: nunca antes habíamos estado tan conectados y, al mismo tiempo, tan aislados. Las pantallas que nos unen virtualmente se convierten a menudo en barreras que nos separan emocionalmente. En este contexto, la capacidad de construir y mantener relaciones auténticas y significativas se convierte no sólo en una habilidad deseable, sino en una necesidad imperiosa para nuestro desarrollo como seres humanos.

Cuando hablamos de una red de apoyo, es importante entender que no se trata de una estructura monolítica, sino de un entramado de relaciones que se extiende en diferentes niveles y direcciones. En este capítulo exploraremos tres niveles distintos de conexiones, cada uno caracterizado por su grado de proximidad y la naturaleza de su influencia en nuestra vida: las conexiones próximas, la red de apoyo profesional y lo que yo llamo la red expansiva. Cada una de ellas requiere de un esfuerzo consciente para identificarla, desarrollarla, cultivarla, protegerla e incluso defenderla.

En primer lugar, tenemos las conexiones próximas, ese círculo íntimo que constituye nuestro primer y más fundamental nivel de apoyo. Este grupo incluye a nuestras parejas, padres, hermanos y amigos más cercanos. Son las personas que nos conocen en nuestra faceta más auténtica y vulnerable, aquellos que están ahí en los momentos de alegría y en los de dificultad. La fortaleza de estas relaciones no sólo proporciona un ancla emocional, sino que también influye profundamente en nuestra capacidad para enfrentar desafíos y tomar decisiones importantes.

El segundo nivel lo constituye nuestra red de apoyo profesional. Este grupo abarca a colegas, mentores, colaboradores, referentes y contactos dentro de nuestra industria o campo de especialización. Son las personas que comparten nuestros intereses profesionales, que pueden ofrecer consejos valiosos basados en experiencias similares y que, a menudo, se convierten en aliados y socios en nuestra trayectoria laboral. Cultivar estas relaciones no sólo amplía nuestras oportunidades profesionales, sino que también nos proporciona una perspectiva más amplia de nuestro sector y de las tendencias que lo moldean.

Por último, existe un tercer nivel que trasciende los límites convencionales de las redes personales y profesionales. Es lo que podríamos llamar nuestra red expansiva o de crecimiento. Esta red se extiende más allá de nuestro entorno inmediato, abarcando conexiones con personas de diferentes industrias, culturas y ámbitos de conocimiento. Son aquellas relaciones que nos desafían intelectualmente, que nos exponen a nuevas ideas y perspectivas y que nos impulsan a cuestionar nuestras suposiciones y a expandir nuestros horizontes. Esta red es fundamental para fomentar la innovación, la creatividad y el pensamiento lateral que tan necesarios son en el liderazgo moderno. En muchas ocasiones, esta red, bien cultivada, es la que nos ofrecerá desarrollar iniciativas inesperadas que nos permitirán crecer de forma muy significativa.

A lo largo de este capítulo exploraremos cómo desarrollar y nutrir cada uno de estos niveles de red de apoyo. Analizaremos cómo cultivar relaciones más profundas y significativas en nuestro círculo íntimo, cómo expandir y fortalecer nuestra red profesional de manera estratégica y cómo aventurarnos más allá de nuestras zonas de confort para establecer conexiones que desafíen nuestro pensamiento y estimulen nuestro crecimiento personal y profesional.

También abordaremos los desafíos comunes que enfrentan los líderes al intentar mantener estas redes en un mundo cada vez más acelerado y fragmentado. Discutiremos cómo superar barreras como la falta de tiempo, la sobrecarga de información y la fatiga digital, para así crear espacios y momentos de conexión auténtica en medio de nuestras agendas sobrecargadas. En última instancia, el objetivo de este capítulo es ayudaros a reflexionar sobre el poder transformador de las conexiones humanas y a invertir conscientemente en la construcción de esta red de apoyo.

14.1. Cultivando tu círculo íntimo

En el núcleo de nuestra red de apoyo se encuentra el círculo íntimo, compuesto por aquellas personas que nos conocen en nuestra faceta más auténtica y vulnerable. Este grupo, que incluye a nuestras parejas, familiares cercanos y amigos más allegados, constituye nuestro primer y más fundamental nivel de apoyo. Desempeñan un papel fundamental en la formación de tus valores, aspiraciones y habilidades desde una edad temprana. La fortaleza de estas relaciones no sólo proporciona un ancla emocional vital, sino que también influye profundamente en nuestra capacidad para enfrentar desafíos y tomar decisiones importantes en todos los aspectos de nuestra vida.

Tu entorno más cercano es el que más impacto tiene en tu desarrollo profesional, ejerciendo una influencia profunda y duradera en tu trayectoria y éxito. Numerosos estudios han respaldado esta idea, destacando cómo las interacciones y el apoyo de nuestro entorno más próximo pueden moldearnos significativamente. Un estudio realizado por la Universidad de Harvard, conocido como «Estudio sobre el desarrollo adulto de Harvard», ha seguido a participantes durante más de 75 años. Los resultados han demostrado consistentemente que la calidad de nuestras relaciones cercanas es uno de los predictores más fuertes de la satisfacción profesional y del éxito a largo plazo. Aquellos individuos con relaciones de apoyo sólidas tienden a tener carreras más estables, adaptarse mejor a los cambios y alcanzar posiciones de mayor responsabilidad. Otro estudio publicado en el *Journal of Labor Economics* por investigadores de la Universidad de Chicago encontró que hasta el 50 por ciento de la variación en los ingresos de una persona puede atribuirse a factores relacionados con su entorno familiar y social temprano.

Como dice Jaime Carvajal Urquijo en tono irónico: «La decisión más importante en tu vida, la que más va a marcar tu trayectoria profesional y personal, es "elegir" bien a tus "padres"». Aunque esta afirmación se hace desde el humor, encierra una verdad profunda sobre el impacto de nuestro entorno familiar. Esta influencia incluye lógicamente los aspectos genéticos o socioeconómicos. Pero, en el primer mundo, esta influencia sigue siendo muy significativa, incluye la transmisión de valores, la exposición a diferentes experiencias y oportunidades y el desarrollo de habilidades sociales y emocionales.

Sin embargo, si bien no podemos «elegir» a nuestros padres, sí podemos elegir conscientemente cultivar relaciones igualmente esenciales en el entorno familiar que formamos junto con nuestro marido o mujer, junto con nuestros hijos y junto con nuestros amigos más cercanos.

En un entorno familiar sano, cada miembro desempeña un papel crucial en el desarrollo de los demás. Este concepto se conoce en psicología como *crecimiento mutuo* o *desarrollo recíproco*. El doctor John Gottman, reconocido investigador en relaciones familiares, ha demostrado que las parejas y familias que practican lo que él llama *giros hacia (turning towards)* —respondiendo positivamente a las necesidades emocionales de los demás— crean un ambiente de confianza y apoyo que fomenta el crecimiento individual y colectivo. Este entorno de apoyo mutuo tiene un impacto en el desarrollo de los niños y de los adultos. Un estudio realizado por la Universidad de Minnesota encontró que los niños criados en familias con altos niveles de apoyo emocional y estimulación intelectual tenían más probabilidades de alcanzar niveles educativos más altos y carreras profesionales más exitosas en la edad adulta.

«Nuestra familia es un círculo de fortaleza y amor. Con cada nacimiento y cada unión, el círculo crece. Cada alegría compartida, lo hace más grande. Cada crisis enfrentada juntos, lo hace más fuerte.» Esta cita anónima nos recuerda que cada miembro de la familia tiene un papel importante para hacer que la otra persona sea la mejor versión de sí misma. Este concepto se alinea con la idea de *eficacia colectiva familiar* propuesta por el psicólogo Albert Bandura. Esta teoría sugiere que las creencias compartidas de una familia sobre su capacidad para lograr metas y superar desafíos juntos tienen un impacto muy significativo en el desarrollo y éxito familiar, así como de cada uno de sus miembros.

«Camina con los sabios y te harás sabio, pues el compañero de los necios sufrirá daño.» Este proverbio ejemplifica la relevancia de cultivar, además, relaciones de amistad, más allá de las familiares, así como su importancia en el desarrollo personal. Este proverbio encuentra respaldo en la investigación moderna. Un estudio publicado en el *Journal of Personality and Social Psychology* por investigadores de la Universidad de Harvard y la Universidad de California en San Diego encontró que las características y los comportamientos de nuestros amigos pueden «contagiarse» y afectar significativamente nuestras propias actitudes y comportamientos. Este fenómeno, conocido como *contagio social*, se extiende a varios aspectos de nuestra vida, incluyendo nuestras aspiraciones profesionales y éticas de trabajo. Los investigadores Nicholas Christakis y James Fowler han demostrado en sus estudios que incluso los amigos de nuestros amigos pueden influir en nuestro comportamiento y nuestras decisiones, subrayando con ello la importancia de elegir cuidadosamente nuestro círculo social.

Además, la calidad de nuestras amistades puede tener un impacto directo en nuestra salud mental y resiliencia, factores cruciales para el éxito profesional. Un estudio de la Universidad de Míchigan encontró que tener amigos de apoyo puede aumentar nuestra capacidad para manejar el estrés y recuperarnos de contratiempos, lo cual es una habilidad esencial en el entorno laboral actual.

Es importante destacar que la influencia de nuestro entorno cercano no es unidireccional. Al igual que somos influenciados por nuestros familiares y amigos, también tenemos el poder de influir positivamente en ellos. Esta dinámica crea un ciclo de refuerzo mutuo que puede elevar a todo el grupo. Reconocer y abrazar este papel de influencia positiva puede ser una poderosa fuente de motivación y propósito en nuestras relaciones personales y profesionales.

El desarrollo de un entorno familiar y social cercano no sólo enriquece nuestra vida personal, sino que también proporciona una base sólida para nuestro crecimiento profesional. Nuestra misión no es sólo identificar y fomentar una relación sana en el entorno familiar y de amistades, sino que es nuestro deber cultivarla y protegerla, más allá de intereses personales y pensando siempre en el largo plazo. Como expresó el papa Juan Pablo II: «La familia es la base de la sociedad y el lugar donde las personas aprenden por primera vez los valores que las guiarán durante toda su vida».

14.2. Expandiendo y fortaleciendo tu red profesional

Más allá de tu red más cercana, la importancia de desarrollar y cuidar relaciones en tu entorno profesional es igualmente relevante. Tus colegas, mentores, colaboradores, consultores, referentes y contactos dentro de tu industria conforman el siguiente ámbito de referencia para ayudarte a crecer de forma relevante. Como señala Jaime Carvajal Urquijo en nuestra conversación, «la red de contactos es fundamental en la vida, y, desde luego, en la vida de alguien que trabaja en el entorno corporativo».

Es importante recordar que, en cada interacción, en cada reunión y en cada proyecto en tu entorno profesional existe una oportunidad para identificar, desarrollar y forjar conexiones relevantes. Tu red profesional no es simplemente un activo estático; es un ecosistema vivo y dinámico que, cuando se nutre con intención, puede crecer de maneras que superan tus expectativas. Esta red tiene el potencial de abrir puertas a oportunidades imprevistas, proporcionar perspectivas frescas que desafíen tu pensamiento y ofrecerte un apoyo inestimable en momentos decisivos de tu carrera.

Jaime Carvajal Urquijo nos recuerda que esta red hay que hacerla de forma constante a lo largo de tu vida: «Hay que mantener el contacto con tus compañeros de estudio, de universidad, de la escuela de negocios... Con todo tipo de gente interesante con la que te has encontrado a lo largo de tu vida». No se trata simplemente de acumular contactos en momentos específicos de nuestra carrera, sino de mantener estas relaciones a lo largo de toda nuestra vida con una actitud de apertura y curiosidad constante.

Un tema que emerge con frecuencia en mis conversaciones diarias con profesionales de todos los niveles es «la importancia de elegir bien a tu jefe (o jefa)» al considerar un cambio laboral. Esta elección, aparentemente simple, tiene repercusiones significativas en tu crecimiento personal y en tu desarrollo profesional. De hecho, en la mayoría de los casos, la calidad de su jefe/jefa ha influido más en el crecimiento y la evolución de un individuo en su carrera que el tipo de empresa o de sector en el que ha trabajado. Un buen jefe no sólo guía y dirige, sino que inspira, desafía y eleva; se convierte en un catalizador de tu potencial, ofreciéndote oportunidades que te ayuden a construir puentes hacia proyectos más ambiciosos. Un buen jefe te muestra caminos que quizá ni siquiera sabías que existían, ampliando tu visión de lo que es posible en tu carrera y ayudándote a desarrollar la confianza en ti mismo.

Al contemplar tu próximo movimiento profesional, te invito a mirar más allá de los títulos grandiosos o las marcas reconocidas. Busca líderes que no sólo hablen de éxito, sino que lo cultiven en otros. Busca mentores que no sólo vean en ti lo que eres, sino lo que puedes llegar a ser. Porque, al final, tu crecimiento profesional no se medirá sólo por los logros que acumules, sino por las vidas en las que impactes y las mentes que inspires en tu camino.

Es habitual que en nuestro día a día le dediquemos tiempo a fortalecer las relaciones con nuestro jefe y con nuestro equipo directo, pero a menudo descuidamos otras redes profesionales, un poco más alejadas, especialmente fuera de nuestra organización. Este enfoque limitado puede resultar perjudicial a largo plazo, ya que nos priva de valiosas perspectivas y oportunidades que podrían impulsar significativamente nuestra carrera.

El peligro de quedarse en exceso en tu *rueda de hámster*, como advierte Jessa de la Morena, es que «cuando esa rueda se para y quieres hacer cosas más allá de las que hace un hámster, te das cuenta de que no sabes o no puedes». Esta metáfora nos recuerda la importancia de mirar más allá de nuestras tareas diarias y cultivar relaciones que puedan ampliar nuestros horizontes profesionales.

Jessa recomienda: «Tener una reunión ejecutiva contigo mismo cada mes y evaluar todo, a qué dedicas tu tiempo, tus comportamientos... Esta práctica implica salir conscientemente de la rutina diaria y hacer una pausa para la reflexión. Como Jessa sugiere, en caso necesario, borra tu agenda por completo y llena el calendario con aquellas personas que te aporten, priorizando lo que realmente importa.

Jaime Carvajal comparte una anécdota sobre cómo esta red le llevó a una oportunidad que fue fundamental en su trayectoria profesional: «Yo fundé, en 1988, con la ayuda de algunos socios, mi propia compañía de *private equity* y *corporate finance*. Empezó a invertir con nosotros Advent, uno de los líderes mundiales del sector que, con el tiempo, decidió crear una filial española, que yo presidí, al mismo tiempo en que me convertí, junto con otros dos socios españoles, en *managing director* y *partner* de Advent. ¿Cómo nos llegó el contacto? Pues por casualidad, como tantas cosas de la vida. Uno de mis socios había estudiado en el INSEAD con uno de los principales ejecutivos de Advent». Esta historia ilustra cómo las relaciones cultivadas a lo largo del tiempo pueden abrir puertas a oportunidades que cambian tu vida.

Sin embargo, la calidad de estas conexiones es tan importante como su cantidad. De la misma manera que desarrollamos contactos, es muy importante ser selectivos y tener la valentía para decir adiós a quienes no nos ayudan. Recordemos lo que nos decía Claudia Tecglen en este sentido con su «regla de tres»:

«Si a la tercera [ocasión] me sigues tratando como simplemente una chica con muletas y no te interesa conocer mis talentos o mis fortalezas y me sobreproteges o me excluyes..., no te preocupes, que la que te excluyo de mis relaciones soy yo». Aunque Claudia aplica esta regla en el contexto de la inclusión, el principio es igualmente válido en la construcción de nuestras redes de apoyo. Nos recuerda la importancia de dar a las personas la oportunidad de conocernos verdaderamente, pero también de ser selectivos con quienes elegimos mantener en nuestra red a largo plazo. Claudia se extiende más sobre esta idea de selección: «Creo que tenemos que dejar de tener miedo, y ser selectivos. [...] Si un entrenador selecciona a su equipo y una persona de recursos humanos no deja que entre cualquiera en tu empresa, entonces, ¿cómo no vamos a ser selectivos en cuanto a quién tenemos cerca en nuestra vida?».

Recuerda que la diversidad es clave en la construcción de una red profesional robusta. Busca conectar con personas de diferentes *backgrounds*, industrias y niveles de experiencia. Esta diversidad no sólo enriquece tu perspectiva, sino que también te hace más adaptable y resiliente frente a los cambios en tu entorno profesional. Si bien el mundo digital actual ofrece oportunidades sin precedentes para expandir esta red diversa e internacional, las conexiones cara a cara siguen siendo insustituibles para construir relaciones significativas. Busca oportunidades para llevar tus conexiones en línea al mundo real siempre que sea posible.

Desarrollar una red profesional no es construir tu marca personal. Una red de apoyo profesional es por naturaleza recíproca, no debe permitir egos, y en ella la generosidad y el afecto genuino son el pegamento esencial. La autenticidad y la empatía (tratadas en el capítulo 6) son cardinales para que esta red de apoyo sea sana y sincera, cultivando así relaciones basadas en la confianza mutua, el respeto y el deseo genuino de apoyar a los demás.

En este sentido, es relevante recordar que una red profesional sólida se construye sobre la base de dar antes que de recibir. Mostrar un interés sincero en los demás, ofrecer ayuda sin esperar nada a cambio inmediato y compartir generosamente nuestro conocimiento y experiencias son formas poderosas de fortalecer nuestras conexiones profesionales. Adam Grant, profesor de la Wharton School y autor de *Dar y recibir*, argumenta que los «dadores» —aquellos que consistentemente buscan ayudar a otros sin expectativas inmediatas de reciprocidad— tienden a construir redes más fuertes y más influyentes a largo plazo.

Porque, en el fondo, desarrollar esta red profesional implica un compromiso sincero y generoso con los demás. Como dijo el papa Francisco en su encíclica *Fratelli tutti*: «El amor al prójimo es realista y no desperdicia nada que sea necesario para una transformación de la historia que beneficie a los últimos». Esta cita nos recuerda que construir una red profesional no es un acto egoísta o transaccional, sino que es una oportunidad para contribuir al bien común y al progreso de nuestra sociedad.

Antes de acabar, quiero recordar que la expansión y el fortalecimiento de nuestra red profesional no debe venir a expensas de nuestro bienestar o de nuestras relaciones más cercanas, ese «círculo íntimo» que comentamos antes. Como líderes, debemos tener un enfoque equilibrado y sostenible con límites claros, priorizando las conexiones que realmente aportan valor a nuestra vida profesional y personal, y también asegurándonos de que nuestros esfuerzos de desarrollo de esta red estén alineados con nuestros valores presentes y nuestros valores a largo plazo.

14.3. Desarrolla una red expansiva

El tercer nivel de nuestra red de apoyo va más allá de las conexiones familiares y profesionales. Esta red nos anima a explorar nuevos horizontes, abarcando relaciones con personas de diversas industrias, culturas y campos de conocimiento. Estas conexiones nos exponen a nuevas perspectivas, estimulan nuestra creatividad y nos impulsan a cuestionar nuestras propias creencias, fomentando así la curiosidad, la creatividad y el pensamiento lateral.

Esta red expansiva suele implicar colaboraciones en entornos muy diversos, como el tercer sector, instituciones educativas o

ámbitos de formación en materias aparentemente desconecta-
das de nuestro desarrollo profesional inmediato. La construcción de esta red nos obliga a salir de nuestra zona de confort,
como enfatiza Juan Arena: «Hay que salir al mundo exterior, es
decir, no quedarse en el mundo más confortable de la empresa
en la que uno trabaja. Sino multiplicar los contactos. Porque
nunca se sabe por dónde puede venir la oportunidad». Este enfoque nos anima a ser curiosos, a explorar nuevas áreas de interés y a estar abiertos a conexiones inesperadas y que nos expon-
gan a nuevas formas de pensar.

Porque es precisamente esta red la que tiene el potencial de
impulsar nuestro crecimiento de las maneras más sorprenden-
tes, a menudo en entornos inesperados y aparentemente fortui-
tos. Las conexiones que forjamos en este nivel pueden llevarnos
a oportunidades que ni siquiera sabíamos que existían, abriendo
puertas a nuevas trayectorias profesionales, colaboraciones innovadoras o perspectivas radicalmente nuevas sobre nuestro trabajo y sobre nuestra vida.

Recordemos lo que nos dijo Juan Arena sobre cómo ciertas
experiencias ajenas a nuestro entorno profesional pueden dejar
«cicatrices profundas» en nuestra vida, moldeando no sólo nuestra visión del mundo, sino también nuestro estilo de liderazgo.
Su experiencia en el Pozo del Tío Raimundo, desconectada de su
vida profesional, enriqueció profundamente su comprensión del
mundo y su enfoque como líder.

Recordemos también la experiencia del padre Álvaro Ramos,
y cómo su exposición temprana a la pobreza transformó profundamente su perspectiva y trayectoria vital. Al enfrentarse desde
joven a las duras realidades de la escasez y la necesidad, el padre
Ramos no sólo se abrió a un mundo más amplio y complejo, sino
que también desarrolló una profunda empatía y un sentido de
propósito. Estas vivencias, lejos de endurecerlo, nutrieron en él
una sensibilidad especial hacia el sufrimiento ajeno y un deseo
genuino de servir. Fue precisamente en este contexto de adversidad en el que, probablemente, el padre Ramos descubrió su vocación sacerdotal, encontrando en la fe y el servicio a los demás un
camino para canalizar su compromiso con los más vulnerables.

Sin embargo, esta red es probablemente la menos desarrollada en la mayoría de las personas. La falta de un beneficio visible a corto plazo, combinada con las presiones de nuestro día a día, el estrés y los compromisos existentes, a menudo actúan como barreras o excusas para su desarrollo. La falta de tiempo es un pretexto común, pero, como sugiere Juan Arena, es crucial «obligarte y estudiar, mirar, buscar; y el día en que eso no lo haces, exigírtelo». Esto implica reestructurar nuestras prioridades y encontrar formas creativas de integrar estas actividades en nuestra rutina diaria.

Tendemos naturalmente a conectar con personas similares a nosotros en términos de antecedentes, experiencias y perspectivas. Sin embargo, para que una red expansiva sea valiosa debe incluir una amplia diversidad de voces y perspectivas. Esto puede implicar conectar conscientemente con profesionales de diferentes generaciones, culturas, disciplinas o niveles de experiencia.

Jaime Carvajal destaca la importancia de una red que fomente la interacción intergeneracional cuando habla de su experiencia como presidente (y fundador) de Endeavor en España: «Es muy enriquecedor el contacto de la gente sénior con los emprendedores jóvenes. Los emprendedores jóvenes valoran muchísimo el tiempo que se les dedica, y para nosotros es probablemente aún más enriquecedor, nos permite estar cerca de la innovación, de una generación de emprendedores de éxito, con iniciativa, hambre y ganas de cambiar el mundo».

La tecnología, si se utiliza de manera apropiada, puede ser una gran aliada en la identificación y el desarrollo de una red expansiva, ya que permite acceder a personas de diferentes generaciones, culturas y disciplinas. Jessa de la Morena ilustra este punto cuando habla de cómo se acercó a la Sociedad Drucker: «Existe una organización que organiza un evento espectacular cada año, y durante dos años he estado pensando que me encantaría asistir. Así que decidí contactarlos. No tenía nada que perder, así que le escribí al presidente por LinkedIn. Le expliqué que me interesaba lo que hacían, mencioné mis habilidades y ofrecí mi ayuda. Le expresé mi deseo de formar parte de ello. Para mi sorpresa, recibí una invitación personal, diciéndome que asistiera, así que me uní a ellos encantada». Esta actitud proactiva, sin miedo y orientada a unas ganas de contribuir de forma honesta puede abrir puertas a nuevas oportunidades y conexiones que de otra manera podrían no surgir. Como señala Jessa de la Morena: «Hay que perder la vergüenza».

A fin de cuentas, desarrollar una red expansiva debería ser un acto de generosidad en sí mismo. Nos desafía a pensar más allá de nuestros intereses inmediatos y a considerar cómo podemos contribuir de manera más significativa a nuestro entorno y a la sociedad en general. Como dijo el padre Álvaro Ramos: «La clave es buscar una oportunidad donde haya una necesidad en el mundo, y que tú dediques tu tiempo y tus recursos a hacerlo bien. Y eso es cambiar el mundo, y a ti te va a hacer crecer y te va a hacer sentirte mejor».

«He aprendido que la gente olvidará lo que dijiste, la gente olvidará lo que hiciste, pero la gente nunca olvidará cómo la hiciste sentir.» Esta cita de la escritora Maya Angelou creo que sintetiza la esencia de por qué debemos esforzarnos por construir y nutrir esta red expansiva: al final, las conexiones que forjamos, las experiencias que compartimos y el impacto que tenemos en los demás son lo que verdaderamente nos da significado como líderes, como seres humanos.

Al concluir este capítulo, es importante volver a recordar que el éxito y la realización personal no son logros solitarios, sino el resultado de una red de relaciones y conexiones que forjamos a lo largo de nuestras vidas. Hemos explorado cómo estas redes, desde nuestro círculo íntimo hasta las conexiones profesionales y expansivas, no sólo enriquecen nuestra experiencia vital, sino que también nos proporcionan el apoyo, la inspiración y las oportunidades necesarias para crecer y prosperar en un mundo cada vez más complejo e interconectado.

La verdadera fuerza de una red de apoyo radica en su capacidad para amplificar nuestro potencial individual. Estas conexiones nos ofrecen perspectivas diversas, desafían nuestras suposiciones y nos impulsan más allá de nuestros límites percibidos. En un mundo que a menudo premia el individualismo y la autosufi-ciencia, es crucial recordar que nuestra fuerza colectiva supera con creces la suma de nuestras partes individuales.

La construcción de una red de apoyo es un ejercicio de empa-tía y generosidad. Al tender la mano a otros, al ofrecer nuestro apoyo y conocimientos sin esperar nada a cambio, no sólo forta-lecemos nuestras conexiones, sino que también cultivamos un sentido más profundo de propósito y pertenencia. Cada interac-ción, cada gesto de apoyo, por pequeño que sea, tiene el poten-cial de crear un impacto positivo impredecible y sorprendente. Este enfoque hacia las relaciones no sólo enriquece nuestras vi-das, sino que también contribuye a crear un mundo más colabo-rativo y compasivo.

La red de apoyo que construimos en definitiva es un reflejo de quiénes somos y de los valores que sostenemos. Es un testi-monio de nuestra capacidad para conectar, para empatizar y para crecer junto con otros. En un mundo que a menudo parece dividido y fragmentado, nuestras redes de apoyo son un recorda-torio de nuestra humanidad compartida y de nuestra interde-pendencia.

En el próximo capítulo, «Cambiando de rumbo», explorare-mos cómo dar el paso para buscar un nuevo rumbo laboral o cómo prepararse para alejarnos de una carrera ejecutiva a tiem-po completo para crear y transitar hacia un nuevo patrón de vida y trabajo. Esta transición puede parecer desalentadora, pero, con la red de apoyo que hemos construido y nutrido, estamos mejor equipados para enfrentarnos a esta nueva etapa de nuestra vida.

Cada final es también un nuevo comienzo, es un nuevo punto de partida, una nueva «línea de salida»; como dice la atleta Car-men Giménez: «Lo más importante es colocarse en la línea de salida. Cuando me posiciono al inicio de un maratón, llevo con-migo la experiencia de diez maratones anteriores. Lo verdadera-mente significativo que he hecho es tomar la decisión de estar ahí, en ese punto de partida. Porque, cuando te colocas en esa línea, lo haces con la determinación, el conocimiento y la certeza de que estás preparado para el siguiente desafío». Cualquier gran cambio en nuestra vida requiere tomar la decisión de comenzar, de colocarnos en esa nueva línea de salida. Al hacerlo, llevamos con nosotros toda la experiencia y el aprendizaje acumulados, tenemos la confianza de que estamos preparados para asumir el siguiente reto.

La red de apoyo que construimos a lo largo de nuestra vida es mucho más que un simple conjunto de conexiones; es un reflejo de nuestra identidad, nuestros valores y nuestras aspiraciones. La habilidad de forjar y mantener relaciones auténticas y significativas se convierte en una ventaja competitiva crucial y en una fuente de resiliencia personal. Te dejo algunas preguntas para tu reflexión:

1. Si pudieras recrear tu red de apoyo desde cero, ¿qué elementos preservarías y cuáles rediseñarías completamente? ¿Cómo reflejaría esta nueva red tus valores y aspiraciones más profundos?

2. ¿Cómo podrías integrar experiencias «fuera de tu zona de confort», en tu desarrollo profesional y personal? ¿Qué tipos de experiencias crees que podrían dejarte «cicatrices profundas» positivas?

3. Si tuvieras que crear un «mapa de influencia» de tu vida, identificando las conexiones que han moldeado significativamente tu trayectoria, ¿quiénes serían los nodos más importantes y qué patrones observarías?

4. ¿Cómo podrías revisar tu rutina diaria para incorporar más oportunidades de conexión, tanto dentro como fuera de tu entorno profesional?

15

Conclusiones de la tercera parte

A medida que llegamos al final de esta tercera parte del libro, vemos que hemos explorado las dimensiones que nos ayudarán a dar mayor profundidad y riqueza a nuestras capacidades de liderazgo: la curiosidad, el pensamiento disruptivo, la resiliencia y el rodearte de una red de apoyo. Estas dimensiones no son simplemente habilidades que se pueden adquirir de la noche a la mañana, sino aspectos de nuestro carácter que debemos cultivar constantemente.

La curiosidad, como hemos visto, es el motor que impulsa nuestro crecimiento continuo. Es la chispa que enciende nuestra pasión por el aprendizaje y nos mantiene ágiles en un mundo en constante cambio. La curiosidad nos empuja fuera de nuestra zona de confort, nos desafía a cuestionar nuestras suposiciones y nos abre a nuevas perspectivas. En un mundo donde el conocimiento se vuelve obsoleto a un ritmo acelerado, la curiosidad es nuestra mejor defensa contra la obsolescencia y nuestro mejor aliado en la innovación.

Pero la curiosidad por sí sola no es suficiente. El pensamiento disruptivo que hemos explorado nos desafía a no conformarnos con el *statu quo*, a imaginar posibilidades radicalmente diferentes y a tener el coraje de perseguirlas. En una era de cambios tecnológicos sin precedentes, la capacidad de pensar de manera disruptiva no es sólo una ventaja competitiva, sino una necesidad para la supervivencia y el crecimiento.

La innovación, sin embargo, no es un camino fácil. Está lleno de incertidumbres, fracasos y obstáculos. Es aquí donde entra en juego la resiliencia. La capacidad de mantenerse optimista frente a la adversidad, de adaptarnos a los constantes cambios y reveses, de perseverar cuando todo parece perdido y de gestionar eficientemente nuestro tiempo y energía son cualidades cruciales para cualquier líder que aspire a crear un impacto duradero.

Estas tres dimensiones —curiosidad, innovación y resiliencia— están profundamente interconectadas. La curiosidad alimenta la innovación, la innovación requiere resiliencia, y la resiliencia nos permite mantener nuestra curiosidad incluso en tiempos difíciles. Juntas, forman un ciclo virtuoso que puede impulsar nuestro crecimiento personal y profesional.

Pero, más allá de estas habilidades individuales, lo que realmente emerge de esta exploración es una visión más completa del liderazgo. Un liderazgo que no consiste sólo en alcanzar objetivos o maximizar resultados, sino en crear un impacto positivo y duradero en el mundo que nos rodea. Este tipo de liderazgo requiere la humildad para reconocer que no tenemos todas las respuestas y la valentía para buscarlas constantemente. Requiere la capacidad de ver oportunidades donde otros ven obstáculos, y la determinación para perseguir esas oportunidades incluso cuando el camino se vuelve difícil.

En esencia, lo que estamos describiendo es un liderazgo que no sólo gestiona lo que es, sino que imagina lo que podría ser. Un liderazgo que no sólo inspira a otros a seguir, sino a crecer y transformarse ellos mismos. Este tipo de liderazgo es más necesario que nunca. Vivimos en una era de desafíos sin precedentes: desde el cambio climático hasta la desigualdad económica, desde la disrupción tecnológica hasta las crisis de salud global o los retos geopolíticos. Estos desafíos no pueden ser resueltos con el pensamiento y las herramientas del pasado. Requieren líderes que sean curiosos, innovadores y resilientes. Líderes que puedan navegar la complejidad y la incertidumbre con optimismo y determinación.

La buena noticia es que estas cualidades son habilidades que podemos cultivar y fortalecer con el tiempo. Cada día nos ofrece oportunidades para ser más curiosos, para pensar de manera más innovadora, para ser más resilientes. Pero quizá lo más importante es que no sólo podemos cultivar estas cualidades en nosotros mismos, sino en nuestros equipos y organizaciones. Como líderes, tenemos la oportunidad y la responsabilidad de crear culturas que valoren y fomenten la curiosidad, la innovación y la resiliencia. El potencial de impacto de este tipo de cultura es inmenso; y no sólo en términos de resultados de negocio —aunque ciertamente las organizaciones que encarnan estos principios tienden a ser más innovadoras y adaptables—, sino en términos del impacto humano, desbloqueando a tus equipos para que se sientan empoderados, para que sean personas curiosas, innovadoras y resilientes.

Este tipo de liderazgo y cultura organizativa tiene el potencial de crear un efecto dominó positivo que se extiende mucho más allá de las paredes de nuestra organización. En este sentido, la curiosidad, la innovación y la resiliencia no son fines en sí mismos, sino herramientas que nos permiten cumplir con un propósito mayor.

A medida que cultivamos nuestra curiosidad, innovación y resiliencia, también estamos cultivando una comprensión más profunda de quiénes somos y de qué somos capaces. Estamos expandiendo nuestra capacidad de impactar positivamente en el mundo. Al final, el verdadero test de nuestro liderazgo no será sobre cuánto sabemos, cuánto innovamos o cuán resilientes somos, sino que será sobre el impacto que tengamos en las vidas de las personas que lideramos y en el mundo que nos rodea. ¿Para qué queremos ser líderes? ¿Qué tipo de impacto queremos tener en el mundo?

En el fondo, el liderazgo que estamos describiendo es un acto de amor. Amor por las personas que nos rodean, amor por las personas a las que servimos y amor por un futuro que estamos tratando de mejorar. Estamos desbloqueando nuestro potencial no sólo como líderes, sino como seres humanos.

Cuarta parte

Aceptación, plenitud y trascendencia

16

Cambiando de rumbo

El secreto del cambio es enfocar toda tu energía, pero no en luchar contra lo viejo, sino en construir lo nuevo.

SÓCRATES, filósofo

En el capítulo anterior exploramos la importancia de construir una red de apoyo sólida que enriquezca nuestra vida personal y profesional, que nos permita ampliar horizontes y que nos ayude en esos momentos importantes y decisivos en nuestra trayectoria profesional. Esta red se convierte en un recurso especialmente relevante cuando nos enfrentamos a la necesidad o el deseo de cambiar de rumbo profesional.

En las próximas páginas daré guías para ayudarte a reflexionar sobre cómo gestionar las transiciones en tu carrera, ya sea a lo largo de tu trayectoria profesional o al acercarte al final de tu etapa como ejecutivo, cuando tal vez busques iniciar un nuevo capítulo vital. El cambio de rumbo no es simplemente un cambio de trayectoria, sino una oportunidad de reinvención, de alineación con tus valores y de descubrimiento de un propósito renovado.

Las transiciones laborales son crecientemente frecuentes a lo largo de nuestra vida profesional. Según un estudio de LinkedIn, el profesional promedio cambiará de trabajo entre 10 y 15 veces a lo largo de su carrera. La Oficina de Estadísticas Laborales de Estados Unidos confirma estos datos: los *baby boomers* tuvieron un promedio de 12 trabajos diferentes entre los 18 y los 52 años. Estos datos subrayan la importancia de ver cada transición como algo natural y como una oportunidad de crecimiento.

Sin embargo, no todas las transiciones son iguales. Probablemente, la transición más compleja y, a veces, difícil de asumir ocurre cuando nos alejamos de una carrera ejecutiva a tiempo completo para transitar hacia un nuevo patrón de vida y modelo de trabajo. Este cambio puede parecer desalentador, y es aquí donde lo que hemos trabajado hasta este punto, nuestra voz, nuestra capacidad de influir, nuestra curiosidad y resiliencia y las conexiones que hemos forjado nos ayudarán a enfrentarnos a este cambio con confianza e incluso con ilusión.

En este capítulo abordaremos dos tipos principales de transiciones profesionales. En primer lugar exploraremos las transiciones que ocurren a lo largo de nuestra carrera, esos cambios que nos llevan de un rol a otro o de una industria a otra. En segundo lugar, y con mayor profundidad, examinaremos la transición desde un rol ejecutivo a tiempo completo hacia una nueva fase de vida y trabajo. Esta última transición, dada su complejidad e impacto significativo, recibirá un énfasis especial en nuestro análisis.

Como todo proceso de cambio, las transiciones laborales conllevan una gama de emociones y desafíos psicológicos. Un estudio publicado en el *Journal of Vocational Behavior* encontró que los individuos que atraviesan transiciones de carrera experimentan niveles elevados de estrés, ansiedad e incertidumbre. Sin embargo, el mismo estudio también reveló que aquellos que abordaban estas transiciones con una mentalidad de crecimiento y con apoyo social adecuado no sólo superaban estos desafíos, sino que a menudo experimentaban un aumento en la satisfacción laboral y personal a largo plazo.

A lo largo de este capítulo, exploraremos la sabiduría y las experiencias de los invitados a *Talent Pills* que han navegado con éxito sus propios cambios de rumbo. Confío en que sus historias nos sirvan de reflexión para nuestros propios momentos de transición. Además, incorporaremos investigaciones y teorías relevantes de psicólogos y expertos en liderazgo para proporcionar un marco amplio y fundamentado.

16.1. Transiciones laborales

Como hemos comentado, las transiciones laborales son un fenómeno cada vez más común en el panorama profesional actual. Por tanto, es importante entender que es un cambio natural en la trayectoria de uno. A veces se trata de un cambio buscado; otras veces es un cambio no deseado. En ambos casos es una oportunidad de redefinir tu trayectoria para poder seguir creciendo. Exploraremos cuatro preguntas fundamentales que nos ayudarán a abordar estas transiciones con mayor intención: «¿Cuándo?», «¿Cómo?», «¿Por qué?» y «¿Dónde?».

¿Cuándo?

Cuando nos enfrentamos a un cambio buscado, es difícil saber determinar el momento adecuado para dar el paso. La distinción entre una frustración temporal y una necesidad real de cambio puede ser sutil pero crucial. Como dice Jessa de la Morena: «Escucha esta incomodidad [...]. Detrás de cada incomodidad hay una pista que nos indica que algo no está bien. La cuestión es escucharlas». Recordemos lo que hablamos en el capítulo 2: escucha, verbaliza y abraza las emociones en el momento de tomar decisiones, estas emociones son «la sal de la vida»; como nos decía el doctor Enric Benito, «hay que atenderlas, entenderlas y darles sentido. Son los avisos que te pone la vida para entender lo que es atractivo y lo que es peligroso».

Esta observación subraya la importancia de estar atentos a nuestras emociones y reacciones en el entorno laboral. Las incomodidades persistentes, más allá de las frustraciones cotidianas, pueden ser indicadores de que es necesario un cambio más profundo. Sin embargo, no hay que confundir un mal día o una semana difícil con la necesidad de un cambio de carrera. La clave está en observar patrones a largo plazo y en nuestra capacidad para gestionar nuestras emociones y respuestas ante los desafíos.

Presta atención además a tu bienestar físico y mental. Si tu trabajo actual está afectando negativamente tu salud o tus relaciones personales de manera constante, eso es un indicador de que es necesario un cambio. La autorreflexión regular y la búsqueda de *feedback* de personas de confianza pueden ayudarnos a obtener una perspectiva más clara y objetiva sobre nuestra situación.

Por otro lado, cuando nos enfrentamos a un cambio no deseado, es comprensible que la incertidumbre, el miedo y los retos de perfil económico-domésticos puedan afectar significativamente nuestra confianza. Estos factores pueden generar un círculo vicioso del que a veces resulta difícil escapar sin nuestra red de apoyo (especialmente nuestro círculo más íntimo). Incluso en estas situaciones, es importante mantener una voz positiva interna, que nos recuerde que cada transición, por difícil que sea, muy probablemente sea una oportunidad de crecimiento personal y profesional.

Finalmente, hay una frase de Mark Twain que a mí personalmente me gusta tener en mente en estos procesos de «cuándo» cambiar: «Cada vez que te encuentres del lado de la mayoría, es tiempo de hacer una pausa y reflexionar». Si sientes que no estás contribuyendo de manera única, que tus acciones no reflejan tus valores, que estás verdaderamente frustrado o que tus habilidades no están siendo valoradas adecuadamente, detente, reflexiona y, sobre todo, toma una decisión.

¿Cómo?

Sin embargo, reconocer la necesidad de cambio es sólo el primer paso. El verdadero desafío radica en superar el miedo y la incertidumbre que inevitablemente acompañan a cualquier transición significativa. Recordando las palabras de Jaime Carvajal Urquijo: «En la vida, si no tomas algún riesgo, no vas a ninguna parte». La clave, según Carvajal, es tomar riesgos calculados y bien medidos. También sugiere tener un plan de respaldo o, como él lo describe, «algunas otras actividades» que puedan proporcionar cierta seguridad durante la transición.

En el proceso de transición, nuestra red de apoyo ejerce un papel especialmente relevante. Dentro de esta red, yo te recomiendo desarrollar relaciones estrechas con asesores de talento de confianza a lo largo de tu trayectoria. Estos profesionales, a menudo conocidos como *headhunters* (aunque el término no me gusta nada), poseemos una perspectiva bastante única del mercado laboral. Hemos sido testigos de innumerables situaciones de transición y podemos ofrecer una opinión sincera y transparente sobre las alternativas reales disponibles para perfiles como el tuyo. Podemos ayudar a identificar oportunidades que quizá no habías considerado, a comprender mejor cómo tus habilidades pueden transferirse a diferentes roles o industrias y a prepararte mejor en esta transición.

Numerosos estudios han destacado la importancia de contar con una red de apoyo sólida y asesores de confianza durante los procesos de transición laboral. Por ejemplo, un estudio publicado en el *Journal of Vocational Behavior* encontró que las personas que utilizaban activamente sus redes profesionales durante las transiciones de carrera experimentaban períodos de desempleo más cortos y encontraban roles más satisfactorios que aquellos que no lo hacían. Otro estudio, realizado por la Universidad de Toronto, descubrió que los individuos que trabajaban con mentores o asesores de carrera durante sus transiciones reportaban niveles más altos de confianza. Un estudio realizado por LinkedIn encontró que los candidatos que fueron presentados a una empresa por un *headhunter* tenían 2,6 veces más probabilidades de ser contratados que aquellos que se presentaban como candidatos directamente por sí solos.

Mientras que una red sólida y el asesoramiento experto pueden abrir puertas y proporcionar apoyo, es nuestro propio compromiso con el aprendizaje lo que nos permitirá aprovechar mejor las oportunidades que se nos planteen. En este sentido, Juan

Arena nos comenta su perspectiva: «Yo creo que es importante que la gente siga leyendo temas que sean relevantes para el trabajo de empresario, que asista a seminarios e incluso haga cursos, es decir, que se mantenga al día desde el punto de vista del conocimiento». Esta actitud de aprendizaje continuo no sólo nos mantiene relevantes en nuestro campo actual, sino que también nos abre a nuevas posibilidades y direcciones potenciales.

El «cómo» del cambio de rumbo a menudo implica una serie de pasos prácticos. Carmen Giménez, atleta paralímpica que experimentó un cambio de vida radical, ofrece una perspectiva única sobre cómo dar los primeros pasos hacia el cambio. Describe cómo, en un momento de profunda crisis, recurrió a algo tan simple como un diccionario para reorientar su pensamiento: «Me puse a buscar verbos e identifiqué obviamente un montón de verbos que sí que estaban a mi alcance [por mi discapacidad]. Además, en este proceso me di cuenta de que los verbos que más feliz me hacían, no eran los verbos que me habían preocupado inicialmente. Verbos como *soñar, compartir, sonreír, amar* me ayudaron a encontrar un nuevo sentido a mi vida». Este ejercicio aparentemente simple ilustra un principio importante: el cambio a menudo comienza con un cambio en nuestra perspectiva y nuestro lenguaje, un cambio de nuestra voz interior. Al centrarse en «lo que podía hacer en lugar de lo que no podía», Carmen comenzó a reconstruir su identidad y a abrir nuevas posibilidades para su futuro.

Es interesante notar que diversos estudios han demostrado que, en los procesos de cambio, eliminar pensamientos negativos tiene un impacto mucho mayor que aumentar los pensamientos positivos. Una investigación publicada en el *Journal of Personality and Social Psychology* encontró que las personas que trabajaban activamente para reducir sus pensamientos negativos experimentaban mejoras más significativas en su bienestar y rendimiento que aquellas que se centraban principalmente en aumentar sus pensamientos positivos. Otro estudio, realizado por psicólogos de la Universidad de California, descubrió que las personas que practicaban la «refutación de pensamientos negativos» —es decir, desafiando activamente sus pensamientos negativos con evidencia contraria— mostraban una mayor resiliencia y adaptabilidad en situaciones de cambio que aquellas que simplemente trataban de «pensar en positivo».

En este sentido, es necesario destacar la importancia de desarrollar lo que los psicólogos llaman una *identidad narrativa* más flexible. Dan McAdams, profesor de Psicología en la Universidad Northwestern, ha estudiado extensamente cómo las personas construyen sus identidades a través de las historias que se cuentan a sí mismas. Sugiere que aquellos que pueden integrar tanto los éxitos como los fracasos en un discurso coherente y en evolución son más capaces de adaptarse al cambio.

¿Por qué?

Cuando nos encontramos en un proceso de búsqueda activa de un nuevo rol profesional, es fundamental realizar una introspección sincera para determinar nuestras verdaderas motivaciones y entender qué es lo que realmente buscamos en nuestra carrera. Esto nos permite alinear nuestras aspiraciones personales con las oportunidades laborales disponibles, asegurando que el próximo paso en nuestra trayectoria profesional no sólo satisfaga nuestras necesidades económicas, sino también nuestros deseos de crecimiento, aprendizaje y satisfacción personal. Esta claridad también nos ayuda a comunicar de manera efectiva nuestras expectativas a posibles empresas, lo cual facilita un proceso de selección más productivo.

La distinción entre el deseo de alejarnos de nuestro trabajo actual y la aspiración de unirnos a un nuevo proyecto es esencial. A menudo, la urgencia por salir de una situación laboral insatisfactoria puede nublar nuestro juicio, llevándonos a tomar decisiones apresuradas. El miedo a quedarnos estancados, la presión financiera, o simplemente el deseo de cambio pueden empujarnos hacia opciones que no necesariamente se alinean con nuestros objetivos de carrera a largo plazo. Estas decisiones, tomadas por las razones equivocadas, pueden tener consecuencias graves en nuestra carrera profesional, creando desvíos en nuestra trayectoria profesional que pueden ser difíciles de explicar o entender en el futuro.

En situaciones en las que sentimos urgencia por buscar un nuevo rol, o bien porque estamos sin trabajo, o bien porque existen presiones económicas, resulta crucial mantener la calma y evitar decisiones precipitadas. En lugar de saltar a la primera oportunidad que se presente, puede ser beneficioso considerar opciones más flexibles y temporales. Trabajar como *freelance*, asesor o consultor puede proporcionar una transición más suave y flexible. Estas opciones intermedias ofrecen varias ventajas. En primer lugar, proporcionan una fuente de ingresos que puede aliviar la presión financiera inmediata, permitiéndonos ser más selectivos en nuestra búsqueda de un rol permanente. En segundo lugar, son más fáciles de explicar en nuestro relato profesional que un cambio abrupto a un rol que podría parecer incongruente con nuestra trayectoria anterior. Además, estas posiciones temporales pueden ofrecer una valiosa oportunidad para explorar diferentes campos o industrias, y nos permiten ganar nuevas perspectivas, desarrollar habilidades adicionales y ampliar nuestra red profesional. Quizá lo más importante es que estas opciones intermedias nos proporcionan el espacio y el tiempo necesarios para reflexionar profundamente sobre nuestros objetivos profesionales y personales a largo plazo.

Pregúntate qué te apasiona, qué valores son esenciales para ti y cómo deseas crecer profesionalmente. Al mantenernos fieles a nuestras verdaderas motivaciones, podemos tomar decisiones más conscientes. Es esta claridad de propósito la que nos permitirá encontrar un rol que realmente sea afín a nuestra esencia y nos ayude en nuestro bienestar emocional a largo plazo. Las transiciones laborales son oportunidades para reimaginar nuestro futuro y para crear una vida profesional que no sólo nos sustente económicamente, sino que también nos nutra espiritualmente.

¿Dónde?

Cada paso en nuestra carrera contribuye a nuestra historia profesional. Por lo tanto, incluso en momentos de transición o incertidumbre, en lugar de reaccionar simplemente a las presiones inmediatas, debemos esforzarnos por tomar decisiones que se alineen con nuestros valores y aspiraciones a largo plazo.

La decisión sobre dónde vamos a trabajar y a qué vamos a dedicar nuestro tiempo debe ser profundamente sopesada e intencionada. Jessa de la Morena nos explicó cómo su complejo proceso vital fue revelador en este aspecto; cuando se enfrentó a la dura posibilidad de que su tiempo en este mundo fuese limitado, ganó en claridad: «Quiero que cada segundo cuente. En nuestra profesión o en aquello a lo que dedicamos tantas horas al día, debe haber una intersección entre nuestros valores, nuestras pasiones y nuestras fortalezas. Y fue entonces cuando empecé a pensar y a preguntarme: ¿qué me apasiona cuando tengo tiempo libre?, ¿a qué me dedico?, ¿qué encuentro interesante? Y a eso no era a lo que me estaba dedicando».

El psicólogo organizacional Edgar H. Schein, en su libro *Career anchors: discovering your real values*, sugiere que cada persona tiene un *ancla de carrera*, una combinación de competencias percibidas, motivos y valores que la persona no abandonará incluso frente a elecciones difíciles. Identificar nuestra ancla de carrera puede ser un paso crucial en el proceso de cambio de rumbo, ya que nos ayuda a tomar decisiones que están alineadas con nuestros valores y fortalezas fundamentales.

Las transiciones laborales no son eventos aislados, sino parte de un proceso continuo de crecimiento y desarrollo profesional. Para entender mejor el «dónde» en nuestras decisiones profesionales, es útil considerar la teoría del desarrollo de carrera elaborada por Donald Super, quien propone que nuestra carrera es un proceso evolutivo que abarca cinco etapas a lo largo de nuestra vida laboral: crecimiento, exploración, establecimiento, mantenimiento y desenganche.

Estas etapas, que no son estrictamente lineales, están marcadas por retos y oportunidades. Por ejemplo, en la etapa de crecimiento desarrollamos intereses y habilidades básicas. En la etapa de exploración experimentamos con diferentes roles y actividades para descubrir nuestras pasiones y fortalezas. La etapa de establecimiento se centra en consolidar nuestra posición y avanzar en nuestra carrera. La etapa de mantenimiento implica mejorar y actualizar nuestras habilidades para seguir siendo relevantes en nuestro campo. Finalmente, la etapa de desenganche se refiere al retiro y la planificación de una transición satisfactoria de la vida laboral a la jubilación.

Entender en qué etapa nos encontramos nos puede dar información adicional para tomar decisiones sobre dónde queremos trabajar y qué queremos lograr en nuestro siguiente destino. Al igual que Jessa de la Morena, debemos buscar la intersección de nuestros valores, pasiones y fortalezas para guiar nuestras decisiones profesionales. Además, Super introduce el concepto de *ciclo de vida profesional*, que expone que podemos experimentar múltiples ciclos de estas etapas a lo largo de nuestra vida profesional, especialmente en el mundo actual, donde las transiciones de carrera se vuelven más frecuentes.

Por otro lado, las transiciones laborales no siempre son predecibles. La teoría del caos de carrera, propuesta por Jim Bright y Robert Pryor en su libro *The chaos theory of careers*, sugiere que las carreras son sistemas complejos influenciados por un montón de factores, muchos de los cuales están fuera de nuestro control. La teoría del caos de carrera va más allá, y propone que nuestras trayectorias profesionales están sujetas a lo que Bright y Pryor denominan *atractores extraños*, que son patrones complejos que emergen de la interacción de múltiples variables. Estos atractores pueden ser influencias familiares, cambios económicos, avances tecnológicos o incluso encuentros casuales que alteran significativamente nuestro rumbo profesional.

La teoría enfatiza la importancia de la «sensibilidad a las condiciones iniciales», ya que pequeños cambios o decisiones pueden tener impactos desproporcionados en el largo plazo. En lugar de ver la incertidumbre como una amenaza, la teoría del caos de carrera nos invita a abrazarla como una fuente de posibilidades. Esta perspectiva nos debe animar a estar abiertos a las oportunidades inesperadas y a ser un poco más flexibles y optimistas en nuestro enfoque del desarrollo profesional.

Cada transición nos invita a mirar dentro de nosotros mismos, a cuestionar nuestras suposiciones y a soñar con nuevas posibilidades. Nos desafía a ser valientes, a abrazar la incertidumbre y a dar pasos decididos y optimistas hacia lo desconocido. Recordemos las palabras de Jessa de la Morena y mantengamos nuestros ojos fijos en lo que verdaderamente nos apasiona. Busquemos lugares donde nuestros valores, pasiones y fortalezas se crucen. Y, sobre todo, tengamos el coraje de perseguir una vida profesional que realmente cuente.

16.2. Nuevo capítulo vital

La transición hacia un nuevo capítulo en nuestra vida profesional, especialmente cuando nos alejamos de una carrera ejecutiva a tiempo completo, es probablemente el cambio más complejo y, muchas veces, más difícil al que nos enfrentamos como líderes. Este cambio no es simplemente un ajuste en nuestras responsabilidades laborales; para muchas personas, este cambio tiene implicaciones directas en nuestra propia identidad, propósito y contribución a la sociedad, pudiendo afectar a nuestro bienestar emocional y familiar.

A menudo me encuentro con profesionales que han tenido una carrera brillante y que, tras dejar sus roles ejecutivos, lamentablemente, por una u otra razón, no consiguen o no encuentran la motivación para seguir contribuyendo en otras capacidades. Son personas que normalmente tienen el tiempo, el conocimiento y la energía para seguir aportando de forma relevante a la sociedad, y para las que, además, el dinero deja de ser un aspecto crítico a la hora de seleccionar un proyecto, pero que se ven incapaces de buscar una alternativa profesional lo suficientemente interesante que tenga sentido para ellos.

Creo que este tema es de especial relevancia en la sociedad actual, en un entorno con una sociedad que envejece y donde, además, nuestra esperanza de vida va a seguir creciendo. Mantener a las personas activas pasados los 55 años tiene implicaciones directas en nuestra competitividad como país, en nuestro PIB, lo cual es especialmente relevante en el sur de Europa, con una esperanza de vida mayor que en otros países. Según datos de Eurostat, en 2020, la tasa de empleo de personas entre 55 y 64 años en la UE era del 59,6 por ciento, con variaciones significativas entre países. En España, esa tasa era del 54,7 por ciento, por debajo de la media europea. Un estudio del Banco de España estima que aumentar la tasa de empleo de este grupo de edad al nivel de los países nórdicos podría incrementar el PIB español en hasta un 5,5 por ciento. Además, la OCDE proyecta que para 2050, por cada persona mayor de 65 años habrá sólo dos personas en edad laboral en Europa, comparado con cuatro en la actualidad, lo que subraya la importancia de mantener a los trabajadores mayores activos y productivos.

Japón se ha convertido en un modelo ejemplar en la gestión proactiva del envejecimiento poblacional. Es el país con mayor esperanza de vida, y se enfrenta a una previsión demográfica que anticipa que tendrá la población más envejecida del mundo, lo que representa un reto sumamente complejo. Sin embargo, mediante iniciativas innovadoras, está transformando este desafío en una oportunidad de crecimiento económico e innovación a través de su estrategia conocida como *agenomics*. Este término, que combina *age* ('edad') y *economics* ('economía'), alude a una estrategia que busca aprovechar el potencial de una sociedad longeva para impulsar el desarrollo económico y social.

Esta iniciativa abarca múltiples aspectos de la sociedad y la economía, siempre buscando aprovechar la longevidad como un motor de desarrollo. En el ámbito laboral, Japón ha implementado medidas legales significativas, como la Ley de Estabilización del Empleo de Personas Mayores, que fomenta que las empresas mantengan los empleos de sus trabajadores hasta los 65 años, con consideraciones para extender dicha edad hasta los 70 años, además de introducir sistemas de empleo flexible. Adicionalmente, el gobierno japonés ha desarrollado programas específicos para trabajadores mayores, enfocándose en habilidades digitales, mientras que diversas universidades, como la prestigiosa Universidad de Tokio, han creado programas especiales para estudiantes mayores de 50 años.

Estas políticas ya están dando resultados notables. Japón ostenta la tasa de empleo sénior más alta de la OCDE, con un

75 por ciento de personas entre 55 y 64 años trabajando. La edad media de jubilación efectiva es de 70,8 años para hombres y 69,1 para mujeres, la más alta del mundo desarrollado. Además, el «mercado de la tercera edad» representa ya el 12 por ciento del PIB japonés, y continúa en crecimiento.

Con esto no estoy queriendo deducir que deberíamos trabajar hasta los 70 años de edad, pero sí dar oportunidades a aquellos que quieren seguir activos y que con su experiencia, conocimientos y sabiduría pueden seguir siendo tremendamente útiles al país. Es fundamental reconocer que muchas personas mayores pueden seguir contribuyendo significativamente a diversos sectores de la sociedad y la economía. Esta perspectiva no consiste en extender forzosamente la vida laboral, sino en crear un entorno flexible que permita a quienes lo deseen seguir aportando su talento. Esto puede materializarse de diversas formas: desde roles de mentoría y asesoría, hasta trabajos a tiempo parcial o proyectos específicos que aprovechen su experiencia acumulada. Al hacerlo, no sólo se beneficia la economía, sino que también se promueve un envejecimiento activo y saludable, mejorando la calidad de vida de nuestros mayores. Además, esta inclusión laboral fomenta la transferencia intergeneracional de conocimientos, enriqueciendo el ambiente laboral con diversidad de perspectivas y experiencias.

Además, creo que, como sociedad, necesitamos llevar a cabo un cambio de discurso sobre el talento sénior, tanto a nivel empresarial como social. Debemos dejar atrás estereotipos obsoletos y poner en valor la experiencia, los conocimientos y las habilidades únicas que aportan estos profesionales. Un primer paso es visibilizar y celebrar la contribución de los trabajadores sénior. Según un estudio de la consultora Mercer, el 70 por ciento de las empresas considera que los empleados mayores son más leales y comprometidos, y un 60 por ciento destaca su papel clave en la transmisión de conocimientos. Sin embargo, sólo un 24 por ciento tiene programas específicos para aprovechar su potencial. Necesitamos más iniciativas que reconozcan y aprovechen este talento, como los programas de *mentoring* intergeneracionales que ya tienen empresas líderes como Danone, Enagás o Banco Santander.

Otra palanca de cambio es posicionar a los séniores como activos para afrontar retos empresariales. Por ejemplo, ante la digitalización, en lugar de asociarlos con la resistencia al cambio, podemos resaltar cómo su experiencia les permite aportar criterio y orientar las transformaciones con una perspectiva de largo plazo. De hecho, según un análisis de la escuela de administración de empresas Sloan, del Instituto Tecnológico de Massachusetts (MIT), sobre el S & P 500, las empresas con directivos de más edad tienden a hacer más inversiones a largo plazo en I + D e innovación. En esta línea, también debemos cuestionar el argumento que asocia juventud con innovación y creatividad. Un estudio de la National Bureau of Economic Research (NBER) muestra que la edad media de los emprendedores de alto crecimiento es de 45 años, y que fundar una *start-up* exitosa en alta tecnología alcanza su pico con fundadores que rondan los 60 años de edad.

Con este trasfondo, es importante reflexionar sobre cómo estas tendencias globales nos afectan personalmente y nos inspiran a tomar decisiones en nuestras propias vidas. La realidad es que, aunque el entorno está cada vez más preparado para valorar el talento sénior, el proceso de decidir cómo continuar nuestra trayectoria profesional sigue siendo un proceso muy personal.

¿Cuándo y por qué hacerlo?

Para cada uno de nosotros, la transición hacia un nuevo capítulo en nuestra vida profesional, especialmente cuando nos alejamos de una carrera ejecutiva a tiempo completo, es probablemente el cambio más complejo al que nos enfrentamos como líderes. Este proceso puede ser tanto emocionante como aterrador. Por un lado, ofrece la libertad de explorar nuevos intereses y pasiones que quizá hemos dejado de lado durante nuestra carrera ejecutiva. Por otro lado, puede generar sentimientos de pérdida, incertidumbre y, a veces, tristeza o depresión.

El miedo al fracaso, la incertidumbre financiera y la pérdida de identidad profesional son preocupaciones válidas. Para aquellos en transición, es reconfortante saber que estos temores son normales y compartidos por muchos otros en situaciones similares. Reconocer y aceptar estos temores es el primer paso para superarlos y avanzar hacia un nuevo capítulo profesional con confianza y determinación.

Existen varios catalizadores que pueden desencadenar el deseo de un cambio de marcha y de entrar en un nuevo capítulo en tu vida. Estos pueden variar desde una sensación de estancamiento o falta de propósito en el trabajo actual, hasta eventos vitales significativos, como jubilaciones «forzadas» o «naturales», problemas de salud, cambios en las relaciones personales o una reevaluación de prioridades debido a la edad o a circunstancias cambiantes.

En el caso de un cambio no anticipado, como un despido o problemas de salud graves, el momento de transición que se impone sobre nosotros presenta desafíos particularmente complejos. La psicóloga Elizabeth Kübler-Ross argumenta que estas transiciones abruptas a menudo desencadenan un proceso similar al duelo, con etapas de negación, ira, negociación, depresión y, finalmente, aceptación. En estos momentos críticos, resulta fundamental buscar apoyo emocional y profesional para abordar el proceso de manera saludable y para determinar cuándo y cómo dar los siguientes pasos.

La experiencia de Jessa de la Morena ilustraba este proceso cuando se enfrentó a un cáncer agresivo y se vio obligada a dejar su exitosa carrera para centrarse en su salud. Recordamos sus palabras: «Fue lo peor, pero también lo mejor que me ha pasado en mi vida». El espíritu optimista de Jessa y su fortaleza interior es un ejemplo de que, incluso en las circunstancias más difíciles, puede surgir una oportunidad para reconsiderar profundamente nuestras prioridades y el momento de hacer cambios significativos.

Jessa profundiza en esta perspectiva, desafiando la creencia común de que no tenemos la capacidad de hacer cambios significativos en nuestras vidas. Ella explica lo siguiente: «Muchas veces, la gente piensa que no tenemos la capacidad de hacer cambios, pero no es así. He tenido innumerables experiencias en mi vida en las que pensaba que había pilares inamovibles, y resulta que no lo eran. Nada es inamovible. Creo que estoy en ese punto ahora, porque, con lo que he vivido, ya me he enfrentado a lo que más miedo me daba. Así que ya no me preocupo. Lo digo a menudo, y la gente me mira como si fuera de otro planeta, pero es que nada importa realmente. Para mí, puedo atravesar cualquier situación y la aceptaré diciendo: "OK, es como si estuvieras en una película y el guion ha cambiado, así que ahora nosotros también cambiamos"». Esta reflexión de Jessa nos recuerda que, incluso frente a los desafíos más abrumadores, tenemos la capacidad de adaptarnos y reinventarnos.

Cada situación es única, y, especialmente cuando hablamos de problemas de salud graves, tenemos que pedir ayuda. El momento de cambio en estas circunstancias está intrínsecamente ligado al proceso de curación y adaptación, y requiere una cuidadosa consideración de los recursos físicos, emocionales y financieros disponibles. La decisión de cuándo proceder debe tomarse con el debido respeto a la gravedad de la situación y en consulta con profesionales médicos y de apoyo.

Para aquellos que están considerando un cambio de forma voluntaria, identificar el catalizador de su deseo de transición puede proporcionar mucha claridad y dirección. ¿Es una insatisfacción creciente con el trabajo actual? ¿Un deseo de mayor equilibrio entre la vida laboral y la personal? ¿O quizá una necesidad de encontrar un propósito más profundo en la vida? Comprender la raíz de este impulso de cambio puede ayudar a guiar las decisiones futuras y asegurar que el nuevo camino elegido aborde realmente las necesidades y los deseos subyacentes.

Jaime Carvajal, por su parte, enfatiza la importancia de estar abierto a las oportunidades y entender que muchas veces, aunque sea un proceso de cambio voluntario, no controlas del todo el «cuándo»: «Yo creo que lo importante es crear las condiciones en la medida que uno pueda para que las cosas ocurran, y aprovechar cuando se presenten las oportunidades». El cambio no siempre es algo que podemos planificar completamente, sino que a menudo implica estar preparados y dispuestos a aprovechar las oportunidades cuando se presentan.

Enrique Linares, al enfrentarse al vacío tras vender de forma exitosa su empresa, nos ofrece una perspectiva algo diferente de cuándo considerar este cambio: «Yo creo que hay un momento en tu vida en el que descubres una conexión más grande, y ésa es una de las cosas que te ayudan realmente a llenar ese vacío al que te enfrentas en ese proceso de transición. Te das cuenta de que tu propósito va más allá del éxito financiero o profesional, y en mi caso buscaba algo que tuviese un impacto más significativo en las vidas de los demás». Esta observación sugiere que el momento adecuado para un cambio a menudo se siente como una necesidad interna de conexión más profunda con nuestro trabajo y nuestras vidas.

Es importante comenzar a reflexionar sobre este nuevo capítulo mucho antes de lo que pensamos que es necesario. La planificación es sólo un aspecto relevante del proceso, aunque, como hemos visto, muchas veces es impredecible; de modo que es necesario visualizar y sentir este cambio de manera consciente. Para cada uno de nosotros, el camino hacia una nueva etapa profesional es único y personal. No existe un camino predeterminado ni una fórmula universal que se aplique a todos. Compararse con otros sólo crea falsas expectativas y distracciones, pues cada individuo tiene su propio conjunto de circunstancias, motivaciones y aspiraciones.

Enrique Linares comenta lo poco preparados que estamos para estos momentos de cambio y las consecuencias de no estarlo: «Nadie te prepara. Es increíble. Aunque los emprendedores estamos rodeados de *coaches*, inversores y miembros del consejo, nadie te habla de lo que realmente importa. Te enseñan a vender, claro, pero nadie te dice qué sucede el día después de que has vendido. En ese momento te enfrentas solo al cambio». La falta de preparación y apoyo en momentos de transición señala la necesidad de estar mejor equipados para enfrentar las consecuencias emocionales.

Linares continúa exponiendo unos patrones comunes en el caso de los emprendedores de éxito cuando se enfrentan a esta situación: «Es curioso, porque hay patrones que nos pasan a todos los emprendedores el día después de la venta. Una cosa clara es que todos vamos a hacernos un chequeo médico. Después de tanto estrés, pensamos que tenemos algo físico. He visto a muchos emprendedores hacer eso sin comentarlo entre ellos. Lo otro que nos sucede, y de lo que nadie te advierte, es que sentimos un vacío enorme. Es un vacío esencial, con el que cada uno debe lidiar a su manera». Esta reflexión de Linares pone de manifiesto el sentido de vacío y los comportamientos comunes que emergen al cerrar un capítulo importante en la vida profesional.

Visualizar este futuro implica imaginar cómo queremos que sea nuestro día a día, qué tipo de impacto queremos tener, y cómo nuestras fortalezas y experiencias pueden contribuir de manera significativa a la sociedad. Al hacerlo, podemos alinearnos más estrechamente con nuestras auténticas aspiraciones, preparándonos para tener más control sobre este proceso de transición, para definir con tranquilidad este «cuándo» con optimismo e ilusión.

En este proceso del «cuándo», asegúrate de haber ampliado esa red de apoyo pronto en tu carrera, más allá de tu empresa. Es aquí donde esa «red expansiva» de la que tratamos en el capítulo anterior puede tener un valor incalculable. Como señala el sociólogo Mark Granovetter en su teoría de «la fuerza de los lazos débiles», a menudo son nuestras conexiones más distantes las que pueden proporcionar información y oportunidades nuevas y valiosas durante las transiciones de carrera.

Abrazar este momento de transición conlleva ser proactivo, visualizarlo pronto, pedir ayuda, entender el miedo como un proceso natural, reconocer que nuestra identidad es algo que va mucho más allá de nuestro rol o nuestra empresa, entender que cada desafío, cada giro inesperado, es una oportunidad para un nuevo comienzo.

¿Cómo hacerlo?

El proceso de abordar un nuevo capítulo en nuestra vida profesional es tan único como nuestra propia huella dactilar. No existe una fórmula mágica ni un camino predeterminado, pero hay principios que pueden ayudarnos. El «cómo» de este cambio está profundamente influenciado por nuestra personalidad, valores, experiencias pasadas y circunstancias actuales. Comprender cómo estos factores han moldeado nuestra carrera hasta ahora y cómo podrían influir en nuestras decisiones futuras es un paso crucial en el proceso de cambio.

El punto de partida en este viaje es, quizá sorprendentemente, trabajar de forma consciente en nuestra identidad. Debemos trabajar no sólo en cómo nos vemos a nosotros mismos, sino también en cómo nos perciben los demás. Existe nuestro yo privado, la imagen que tenemos de nosotros mismos, y nuestro yo público, cómo nos ven nuestros colegas y amigos. Encontrar un equilibrio entre ambos es esencial, pero también difícil. El riesgo radica en que nuestro yo público, moldeado por años de éxito profesional y expectativas externas, pueda dominar sobre nuestro yo privado, nuestras aspiraciones y nuestros deseos más auténticos.

Este proceso de redefinición de la identidad puede ser particularmente duro para los ejecutivos que han invertido gran parte de su ser en su rol profesional. Como señala Enrique Linares: «Algo que nos pasa a los emprendedores es que tú acabas pensando que tu empresa eres tú, o sea, no hay diferencia entre Enrique y su empresa LetGo». Esta fusión de identidad personal y profesional puede hacer que «dejar ir» el presente sea emocionalmente complejo y dificultoso. Trabaja en mirarte al espejo con cariño, en hablarte con compasión y respeto. Quiérete de forma incondicional y sincera, con tus luces y tus sombras.

La separación entre el «yo personal» y el «yo profesional» requiere un reconocimiento consciente. Implica aceptar que nuestro valor como seres humanos trasciende nuestros logros profesionales o el cargo que ocupamos. Es fundamental cultivar una identidad multifacética, nutriendo aspectos de nuestra vida que quizá hemos descuidado: nuestras pasiones, relaciones personales, intereses culturales o contribuciones a la comunidad.

Para que este proceso sea exitoso, es fundamental sentir que estamos al volante de nuestras decisiones, eligiendo cómo queremos pasar nuestro tiempo en lugar de dejar que otros lo decidan por nosotros. En situaciones postraumáticas, esto puede ser más sencillo, ya que las personas tendemos a ser más comprensivas y empáticas cuando hemos pasado por problemas personales o de salud.

Sin embargo, cuando el cambio es simplemente por voluntad propia, puede ser más difícil justificar nuestras decisiones tanto ante los demás como ante nosotros mismos. La presión social de nuestros seres queridos, colegas, socios, clientes y otros *stakeholders* puede influir en nosotros, haciendo que retrasemos o evitemos decisiones que, en un contexto personal, tendríamos más claras.

Retrasar estos procesos por las razones equivocadas puede resultar una experiencia mucho más frustrante, con la que no nos sentimos realizados ni felices. Esto a menudo lleva a que, sin quererlo, permitamos que otros tomen decisiones por nosotros, lo cual puede dar lugar finalmente a un proceso de salida forzado e indeseado por nuestra parte, con consecuencias emocionales significativas.

Aunque el cambio es único y personal, no debe ser un viaje solitario. Es fundamental contar con personas de confianza que puedan ofrecer apoyo, consejo y perspectiva. Estas conexiones pueden proporcionar no sólo apoyo emocional, sino también orientación práctica y posibles oportunidades. Para aquellos que se sienten aislados en su proceso de cambio, buscar activamente estas conexiones puede ser un paso crucial para el éxito.

Este proceso implica tener conversaciones difíciles con familiares, amigos o colegas sobre nuestra nueva dirección. Puede requerir la valentía de perseguir un camino menos convencional o de menor estatus aparente, pero que esté más alineado con nuestros valores y deseos personales. Es crucial recordar que nuestras decisiones no sólo nos afectan a nosotros, sino también a nuestros seres más queridos. La comunicación abierta y sincera con nuestro círculo más íntimo sobre nuestros planes y aspiraciones ayudará a allanar el camino para el cambio y fomentará el apoyo que necesitamos.

La gestión personal de expectativas es otro aspecto complejo del proceso. Para muchos, especialmente aquellos que han tenido carreras exitosas con roles de alta responsabilidad corporativa o empresarial, puede haber una presión significativa, tanto interna como externa, para mantener un cierto estatus o nivel de éxito. Es importante animarnos a redefinir el éxito en nuestros propios términos, basándonos en nuestros valores y aspiraciones personales en lugar de en las expectativas externas, ya sean sociales, económicas o de influencia. Como dijo una vez el filósofo Ralph Waldo Emerson: «Ser tú mismo, en un mundo que constantemente está tratando de convertirte en otra cosa, es el mayor de los logros».

La paciencia y la perseverancia son virtudes indispensables en este proceso. El cambio significativo rara vez ocurre de la noche a la mañana, y es probable que haya retrocesos y desafíos en el camino. Es fácil desanimarse cuando las cosas no progresan tan rápidamente como esperábamos o cuando surgen obstáculos inesperados. Sin embargo, es importante recordar que cada desafío, cada retroceso, es una oportunidad para aprender más sobre nosotros mismos y refinar nuestro propósito. Esta perspectiva puede ayudarnos a mantener la motivación durante los momentos difíciles.

La etapa de incertidumbre, o lo que el autor William Bridges llama *la zona neutral*, puede ser particularmente incómoda para los líderes acostumbrados a tener el control y una dirección clara. Enrique Linares compartió su experiencia sobre esta etapa de incertidumbre, destacando que muchos de sus colegas pasan por fases similares. Linares ilustra el proceso emocional y psicológico que muchos ejecutivos y emprendedores experimentan al entrar en una nueva etapa de sus vidas, destacando la importancia de prepararse física y emocionalmente para esta transición.

No podemos subestimar la importancia de cuidar nuestra salud física y mental durante este proceso de transición. El cambio puede ser estresante y emocionalmente agotador, por lo que es fundamental establecer rutinas de autocuidado, buscar apoyo profesional si es necesario y asegurarnos de mantener un equilibrio saludable incluso en medio del cambio.

Recordemos que el «cómo» no es una fórmula fija, sino un camino que se revela a medida que avanzamos. Requiere coraje, humildad, paciencia y una disposición para aprender y crecer constantemente. Y, en ese proceso, no sólo transformamos nuestras propias vidas, sino que también inspiramos y cuidamos a quienes nos rodean.

¿A qué me dedico ahora?

«¿A qué me dedico ahora?»; he aquí, tal vez, la pregunta más aterradora, y a la vez la más emocionante, en este proceso de transición hacia un nuevo capítulo profesional. Es un interrogante que, si lo abordamos con una perspectiva de optimismo y confianza, nos invita a volver a reinventarnos, a redescubrir nuestras pasiones y a redefinir nuestro propósito en la vida.

Uno de los principales desafíos en esta transición es la pérdida de estructura y propósito que a menudo acompaña la salida de un rol ejecutivo a tiempo completo. Durante años, nuestros días han estado meticulosamente estructurados alrededor de reuniones, plazos y objetivos corporativos. De repente, nos encontramos frente a un lienzo en blanco, con la libertad de definir nuestro propio horario y nuestras prioridades. Para algunos, esta libertad puede ser increíblemente liberadora, la oportunidad esperada para explorar intereses postergados y perseguir sueños aplazados. Para otros, sin embargo, puede resultar aterrador y desorientador, como si de repente nos encontráramos navegando sin brújula en mar abierto.

Este cambio en la estructura de nuestros días nos obliga a enfrentarnos a preguntas fundamentales sobre quiénes somos y qué queremos de la vida. Ya no podemos definir nuestro valor únicamente en términos de nuestra posición profesional o nuestros logros corporativos. Es un momento para redescubrir quiénes somos fuera de nuestros roles profesionales, para reconectar con nuestros valores más profundos y nuestras pasiones más auténticas.

En este sentido, nos encontramos con la necesidad de redefinir nuestro sentido de valor y contribución. Como ejecutivos, a menudo hemos derivado una gran parte de nuestra autoestima y sentido de propósito de nuestros logros profesionales y nuestra capacidad para influir en grandes organizaciones. Al dejar estos roles, podemos experimentar una crisis de identidad y cuestionarnos nuestro valor en la sociedad. ¿Quiénes somos sin nuestro título ejecutivo, sin nuestro e-mail corporativo? ¿Cómo podemos seguir contribuyendo de manera significativa al mundo que nos rodea?

Enrique Linares nos cuenta cómo vivió este proceso de transición tras la venta de su compañía: «Yo creo que hay dos perfiles de comportamiento cuando te enfrentas a un nuevo capítulo en tu vida. El primero es la gente que enseguida se pone a hacer algo. Hay gente que eso lo hace muy bien, como es el caso del emprendedor en serie. [...] Y luego hay un segundo perfil. En mi caso, por edad, por cansancio, fue pasar por un proceso de reflexión profunda». Esta observación nos recuerda que no existe un camino único o correcto para esta transición. Cada individuo debe encontrar su propio ritmo y método para navegar este cambio.

Linares nos explica su proceso de reflexión: «Hay un patrón que nadie te advierte, la búsqueda de una conexión espiritual. Esta espiritualidad puede tomar muchas formas, cada uno elige su camino, pero llega un momento en que sientes la necesidad de una conexión más profunda. Es una de las cosas que realmente te ayudan a llenar ese vacío que sientes. Además, hay otro aspecto común: la necesidad de expandir tus contactos sociales. Como emprendedores, pasamos tanto tiempo trabajando que nuestro mundo se reduce a nuestra pareja, nuestros hijos y nuestro equipo. Pero llega un punto en que te das cuenta de que siempre te estás relacionando con la misma gente. Es entonces cuando sientes la necesidad de ampliar tu círculo social y tus conexiones». Esta reflexión de Linares subraya la importancia de la búsqueda espiritual y la importancia de la red expansiva a la que hacía referencia en el capítulo anterior.

Juan Arena compartió su experiencia al finalizar su trayectoria profesional. Él también dedicó tiempo a reflexionar: «La primera cosa que hice fue prometerme que no iba a hacer nada. Lo primero que hice fue irme al monasterio de Leire. Estuve una semana oyendo a los benedictinos cantar gregoriano, levantándome por la mañana, maitines con ellos a las seis de la mañana, y acostándome con ellos también por la noche, y teniendo paz, sabiendo cómo otra gente había sido feliz o era feliz, haciendo cosas totalmente distintas de las que he hecho».

Muchos ejecutivos de renombre consideran la opción de incorporarse a consejos de administración como independientes, aunque es importante reconocer que este camino está reservado para relativamente muy pocos y requiere competencias muy diferentes a las de un ejecutivo. El rol de consejero independiente requiere una experiencia mínima como ejecutivo de primer nivel, pero sobre todo requiere saber hacer las preguntas adecuadas y la capacidad de influir y trabajar en equipo. Muchas veces, elegir cuidadosamente el equipo al que uno se une, prestando especial atención al presidente del consejo, es más importante que la propia empresa.

En España, un porcentaje significativo de estos procesos de selección para consejos (cercano al 60 por ciento) se realiza a través de compañías de consultoría de talento, como Egon Zehnder, especialmente para empresas cotizadas y participadas de *private equity*. Sin embargo, aún existe un porcentaje elevado de nombramientos de consejeros independientes de forma directa, particularmente en empresas familiares. Esto subraya la importancia de desarrollar una sólida red de contactos en estos entornos y hacerles saber que uno está abierto a este tipo de oportunidades. Para aquellos interesados en este camino, es altamente recomendable hablar con consultores especializados en talento que puedan ofrecer orientación sobre las posibilidades reales de uno, dada su trayectoria y el contexto actual.

Pero, más allá de los consejos de administración, existe un mundo de oportunidades amplio y diverso. Algunos eligen continuar en roles similares a tiempo parcial, como asesores, lo que les permite aprovechar su experiencia mientras buscan un mejor equilibrio entre la vida y el trabajo. Otros deciden emprender y desarrollan áreas de interés que no pudieron explorar debido a sus responsabilidades ejecutivas. Algunos se sienten impulsados a dedicarse a causas filantrópicas, encontrando satisfacción al contribuir a la sociedad en áreas que los apasionan. Otros exploran nuevos campos a través del estudio y la investigación en disciplinas como la ciencia, el arte o las humanidades. Muchos optan por enseñar, aunque ser un buen ejecutivo no garantiza ser un buen profesor. La enseñanza requiere habilidades muy diferentes y, sobre todo, la capacidad de ofrecer contenido que realmente interese a los alumnos; tu experiencia profesional, en muchas ocasiones, no es suficiente.

La riqueza de oportunidades a las que uno puede dedicarse en esta nueva etapa es verdaderamente ilimitada, y depende únicamente de los intereses y las pasiones individuales, así como del encaje con tus fortalezas y capacidades. Juan Arena ofrece una perspectiva particularmente inspiradora sobre una vía posible para abordar este desafío: «Yo creo que una cosa importante que puedes hacer es dar ejemplo. Dar ejemplo a la gente más joven». Esta idea de servir como ejemplo y mentor para otros puede proporcionarte un nuevo sentido de propósito y significado. No sólo permite compartir nuestro conocimiento y nuestra experiencia, sino que también nos ofrece la oportunidad de seguir aprendiendo y de mantenernos conectados con las nuevas tendencias y perspectivas.

En este sentido, Verónica Pascual ofrece un ejemplo concreto de cómo incorporó esta idea para su compañía ASTI Robotics y el impacto positivo que obtuvo: «Desarrollamos un modelo que se llamaba "el modelo de compañeros de viaje", que era con gente que, sobre todo, estaba tal vez cerca de la edad de jubilación, que salía de grandes corporaciones y con muchísima experiencia, pero que eran personas ilusionadas con contribuir en proyectos como el nuestro. Estas personas contribuían con éxito apoyando al equipo, desarrollando proyectos de transformación industrial, de nuestra transformación industrial, de nuestros procesos, de nuestro modelo de gestión del talento».

El padre Álvaro Ramos habla sobre el valor que tiene encontrar algo que te llene e ilusione: «El rico de verdad es el que hace lo que quiere, lo que quiere de verdad, lo que le ilusiona, porque normalmente muchas veces no hacemos lo que queremos. Porque tenemos unas necesidades». Esta idea nos invita a reconsiderar nuestras prioridades y a alinear nuestras acciones con nuestros valores, confiando en que, al hacerlo, estamos sembrando las semillas para un futuro más significativo y satisfactorio.

Antes de comprometernos completamente con un nuevo camino, puede ser valioso probar diferentes opciones a pequeña escala. Este enfoque de «experimentación» nos permite explorar diversas posibilidades sin tener que comprometer completamente nuestro futuro. Podría implicar tomar cursos en campos que siempre nos han intrigado, hacer voluntariado en organizaciones que abordan causas que nos apasionan, trabajar en proyectos secundarios que nos permitan probar nuevas habilidades e incluso tomar un año o un período sabático para explorar diferentes intereses.

Este período de exploración y experimentación puede ser increíblemente enriquecedor. Nos permite reducir el riesgo al tomar decisiones más informadas basadas en experiencias reales en lugar de suposiciones. Además, puede ayudarnos a descubrir pasiones o habilidades que no sabíamos que teníamos, abriendo nuevas posibilidades que quizá nunca habíamos considerado. Tal vez descubramos un talento oculto para la escritura, una pasión por la enseñanza o una habilidad natural para la mediación y resolución de conflictos. Estas revelaciones pueden abrir puertas a carreras o vocaciones completamente nuevas.

También requiere abrazar oportunidades que se te presentan y forzarte a explorar. No va a ocurrir nada enriquecedor diciendo que no vas a explorar y que prefieres quedarte en casa. Jaime Carvajal nos recuerda la importancia de la actitud en este sentido: «Muchas veces, uno ve algo que se sale de lo habitual y dice "bueno, qué pereza" o "eso tiene mucho riesgo" [...]. Al final, el hecho de buscar salir un poco fuera de tu zona de confort siempre es un riesgo, siempre es una incomodidad, es algo que da pereza hacer. Creo que hay que vencer esa pereza. [...] Si yo no hubiese vencido esa pereza inicial, nunca habría sido presidente de Endeavor en España; si me hubiera echado para atrás en ese momento, no habría podido vivir esta experiencia, que ha sido maravillosa».

Este «nuevo capítulo vital» no marca el final de nuestra historia, sino el comienzo de una nueva y emocionante fase. Como sabiamente señaló Jaime Carvajal: «Yo creo que hay que tomar riesgos en la vida, porque si no, te quedas donde estás. Y la verdad es que eso hace la vida menos interesante». Esta disposición a asumir riesgos y ver esta fase como una nueva aventura puede ser la clave para una transición exitosa y satisfactoria.

A medida que nos movemos en este proceso de descubrir «a qué nos dedicaremos ahora», es importante mantener una mente abierta, un corazón valiente y una actitud vulnerable, proactiva y optimista. Puede que nos sorprendamos gratamente al descubrir nuevas pasiones, talentos ocultos o formas inesperadas de contribuir al mundo.

Éste es un momento para soñar con nuevas metas (incluso si son grandes), para reimaginar lo que es posible y para permitirnos la libertad de explorar y crecer en nuevas direcciones. Es una oportunidad para alinear nuestro trabajo con nuestros valores más profundos, para crear un legado que vaya más allá de los logros profesionales y para contribuir al mundo de maneras que quizá nunca habíamos imaginado.

En este capítulo hemos visto que un cambio de rumbo en nuestra carrera profesional es un viaje que va más allá de encontrar un nuevo trabajo o asumir un nuevo rol. Es una oportunidad para redescubrirnos, para alinear nuestras acciones con nuestros valores más profundos y para escribir nuestro propio camino.

El proceso de cambio nos obliga a examinar nuestra identidad más allá de nuestros roles profesionales; nos invita a reconectar con nuestras pasiones olvidadas, a redescubrir talentos dormidos y a explorar nuevas formas de contribuir. Podemos descubrir que nuestro propósito evoluciona, que nuestras prioridades se reajustan y que nuestra definición de éxito se transforma.

La transición nos brinda la oportunidad de reescribir nuestro relato personal. Ya no estamos limitados por las expectativas de otros o por las convenciones de nuestra industria anterior. Tenemos la libertad de definir nuestro propio camino, de crear una nueva historia que refleje auténticamente quiénes somos y quiénes aspiramos a ser. Esta libertad, aunque a veces aterradora, es un regalo que nos permite alinear más estrechamente nuestras acciones con nuestros valores y aspiraciones más profundos.

El cambio de rumbo también nos desafía a desarrollar nuevas habilidades y competencias. Nos empuja fuera de nuestra zona de confort, obligándonos a adaptarnos, aprender y crecer de maneras que quizá nunca habíamos anticipado. Este proceso de aprendizaje continuo no sólo nos mantiene relevantes en un mundo en constante cambio, sino que también nos mantiene mentalmente ágiles y emocionalmente resilientes. Con la experiencia y la perspectiva adquirida con los años, estamos en una posición única para abordar nuevos desafíos y contribuir a causas que nos apasionan. Ya sea a través del *mentoring*, la filantropía, el emprendimiento social o la innovación, tenemos el potencial de crear un legado que trascienda nuestra carrera anterior y tenga un impacto en las generaciones futuras.

El mundo está lleno de posibilidades que quizá no habíamos considerado antes. Al permanecer abiertos a nuevas experiencias, ideas y conexiones, podemos descubrir oportunidades inesperadas que nos llevan en direcciones emocionantes y gratificantes.

A medida que decidimos un nuevo rumbo a seguir, podemos reconocer que el éxito no siempre se medirá en términos tradicionales de estatus o riqueza material. El éxito en esta nueva fase puede manifestarse en la profundidad de nuestras relaciones, en la calidad de nuestras contribuciones a la sociedad o en la paz interior que encontramos al vivir en armonía con nuestros valores. Esta redefinición del éxito nos libera de las presiones externas y nos permite perseguir lo que verdaderamente nos hace sentir realizados y plenos.

El cambio de rumbo también nos invita a reconsiderar nuestras relaciones y conexiones. Es un momento para fortalecer los lazos con aquellos que nos apoyan y nos inspiran, y para cultivar nuevas relaciones que nos desafían y nos ayudan a crecer. Nuestra red de apoyo se convierte en un recurso inestimable durante este período de transición, proporcionándonos perspectiva, aliento y oportunidades.

Este proceso de transición no está exento de desafíos. Habrá momentos de duda, períodos de incertidumbre y obstáculos inesperados en el camino. Sin embargo, es precisamente a través de estos desafíos como crecemos, nos fortalecemos y descubrimos de qué estamos verdaderamente hechos. El cambio es un proceso, no un evento, y habrá momentos de avance y retroceso. Ser amables con nosotros mismos durante este viaje nos permite aprender de nuestros errores, celebrar nuestros éxitos y mantenernos enfocados en nuestro crecimiento continuo.

El cambio de rumbo en nuestra carrera no es simplemente un giro en nuestro camino profesional; es una invitación a redescubrir quiénes somos y quiénes aspiramos a ser. A continuación, como en capítulos anteriores, planteo algunas preguntas adicionales para tu reflexión:

1. Si pudieras diseñar tu «segundo acto» sin restricciones financieras o expectativas sociales, ¿cómo sería, cómo se recibiría y qué impacto tendría en el mundo?
2. ¿Qué «sombras» de tu pasado profesional necesitas confrontar y sanar para poder abrazar plenamente esta nueva etapa de tu vida?
3. ¿Cómo podrías utilizar tu experiencia y sabiduría acumuladas para abordar un problema social o global que siempre te ha preocupado pero que nunca tuviste tiempo de abordar?
4. ¿Qué habilidades o talentos has mantenido «dormidos» durante tu carrera ejecutiva y que ahora podrían florecer y convertirse en el núcleo de tu nueva identidad profesional?
5. ¿De qué manera podrías utilizar tu experiencia en liderazgo para empoderar y elevar a otros que están comenzando sus carreras o enfrentando sus propias transiciones?

Hemos explorado cómo navegar las transiciones, redefinir nuestro propósito y reimaginar nuestro impacto. Pero ¿qué hay más allá de estos cambios personales y profesionales? En el siguiente capítulo (el último de este libro) nos adentraremos en el territorio de la trascendencia, un concepto que va más allá del legado tradicional. No se trata de lo que dejamos atrás, de cómo queremos ser recordados, sino de cómo nuestras acciones y decisiones pueden impactar en la sociedad.

17

Trascendencia

El que no vive para servir, no sirve para vivir.

Madre Teresa de Calcuta,
monja católica

A lo largo de este libro hemos explorado las diversas facetas de un liderazgo pleno, desde el autodescubrimiento hasta la influencia positiva y la expansión de nuestras capacidades. Ahora, en este capítulo final, nos adentramos en un territorio más profundo: la trascendencia. Este concepto nos invita a elevarnos por encima de nuestras circunstancias, a encontrar un mayor significado en nuestras experiencias y a conectar con algo más grande que nosotros mismos.

Al final de nuestras carreras, al entrar en esa etapa de transición hacia un nuevo capítulo vital, es natural reflexionar sobre el legado que dejamos. Pensamos en el impacto que hemos tenido en nuestras empresas y en la sociedad, en cómo queremos ser recordados por nuestros equipos y en qué iniciativas y proyectos que hemos liderado perdurarán en el tiempo. Este concepto de legado es comprensible y legítimo, ya que queremos asegurarnos de que nuestro trabajo ha tenido un valor duradero. Sin embargo, hay un peligro inherente en enfocarse demasiado en el legado personal, ya que puede desvirtuar el verdadero significado de este proceso.

El legado, por su naturaleza, tiende a centrarse en el individuo, en cómo seremos recordados. Implica cierta preocupación por un reconocimiento póstumo. Esta perspectiva puede llevarnos a priorizar acciones y decisiones que maximicen nuestra reputación y prestigio, incluso después de haber dejado el escenario laboral ejecutivo. Sin embargo, esta preocupación por el legado personal puede desviar nuestra atención de lo que realmente importa: el impacto que generamos aquí y ahora, sin importar si seremos reconocidos por ello en el futuro.

Un problema adicional del enfoque en el legado es que, al estar centrado en uno mismo, genera ciertas ambiciones personales. Estas ambiciones pueden conducir a frustraciones e insatisfacciones personales cuando las expectativas no se cumplen. La búsqueda de un legado que resista el paso del tiempo puede convertirse en una carga, llevándonos a medir nuestro éxito en función de cómo seremos recordados, en lugar de enfocarnos en el significado y la satisfacción que podemos encontrar en nuestras acciones presentes.

Sin embargo, la trascendencia ofrece un enfoque diferente, más desinteresado y genuino. En lugar de preocuparnos por cómo seremos recordados, la trascendencia se centra en cómo vivimos y lideramos en el presente; y nos impulsa a actuar con autenticidad y propósito, guiados por un sentido de servicio hacia los demás. La trascendencia nos desafía a preguntar: «¿Cómo puedo servir mejor?»; en lugar de cuestionarnos: «¿Qué recordarán de mí?». Esta distinción es fundamental, ya que la trascendencia nos libera del peso del ego y nos permite actuar desde un lugar de autenticidad y generosidad.

Por tanto, la diferencia entre legado y trascendencia es sutil pero profunda. Mientras que el legado puede llevarnos a realizar acciones calculadas para asegurar nuestra «inmortalidad» en la memoria colectiva, la trascendencia nos invita a actuar con integridad y pasión, sin apego al resultado final. La trascendencia nos permite disolver el ego en el servicio de algo más grande, enfocándonos en el impacto positivo que podemos generar en la vida de los demás. Esto no significa que debamos ignorar el legado por completo, pero sí reflexionar sobre el equilibrio entre el impacto que dejamos y el ego que impulsa nuestras acciones.

Al centrarnos en la trascendencia, podemos liderar con un sentido de propósito que va más allá del reconocimiento personal. En lugar de preocuparnos por construir un legado, nos enfocamos en crear un entorno en el que otros puedan prosperar y continuar el trabajo que hemos comenzado. Esto implica servir al prójimo, ayudar a nuestros equipos, compartir conocimientos y fomentar una cultura de generosidad.

La trascendencia nos desafía a vivir y liderar con una mentalidad humana y desinteresada, donde el éxito no se mide por lo que logramos personalmente, sino por cómo contribuimos al bienestar de los demás. Esta mentalidad nos libera de la necesidad de controlar el legado que dejamos y nos permite centrarnos en crear un impacto positivo en el presente.

Así como el legado suele ser un concepto que empezamos a trabajar al final de nuestra carrera profesional, la trascendencia es un estado de ánimo, una forma de liderar sirviendo al prójimo que se debe practicar a lo largo de la vida. Para explorar este concepto, nos centraremos en cuatro aspectos que considero relevantes a fin de prepararnos emocional y espiritualmente para este proceso:

1. Redefinición del éxito: hay que empezar por redefinir este concepto, normalmente egocéntrico, y ampliar nuestra comprensión de lo que significa triunfar en la vida, más allá de las métricas tradicionales de riqueza, poder o estatus; se trata de reconocer que el verdadero éxito se mide por el impacto positivo que tenemos en los demás y en el mundo que nos rodea, por nuestra capacidad de crecer y aprender y por nuestra habilidad para vivir en alineación con nuestros valores más profundos.

2. Aceptación: se refiere al arte de abrazar la realidad tal como es, sin resistencia, y de entender que la paz y la libertad verdaderas vienen de aceptar lo que es el presente, incluso cuando las circunstancias no son las que hubiéra-

mos elegido; esta aceptación no es resignación, sino un punto de partida para el cambio consciente.

3. Armonía universal: no es un concepto místico, sino una forma de entender la vida y el éxito. Cuando actuamos alineados con nuestro propósito, surgen oportunidades inesperadas y conexiones significativas. Nos invita a liderar desde un lugar de confianza y propósito, con la certeza de que nuestras acciones tendrán un impacto positivo.

4. Energía espiritual: alude a cómo conectar con una fuente de poder interior que va más allá de lo físico y mental; esto nos ayuda a elevarnos, a entender que nuestra verdadera fuerza no proviene de nuestros logros externos o posiciones de poder, sino de una conexión profunda con nuestro ser interior y con algo más grande que nosotros mismos.

Estos cuatro aspectos no son compartimentos estancos, sino facetas interconectadas de un enfoque holístico del liderazgo trascendente. Al integrarlos pronto en nuestra vida y práctica del liderazgo, podemos elevarnos por encima de las preocupaciones cotidianas y operar desde un lugar de mayor claridad, propósito e impacto.

El viaje hacia la trascendencia es un camino de autodescubrimiento continuo y de servicio desinteresado. No es un destino final, sino una forma de ser y estar en el mundo que nos permite vivir y liderar con mayor autenticidad, compasión y sabiduría. A medida que exploremos cada uno de estos aspectos en detalle, te invito a reflexionar sobre cómo puedes incorporarlos en tu propia vida y liderazgo, transformando no sólo tu experiencia personal, sino también el impacto que tienes en tu organización y en el mundo en general.

17.1. Redefinición del éxito

En el corazón de la trascendencia yace una profunda reconsideración de lo que significa «tener éxito». Esta redefinición es fundamental para transformar nuestra perspectiva y, por ende, nuestras acciones como líderes.

Tradicionalmente, el éxito se ha medido en términos de logros tangibles: riqueza acumulada, posición jerárquica, capacidad de influencia, de poder, reconocimientos recibidos... Sin embargo, esta visión del éxito (en mi opinión, limitada) puede llevarnos por un camino de insatisfacción perpetua y desconexión con nuestro propósito.

Ricardo Sunderland, en su trabajo con diversos CEO, ha observado cómo esta redefinición del éxito no sólo puede transformar su impacto en la organización, sino en su bienestar vital: «Cuando logran redefinir su idea de qué es el éxito, su compromiso con lo necesario para alcanzarlo es enorme, porque tienen grandes habilidades. Sin embargo, antes no incluían el aspecto emocional en el trabajo, y después, al incluirlo, comienzan a sentirse más vivos y felices».

Esta nueva concepción del éxito que va más allá de los logros personales y se centra en el impacto positivo que generamos en los demás y en el mundo que nos rodea está maravillosamente descrita por el padre Álvaro Ramos: «El éxito es impactar en la vida de la gente. Cuanto más hayas impactado en los demás, cuanto más hayas ayudado..., mejor. Al final de la vida te examinarán de amor. Pues el que más ha amado es el que más éxito ha tenido».

El padre Pablo d'Ors revisa este mensaje dando una nueva perspectiva e intentando no hablar de cantidad en la definición de éxito, sino de cualidad: «Ya sólo si has impactado únicamente en una persona, ya has tenido éxito». El padre D'Ors nos recuerda que incluso el acto más pequeño de amor o servicio puede tener un valor inconmensurable. Su perspectiva nos invita a encontrar significado en cada interacción, en cada vida que tocamos, por modesta que pueda parecer esa contribución. Esta visión no sólo es más accesible para todos, sino que también puede ser infinitamente más gratificante, tanto para nosotros como para aquellos a quienes impactamos.

Esta definición de éxito basada en el servicio y el impacto positivo, basada en el amor, puede parecer contraintuitiva en el mundo empresarial, pero cada vez más líderes están descubriendo su relevancia. El amor es un término que no se usa en el diccionario del líder, que no se enseña en los MBA; sin embargo, el amor es un concepto fundamental para entender y practicar un liderazgo trascendente. En el contexto empresarial, el amor es la capacidad de ver más allá de los números y reconocer la humanidad en cada interacción y decisión, y actuar desde la generosidad y las ganas de servir.

Como dice Enric Benito, el liderazgo basado en servir al prójimo es contagioso e inspirador: «La gente quiere estar contigo porque siente que aprenderán y crecerán a tu lado. Ven en ti a alguien confiable, con un proyecto claro y el coraje necesario para enfrentar los desafíos. Este coraje, confianza, amor e intuición provienen de una conexión profunda con tu ser interior. El objetivo del proyecto no es ganar dinero o fama, sino servir a los demás. Al enfocarte en servir, el universo empieza a apoyar y hacer que todo fluya, proporcionándote las intuiciones necesarias».

El amor, el amor incondicional, es la esencia necesaria y fundamental para la trascendencia. Aunque tradicionalmente se ha considerado un tema ajeno al ámbito empresarial, algunos estudios empiezan a estudiar su importancia en el liderazgo moderno. Maria Church, en su libro *Love-based leadership*, argumenta que el amor en el liderazgo es una fuerza transformadora que eleva la conciencia y la efectividad tanto del líder como de los empleados. Sugiere que el amor incondicional en el liderazgo puede ser un catalizador para la trascendencia, permitiendo a los líderes y a sus equipos alcanzar niveles más altos de realización y propósito en su trabajo.

La atleta Carmen Giménez, cuando perdió a su hijo Bruno recién nacido, entendió que el amor trasciende la vida misma y que el verbo más importante no era *vivir*, sino *amar*. Como ella misma explica: «Me di cuenta de que yo quería a Bruno. Lo quería antes de nacer, y lo quiero después de morir. Y vi que, entonces, el verbo no era *vivir*; que el verbo era *amar*». Giménez añade: «Mis hijos son los que me han enseñado lo más importante. Y fue Bruno el que reforzó de forma clara y meridiana el valor del amor. [...] Yo corro, y creé la fundación gracias a mi hijo

Bruno». Esta declaración refleja cómo Giménez ha convertido una tragedia personal en una fuente de energía inacabable, llena de motivación y propósito.

Ousman Umar, quien pasó de ser un niño analfabeto en Ghana a fundar una ONG que ha creado un impacto esperanzador en miles de vidas, reflexiona sobre lo que para él es tener éxito: «Hoy es un auténtico éxito ver que más de 6.000 niños y niñas ya han tenido acceso a educación este año. Contando los doce años desde la creación de la fundación, son ya más de 60.000 personas las que han pasado por las aulas informáticas de NASCO Feeding Minds». Para Umar, el éxito no se mide en términos de riqueza personal o reconocimiento, sino en la cantidad de vidas transformadas a través de su trabajo. Ese éxito de Umar es contagioso, se percibe en el brillo de sus ojos, en su sonrisa, en su presencia... Su ejemplo nos muestra que el verdadero éxito es aquel que trasciende nuestro propio beneficio y se extiende para mejorar la vida de los demás.

Esta redefinición del éxito tiene implicaciones directas en cómo los líderes abordan sus roles; implica poner el propósito por encima de las ganancias. Esto no significa ignorar la importancia de los resultados financieros, sino verlos como un medio para un fin superior, no como un fin en sí mismos.

En este nuevo modelo de éxito, los líderes están más llamados a considerar las implicaciones éticas de sus comportamientos y de sus decisiones, así como a buscar soluciones que beneficien a la sociedad en general, no sólo a los accionistas. El concepto del *stakeholder capitalism*, introducido en 1971 por Klaus Schwab, fundador del Foro Económico Mundial, es un reflejo de esta tendencia. Este enfoque, que fue revisado en Davos en 2020, reconoce que las empresas tienen una responsabilidad que va más allá de la generación de beneficios, y que su éxito debe medirse también por su impacto positivo en la sociedad y el medio ambiente.

Esta redefinición del éxito conlleva desafiar creencias profundamente arraigadas en nuestra educación sobre lo que significa tener éxito, tanto personal como culturalmente, y puede requerir tomar decisiones difíciles que van en contra de las expectativas convencionales. Sin embargo, a menudo, los líderes que se embarcan en este viaje descubren una sensación de propósito y satisfacción que va más allá de lo que pueden ofrecer las definiciones tradicionales de éxito.

La relación entre el éxito y el propósito es fundamental en esta nueva concepción. El propósito proporciona una brújula interna que guía nuestras decisiones y acciones, alineándolas con nuestros valores más profundos y con un sentido de significado más amplio. Cuando el éxito se define en términos de vivir y liderar de acuerdo con nuestro propósito, encontramos una fuente de motivación y satisfacción que es mucho más duradera y significativa que cualquier logro externo.

Al adoptar una visión más holística y significativa del éxito, los líderes no sólo inspiran a otros, sino que también elevan la conciencia colectiva de la organización. Esta nueva perspectiva trasciende las métricas convencionales, centrándose en el crecimiento personal y colectivo, el impacto positivo en la sociedad y el bienestar integral.

Esta concepción trascendente del éxito nos impulsa a mirar más allá de los límites organizacionales y a considerar nuestro papel en un contexto más amplio; y también nos desafía a contemplar cómo nuestras decisiones y acciones como líderes repercuten en la sociedad y en las generaciones venideras. Esta visión amplificada, que redefine el éxito en términos de impacto, propósito y amor incondicional, nos recuerda nuestra responsabilidad de utilizar nuestra influencia para generar un cambio positivo en la sociedad.

17.2. Aceptación

La aceptación, lejos de ser una resignación pasiva ante las circunstancias, se presenta como una comprensión y un abrazo de la realidad tal y como es. La aceptación nos permite liberar energía vital, aumentar nuestra vibración y, por ende, nuestra capacidad de recibir información y crecer en sabiduría. Cuando no aceptamos la realidad, generamos un conflicto interno que consume nuestra energía. Este conflicto puede manifestarse en forma de resistencia, negación o sufrimiento innecesario. La verdadera aceptación implica una paz interior que nos libera para actuar desde un lugar de serenidad y claridad.

La aceptación juega un papel relevante en el manejo del estrés y la prevención del agotamiento. La psicóloga y autora Tara Brach introduce el concepto de la *pausa radical*, un momento de aceptación plena de lo que está sucediendo en el momento presente. La *pausa radical* es una práctica que implica detenerse conscientemente y suspender la actividad habitual para permitir una conexión con nuestra experiencia. Esta pausa es un momento de retiro temporal que nos ayuda a interrumpir patrones de comportamiento automáticos y reactivos, abriendo espacio para respuestas más conscientes y creativas ante nuestras necesidades y miedos. Esta práctica puede ayudarnos a mantener la calma y la claridad incluso en situaciones de alta presión.

Aceptar la realidad no significa que debamos conformarnos con ella sin buscar mejoras o cambios. Al contrario, debemos comprometernos a dar lo mejor de nosotros mismos en nuestras acciones diarias, pero sin apegarnos a los resultados. Esto nos permite mantener nuestra paz interior mientras dejamos que los resultados estén en manos de algo más grande, como la voluntad divina o el flujo natural del universo.

Gonzalo Rodríguez-Fraile, reconocido por sus escritos sobre liderazgo y desarrollo personal, ha explorado en profundidad el concepto de aceptación. En sus artículos, Rodríguez-Fraile argumenta que la aceptación es el primer paso hacia la transformación auténtica. Según él, sólo cuando aceptamos plenamente nuestra realidad actual, sin juicios ni resistencia, podemos iniciar un verdadero proceso de cambio. Nos recuerda que la conciencia es la creadora de la realidad. La forma en que interpretamos lo que sucede en nuestras vidas está profundamente influenciada por nuestra conciencia, que, a su vez, está regida por leyes universales. Estas leyes actúan como guías, creando situaciones que son necesarias para nuestro crecimiento espiritual.

En su entrevista en *Talent Pills*, Rodrigo Aguirre de Cárcer ofrece una perspectiva similar: «La aceptación no es resignación, sino un reconocimiento lúcido de la realidad que nos permite actuar con mayor eficacia». Aguirre de Cárcer enfatiza que los líderes que practican la aceptación están mejor equipados para navegar la incertidumbre y la complejidad del mundo empresarial moderno; él dice: «Cuando aceptamos las cosas como son, liberamos nuestra energía creativa para enfocarnos en lo que podemos cambiar, en lugar de desgastarnos luchando contra lo inevitable».

Asimismo, la historia de Ousman Umar es un ejemplo claro de cómo la aceptación puede ser una fuerza de supervivencia y superación en las circunstancias más extremas. En su viaje desde Ghana hasta Europa, Umar tuvo que aceptar repetidamente realidades brutales para poder seguir adelante: «Cuando me di cuenta, estábamos embarcados en un camino sin salida, y pensé que acabaríamos igual que los cuerpos sin vida que habíamos ido encontrando. Pero, a medida que íbamos avanzando e íbamos encontrando cuerpos sin vida, llegó un momento en el que, cuando veías un cuerpo sin vida, sólo pensabas en que sus zapatos te podrían servir». Esta aceptación cruda de la realidad, lejos de paralizarlo, le proporcionó a Umar la claridad mental necesaria para sobrevivir.

En el ámbito empresarial, la aceptación se manifiesta de diversas maneras, todas ellas relevantes para un liderazgo trascendente. El reconocimiento de errores, por ejemplo, implica aceptar qué decisiones equivocadas se han tomado, y aprender de ellas, en lugar de buscar culpables. Esta actitud fomenta un entorno de aprendizaje continuo y responsabilidad compartida. La agilidad estratégica es otra manifestación clave de la aceptación en el liderazgo, que implica adaptarse a las nuevas realidades del mercado en lugar de aferrarse a modelos obsoletos. Los líderes que practican esta forma de aceptación están mejor preparados para guiar a sus organizaciones a través de las turbulencias del cambio constante. Asimismo, la aceptación de los límites personales es fundamental, ya que reconoce la necesidad de delegar o buscar ayuda, promoviendo una cultura de colaboración y sostenibilidad. La aceptación en el entorno corporativo fortalece la resiliencia organizacional y potencia la capacidad de innovación, permitiendo a las empresas prosperar en un entorno cambiante.

Ricardo Sunderland sugiere que la aceptación nos permite ver nuestros desafíos con mayor claridad y realismo: «Cuando aceptamos plenamente la magnitud de un desafío, podemos evaluarlo de manera más objetiva. A veces, lo que parecía una montaña insuperable se revela como un obstáculo manejable. Otras veces reconocemos que el desafío es realmente enorme, pero esta aceptación nos permite desarrollar estrategias más efectivas para abordarlo». La aceptación nos permite ver las «montañas» de nuestros desafíos con claridad, sin minimizarlas ni magnificarlas, permitiéndonos abordarlas con una estrategia realista y efectiva.

17.3. Armonía universal

El concepto de *armonía universal* puede sonar casi místico o esotérico a primera vista, pero, en realidad, representa una perspectiva reveladora sobre cómo se desarrollan nuestras vidas y carreras. Lejos de ser un principio de determinismo rígido, esta idea nos invita a considerar que, cuando actuamos de acuerdo con nuestro propósito más profundo, el universo parece confabularse a nuestro favor, descubrimos que se abren puertas inesperadas, surgen oportunidades imprevistas y encontramos recursos y apoyos que no sabíamos que existían, creando una sinergia entre nuestras acciones y las circunstancias que nos rodean.

Este principio, articulado por el autor Paulo Coelho en varios libros (y especialmente en *El alquimista*), nos recuerda que, «cuando una persona desea realmente algo, todo el universo conspira para ayudarla a realizar su sueño». Esta afirmación no es una invitación a la pasividad o a esperar que las cosas simplemente sucedan, sino un llamado a la acción alineada con nuestros valores y aspiraciones más auténticos. Sin embargo, también nos recuerda que debemos mantener una apertura a lo inesperado, reconociendo que los resultados pueden manifestarse de maneras que no siempre anticipamos o planeamos.

El padre Álvaro Ramos, desde su experiencia de vida y servicio, ofrece una perspectiva iluminadora sobre cómo esta *armonía universal* puede guiarnos en momentos de incertidumbre. Él comparte su desasosiego cuando decidió dejarlo todo y hacerse misionero: «¿De qué voy a vivir?, ¿qué me van a pagar?, ¿con quién voy a estar?, ¿y con qué tipo de gente voy a tratar?»; y justo en ese momento de mayor incertidumbre es cuando encontró esta armonía superior, que halló en su fe católica: «Y fue un poco lo que me pasó a mí, que cuando Dios vio mis deseos de querer ayudar, de servir, de ser capaz de tirarme al barranco..., pues Dios me sostuvo». Esta reflexión nos recuerda que, cuando estamos en sintonía con nuestro propósito más profundo, encontramos una fuerza interior y una claridad de dirección que trasciende las dudas y los obstáculos externos.

Rodrigo Aguirre de Cárcer, en su sabiduría, nos ofrece una metáfora poderosa que ilustra este principio. Él habla de «lanzar una intención» y confiar en el universo: «Simplemente lancé mi intención, y no hice nada; y las cosas comenzaron a alinearse por sí solas. Es algo bonito, ya que lo único que necesito hacer es concentrarme en lo que siento que es mi verdadero propósito. Si esa sensación es genuina, confío en que hay algo en el otro lado que está listo para responder a través de ese deseo, es decir, que algo sucederá». Esta imagen evoca la idea de que nuestro papel es sembrar las semillas de nuestras intenciones y acciones de forma genuina, y, luego, confiar en el universo para que nos ayude. Atendiendo a la analogía según la cual un agricultor no puede controlar el clima, nosotros no podemos controlar todos los factores externos, pero sí podemos crear las condiciones óptimas para el florecimiento y confiar en que la vida hará su parte.

La perspectiva de Steve Jobs sobre cómo los puntos de nuestra vida se conectan de manera inesperada ofrece otra ilustración fascinante. En su famoso discurso en Stanford, Jobs reflexionó: «No puedes conectar los puntos mirando hacia adelante; sólo puedes conectarlos mirando hacia atrás. Así que tienes que confiar en que los puntos se conectarán de alguna manera en tu futuro». Esta visión nos invita a confiar en el proceso de la vida, a seguir adelante con fe y propósito, incluso cuando no podemos ver claramente cómo encajarán todas las piezas.

Ricardo Sunderland, desde su amplia experiencia trabajando con diversos CEO, ofrece una perspectiva sobre cómo esta *armonía universal* puede transformar la forma en que abordamos nuestros roles: «Cuando estás conectado con la fuente de tu intuición, lo que piensan los demás pasa a un segundo plano. Ya no se trata de buscar reconocimiento o fama, sino de servir desde un lugar de autenticidad y propósito». Esta perspectiva nos recuerda que, cuando estamos verdaderamente alineados con nuestro propósito y conectados con nuestra sabiduría interior, nuestras acciones fluyen de manera natural hacia el servicio y el bien común, hacia esa trascendencia.

La idea de «armonía universal» no es simplemente una noción filosófica abstracta, sino que tiene implicaciones prácticas y profundas para el liderazgo. Nos invita a liderar desde un lugar de confianza y propósito, con la certeza de que nuestras acciones, cuando están alineadas con nuestros valores, tendrán un impacto positivo. Esto no significa que siempre veremos los resultados inmediatos o que todo saldrá exactamente como lo planeamos, pero nos da la confianza para perseverar en tiempos de incertidumbre y desafío.

El renombrado psicólogo Carl Jung acuñó el término *sincronicidad* para describir este fenómeno, definiéndolo como «una coincidencia significativa de dos o más eventos, donde algo diferente a la probabilidad del azar está involucrado». Este fenómeno sugiere que el universo puede organizar situaciones de manera simbólica, reflejando nuestras emociones, pensamientos y deseos internos. Jung creía que estas coincidencias significativas revelan un orden más profundo en la psique, proporcionando una visión sobre problemas personales y colectivos o unas respuestas a ellos.

En el contexto del liderazgo, la sincronicidad puede manifestarse como encuentros inesperados, revelaciones súbitas o soluciones creativas a problemas complejos. Estos momentos nos invitan a confiar en nuestra intuición y en un sentido de propósito, abriendo posibilidades para el desarrollo espiritual.

Es importante enfatizar que adoptar esta perspectiva de *armonía universal* no significa abandonar la planificación estratégica o la toma de decisiones basada en datos. Por el contrario, se trata de complementar estos enfoques racionales y analíticos con una apertura a la intuición y a las posibilidades inesperadas. Es reconocer que, a pesar de nuestros mejores esfuerzos por controlar y predecir, la vida y los negocios a menudo se desarrollan de maneras que no podemos anticipar completamente. Esta apertura nos permite ser más flexibles, adaptables y resilientes frente a los cambios y desafíos imprevistos.

Enric Benito nos explica que abrirnos a lo inesperado puede transformar nuestra experiencia de vida: «Cuando te encuentras en un estado de metacognición, todo lo demás parece una película. Vivir desde esta perspectiva, aunque no siempre sea fácil, nos permite practicar y darnos cuenta de que estamos conectados». Esta visión nos anima a desarrollar una conciencia más amplia y una capacidad para observar nuestras experiencias y decisiones desde un lugar de mayor claridad y sabiduría.

Esta conexión con algo más grande que nosotros mismos, sea que lo llamemos universo, Dios, destino o propósito superior, puede proporcionar una fuente inagotable de fortaleza y guía en momentos de incertidumbre. Nos permite liderar no sólo desde nuestras capacidades intelectuales y experiencias pasadas, sino también desde una sabiduría más profunda e intuitiva. Es un recordatorio de que somos parte de algo más grande y de que nuestras acciones y decisiones tienen un impacto que se extiende más allá de lo que podemos ver o medir inmediatamente.

Esta perspectiva nos invita a cultivar una forma de liderazgo más intuitiva y fluida, una que nos permita navegar con gracia y efectividad en un mundo cada vez más complejo e impredecible. Nos recuerda que somos cocreadores de nuestra realidad, trabajando en asociación con fuerzas más grandes que nosotros mismos. Al alinear nuestras acciones con nuestro propósito más profundo y mantener una apertura a la sabiduría del universo, podemos liderar de una manera que no sólo es más efectiva, sino también más significativa y satisfactoria, más trascendente.

17.4. Energía espiritual

La energía espiritual emerge como la fuente de energía fundamental en la trascendencia, representando un poder interior que va más allá de lo físico y lo mental. Esta dimensión, a menudo pasada por alto en el mundo corporativo tradicional, se revela como un componente esencial para los líderes en su camino hacia la trascendencia. No se trata simplemente de una herramienta más en el arsenal del líder, sino de una transformación profunda en la manera de percibir y abordar el liderazgo.

Ricardo Sunderland, en su extenso trabajo con diversos CEO y líderes de alto nivel, ha observado cómo la conexión con esta energía espiritual puede transformar radicalmente la forma en que los líderes abordan sus roles y responsabilidades. En su libro *The energy advantage*, Sunderland estudia este tipo de energía en profundidad. En nuestra entrevista comentó: «Cuando un líder se conecta con su energía espiritual, experimenta una claridad y una fuerza interior que trasciende las preocupaciones cotidianas. Es como si accedieran a una fuente de sabiduría y creatividad casi inagotable que va más allá de sus capacidades habituales».

Esta perspectiva es profundamente afín a la idea de «la fuente» que Gonzalo Rodríguez-Fraile frecuentemente menciona en sus escritos y conferencias. Rodríguez-Fraile sostiene que todos tenemos acceso a una fuente ilimitada de creatividad y sabiduría, pero que la mayoría de nosotros operamos desconectados de ella la mayor parte del tiempo. Para los líderes, reconectar con esta fuente puede ser verdaderamente transformador, permitiéndoles operar desde un lugar de mayor intuición y claridad.

La «fuente» a la que se refiere Rodríguez-Fraile no es un concepto místico o esotérico, sino una realidad experiencial que muchos líderes han descubierto en su camino hacia la excelencia. Esta fuente puede entenderse como el núcleo de nuestra conciencia, el espacio interior donde reside nuestra sabiduría innata y nuestra capacidad creativa más profunda. Es el lugar desde donde surgen nuestras intuiciones más certeras y nuestras ideas más innovadoras.

La relación entre esta «fuente» y la energía espiritual es directa y profunda. La energía espiritual puede verse como la manifestación activa de esta fuente en nuestra vida cotidiana. Cuando un líder aprende a acceder a esta fuente de manera consciente y consistente, experimenta un flujo de energía espiritual que transforma su manera de pensar, sentir y actuar. Esta energía no sólo revitaliza al líder personalmente, sino que también infunde vitalidad y propósito en toda la organización.

El padre Álvaro Ramos ofrece una perspectiva sobre esta conexión espiritual, con su fe, cuando afirma: «Descubrí en la espiritualidad una fuerza que puede con todo, que es Dios». El poder transformador de la espiritualidad (la fe) es una fuente inagotable de energía espiritual que permite superar obstáculos y miedos y vivir una vida más significativa. En el contexto del liderazgo, esta fuerza puede traducirse en una capacidad incomparable para enfrentar desafíos, inspirar a otros y mantener una visión clara incluso en tiempos de incertidumbre.

En este contexto, la energía espiritual no se refiere necesariamente a una práctica religiosa o a creencias metafísicas específicas. Más bien consiste en una conexión profunda con algo más grande que uno mismo, una sensación de propósito y significado que trasciende las preocupaciones inmediatas del ego. Como explica Sunderland: «No se trata de adoptar un conjunto particular de creencias, sino de acceder a una dimensión más profunda de nuestra experiencia, donde encontramos un sentido de conexión y propósito que va más allá de nuestros objetivos personales o corporativos».

Rodrigo Aguirre de Cárcer nos contó su propia experiencia con esta energía espiritual: «A partir de esa mayor paz empezó a surgir una sensación de bienestar intrínseca que no tenía que ver con lo que yo había conocido en el pasado, porque no era el reconocimiento de alguien, una estrellita que me pusieron en la frente, sino que era simplemente un estado casi existencial». Esta descripción capta la esencia de lo que muchos líderes experimentan cuando conectan con su energía espiritual: un estado de bienestar que trasciende el reconocimiento externo y se basa en una conexión más profunda con su ser interior.

Enric Benito ofrece su visión de esta conexión interna: «Esa fuente de conexión que tenemos cada uno de nosotros es fuente de sabiduría, de paz..., porque la característica es que, si ahí hay paz, aquí no hay lío». Esta observación subraya la idea de que la verdadera energía espiritual reside en un núcleo de calma dentro de cada uno de nosotros, independientemente del caos externo.

En el contexto del liderazgo, esta energía espiritual se manifiesta de diversas maneras. Sunderland ha observado que los líderes que cultivan esta conexión tienden a mostrar una mayor resiliencia frente a los desafíos, una capacidad mejorada para inspirar y motivar a otros y una toma de decisiones más intuitiva y alineada con valores más profundos. Un ejemplo concreto que Sunderland comparte es el de un CEO que, después de trabajar en cultivar su energía espiritual, experimentó un cambio radical en su enfoque del liderazgo. «Este líder pasó de estar constantemente estresado y enfocado en los resultados a corto plazo, a operar desde un lugar de calma y visión a largo plazo», explica Sunderland; y añade: «Su equipo notó el cambio, y la cultura de toda la organización comenzó a transformarse, volviéndose más colaborativa y centrada en el propósito». Esta transformación ilustra cómo la energía espiritual no es simplemente un beneficio personal para el líder, sino que tiene el potencial de irradiar y transformar a toda la organización. Cuando un líder opera desde este lugar de conexión y propósito, crea un campo de influencia que puede elevar a todos a su alrededor.

Cultivar esta energía espiritual no es un proceso pasivo o puramente introspectivo. «Se trata de una práctica activa —nos explica Sunderland, que añade—: «Requiere un compromiso consciente de alinear nuestras acciones con nuestros valores más profundos, de buscar constantemente un sentido más amplio en nuestro trabajo, y de mantener una apertura a la sabiduría que puede surgir de fuentes inesperadas».

Esta práctica activa puede tomar muchas formas, dependiendo del individuo y del contexto. Para algunos, esto puede implicar dedicar tiempo regularmente a la reflexión silenciosa o a la contemplación de preguntas profundas sobre el propósito y el significado. Para otros, esta práctica puede manifestarse en un compromiso renovado con el servicio a los demás, reconociendo que el verdadero liderazgo es fundamentalmente un acto de servicio.

Gonzalo Rodríguez-Fraile sugiere que una forma poderosa de acceder a esta energía espiritual es a través de la práctica de la «presencia». Él argumenta que, cuando estamos verdaderamente presentes en el momento, libres de las preocupaciones del pasado o las ansiedades del futuro, accedemos a un estado de conciencia expandida en el que la intuición y la sabiduría pueden fluir libremente.

Pablo d'Ors, conocido por su trabajo en espiritualidad y *mindfulness*, ofrece una perspectiva complementaria sobre la «presencia consciente». El padre D'Ors sugiere que esta presencia consciente es algo más que simplemente estar atento al momento presente; es un estado de apertura y receptividad a la totalidad de nuestra experiencia. En el contexto del liderazgo, esta presencia consciente permite a los líderes percibir con mayor claridad las dinámicas sutiles en juego en cualquier situación, desde las emociones no expresadas de un miembro del equipo hasta las oportunidades emergentes en el mercado.

La presencia consciente actúa como un portal a través del cual podemos acceder a nuestra energía espiritual más profunda. Al cultivar esta presencia, los líderes pueden sintonizar con su sabiduría interior y su intuición, permitiéndoles tomar decisiones más alineadas con su propósito y valores más profundos. Además, esta presencia consciente crea un espacio para que la energía espiritual se manifieste en la forma de inspiración, claridad de visión o una profunda sensación de conexión con los demás y con un propósito mayor.

Esta idea de presencia se alinea perfectamente con lo que Sunderland ha observado en los líderes más efectivos. «Los líderes que pueden mantener un estado de presencia consciente, incluso en medio del caos y la presión, son capaces de acceder a una claridad y una calma que les permite tomar decisiones más sabias y efectivas», señala. Esta capacidad de mantener la presencia en medio de la turbulencia es una manifestación directa de la energía espiritual en acción.

Es crucial señalar que cultivar la energía espiritual no significa abandonar el pensamiento racional o las habilidades analíticas que son cruciales para el liderazgo efectivo. Por el contrario, se trata de integrar esta dimensión espiritual con nuestras capacidades cognitivas y emocionales, creando un enfoque de liderazgo más holístico y equilibrado. Como explica Pablo d'Ors: «La espiritualidad no es una fuga de la realidad, sino una inmersión más profunda en ella. Nos permite ver las cosas como realmente son, libres de nuestros prejuicios y condicionamientos habituales».

La energía espiritual también tiene un papel relevante en la capacidad para inspirar y motivar a otros. Cuando un líder está conectado con esta fuente de energía interior, emana una autenticidad y una presencia que naturalmente atraen e inspiran a los demás. Como señala Sunderland: «Hay una cualidad magnética en los líderes que operan desde este lugar de conexión espiritual. La gente siente que puede confiar en ellos, que hay una integridad y una coherencia en su liderazgo que va más allá de las palabras o las acciones superficiales».

Como dice Enric Benito, en este mismo sentido: «Liderar es estar en contacto con tu intuición, saber cuál es el sentido de tu vida, cuál es tu misión en esta vida, qué es lo que has venido a hacer... y hacerlo. Y cuando lo haces con pasión y con coherencia, con integridad, vibras en una longitud de onda que da calambre..., y los demás te siguen». Esta cualidad magnética no es algo que se pueda fingir o fabricar. Es un reflejo externo de una transformación interna profunda.

La energía espiritual es una invitación a una forma más profunda y significativa de liderar. Es una invitación a explorar las limitaciones del ego y a operar desde un lugar de conexión, propósito y servicio. Como concluye Sunderland: «El cultivo de la energía espiritual es quizá el trabajo más importante que un líder puede hacer. No sólo transforma al individuo, sino que tiene el potencial de ser elevado a organizaciones enteras y, por extensión, a la sociedad en su conjunto. En un mundo que enfrenta desafíos sin precedentes, este tipo de liderazgo trascendente no sólo es deseable, sino esencial».

En este capítulo hemos visto que, más allá de una transformación, la trascendencia en el liderazgo es un estado de ánimo, una forma de vivir que nos invita a redefinir nuestra relación con nosotros mismos, con los demás y con el mundo que nos rodea. En este contexto descubrimos que el verdadero poder del liderazgo trascendente no reside en nuestra capacidad para controlar o dirigir, sino en nuestra habilidad para inspirar, elevar y servir.

La redefinición del éxito que hemos explorado nos desafía a mirar más allá de las métricas convencionales y a buscar un impacto más profundo y duradero. Este nuevo paradigma nos invita a considerar no sólo lo que logramos, sino cómo lo logramos y, lo que es más importante, por qué lo hacemos. Al abrazar esta perspectiva más amplia, nos liberamos de las limitaciones del ego y nos abrimos a posibilidades que trascienden nuestras ambiciones personales.

La aceptación es la comprensión y el reconocimiento consciente de la realidad tal cual es, lo cual permite liberar energía y fomentar el crecimiento personal. No implica resignación pasiva, sino actuar desde la serenidad y la claridad. Al aceptar, se reduce el conflicto interno, se mejora el manejo del estrés y se facilita el liderazgo trascendente.

La armonía universal que hemos explorado nos recuerda que somos parte de algo mucho más grande que nosotros mismos. Esta comprensión nos invita a explorar el liderazgo con una confianza profunda, sabiendo que, cuando actuamos en alineación con nuestro propósito más auténtico, el universo conspira a nuestro favor.

La energía espiritual emerge como la fuente vital casi inagotable que alimenta nuestro liderazgo trascendente. Al conectarnos con esta dimensión más profunda de nuestro ser, accedemos a una sabiduría y una creatividad que trascienden nuestras limitaciones habituales. Esta conexión nos permite liderar no sólo desde nuestro intelecto o experiencia, sino desde un lugar de intuición profunda y propósito claro.

Pero el verdadero poder de estos principios no reside en su comprensión intelectual, sino en su aplicación práctica y su integración en nuestra vida diaria. Cada día nos ofrece nuevas oportunidades para practicar estos principios, para profundizar nuestra conexión con nosotros mismos y con los demás y para expandir nuestra capacidad de impactar positivamente en el mundo.

A medida que integramos estos principios en nuestra vida y nuestro liderazgo, comenzamos a experimentar un cambio fundamental en nuestra forma de ser y de estar en el mundo. Ya no nos vemos simplemente como individuos aislados luchando por el éxito personal, sino como partes interconectadas de un todo mayor.

El liderazgo trascendente nos invita a reimaginar nuestro papel en el mundo. Ya no somos simplemente gestores de recursos o maximizadores de beneficios, sino guardianes de un bienestar colectivo y cocreadores de un futuro más justo. Esta perspectiva ampliada nos permite ver más allá de los límites artificiales que hemos creado entre nosotros y reconocer nuestra interdependencia.

Los beneficios de este viaje son inconmensurables. A medida que nos elevamos hacia una forma más trascendente de liderazgo, experimentamos una sensación de propósito y realización que va más allá de cualquier logro externo. Descubrimos una paz interior que permanece inquebrantable incluso en medio del caos y de la incertidumbre. Y, lo que es más importante, nos convertimos en catalizadores de un cambio positivo que se extiende mucho más allá de nosotros mismos.

Al liderar con este enfoque, nos movemos más allá del reconocimiento personal, cultivando un entorno donde otros prosperan. Este enfoque desinteresado fomenta una cultura de generosidad y servicio al prójimo, midiendo el éxito por el bienestar que generamos a nuestro alrededor. Al liberarnos del control del legado, centramos nuestra energía en el impacto positivo que creamos en el presente, inspirando a otros a continuar la misión.

A medida que más líderes abrazan este enfoque, podemos comenzar a ver un cambio en la forma en que abordamos los desafíos globales. En lugar de competir por recursos escasos, podemos colaborar para crear abundancia para todos. En lugar de explotar la naturaleza, podemos trabajar en armonía con ella. En lugar de perpetuar sistemas de desigualdad, podemos cocrear estructuras que fomenten la equidad y la justicia.

Al redefinir el éxito, abrazar la aceptación, sintonizar con la armonía universal y cultivar nuestra energía espiritual, nos convertimos en catalizadores de un cambio profundo, y no sólo en nuestras organizaciones, sino en el tejido mismo de nuestra sociedad. Este camino de liderazgo trascendente nos desafía a vivir y liderar con una conciencia expandida, reconociendo nuestra interconexión fundamental y nuestra responsabilidad compartida de cocrear un futuro más justo, compasivo y sostenible. ¿Estás listo para abrazar este llamamiento a un liderazgo que no sólo transforma organizaciones, sino que eleva la conciencia colectiva de nuestro mundo?

A continuación, expongo algunas preguntas para reflexionar:

1. ¿Cómo te gustaría ser recordado por tu organización o por tu familia?, ¿cómo se compara esto con la vida que estás viviendo actualmente?

2. Si te quitas de la ecuación a la hora de pensar en tu siguiente transición laboral, donde tu trascendencia es más relevante que tu legado, ¿en qué medida cambiaría esta perspectiva?

3. ¿En qué aspectos de tu vida sientes que estás viviendo de acuerdo con las expectativas de otros en lugar de con tu verdadero propósito?

4. ¿Cuál es el acto de amor o servicio más desinteresado que has realizado?, ¿cómo te hizo sentir y qué aprendiste de esa experiencia?

5. ¿Cómo ha evolucionado tu definición de espiritualidad a lo largo de tu vida?, ¿de qué manera esta evolución ha influido en tu forma de liderar y relacionarte con los demás?

18

Conclusiones de la cuarta parte

A lo largo de las páginas de este libro hemos explorado las profundidades del autodescubrimiento, los matices de la influencia positiva, las fronteras expansivas de nuestras capacidades y, finalmente, las alturas de la trascendencia. Cada paso en este recorrido ha sido una invitación a crecer, a desafiarnos y a reimaginar nuestro futuro con optimismo y felicidad.

En esta última parte del libro nos hemos aventurado en el territorio de la trascendencia, donde el liderazgo se eleva más allá de las métricas convencionales del éxito para tocar lo imperecedero. Descubrimos que nuestro impacto más profundo no se mide en logros personales, sino en las vidas en las que influimos y que transformamos. Hemos aprendido que la verdadera fuerza del liderazgo radica en nuestra capacidad para crear redes de apoyo, para adaptarnos y cambiar de rumbo cuando es necesario, así como para conectarnos con una fuente de energía espiritual que trasciende nuestras limitaciones individuales.

Esta cuarta parte nos ha llevado, además de a redefinir el éxito, a aprender que la aceptación no es resignación, sino una poderosa plataforma desde la cual podemos lanzarnos hacia nuevas posibilidades. Hemos descubierto que existe una armonía universal, una «danza cósmica» en la que participamos cuando nos alineamos con nuestro propósito más profundo y actuamos desde un lugar de autenticidad y generosidad.

Este enfoque del liderazgo nos invita a ver más allá de los límites de nuestro ego, a reconocer nuestra interdependencia y a actuar desde un lugar de responsabilidad global. Nos desafía a considerar no sólo el impacto inmediato de nuestras acciones, sino a entender el liderazgo desde el espíritu de servir, pensando en el largo plazo y en las siguientes generaciones.

A medida que integramos estas prácticas en nuestra vida diaria, comenzamos a experimentar un cambio profundo en nuestra forma de ser y estar en el mundo. Experimentamos una sensación de propósito y realización que va más allá de cualquier logro externo. Descubrimos una paz interior que permanece inquebrantable incluso en medio del caos y la incertidumbre. Y, lo que es más importante, nos convertimos en catalizadores de un cambio positivo que se extiende mucho más allá de nosotros mismos. Ya no nos veremos como individuos aislados luchando por el éxito personal, sino como partes interconectadas de un todo mayor. Esta perspectiva ampliada nos libera de las limitaciones del ego y nos abre a posibilidades que trascienden nuestras ambiciones personales.

Al cerrar esta última parte, es importante recordar que no hay un punto final, un momento en el que podamos decir que hemos «llegado». Es un compromiso de por vida con el crecimiento, el aprendizaje y el servicio. Cada día nos ofrece nuevas oportunidades para practicar estos principios, para profundizar nuestra conexión con nosotros mismos y con los demás, y para expandir nuestra capacidad de impactar positivamente en el mundo.

Mientras cerramos estas páginas, recordemos que el verdadero trabajo comienza ahora. Cada día es una nueva oportunidad para poner en práctica estas ideas, para crecer en nuestro liderazgo y para influir de forma positiva en la vida de los demás. El objetivo es que cada uno de nosotros se comprometa a ser el líder que el mundo necesita, a ser una fuerza de luz y esperanza en un mundo que a menudo parece oscuro y dividido; que cada uno de nosotros se atreva a soñar en grande, a actuar con valentía y a liderar con amor; que encontremos la fuerza para levantarnos cuando caemos, la sabiduría para aprender de nuestros errores, la vulnerabilidad para pedir ayuda y la compasión para ofrecérsela a otros en sus momentos de duda; y que, en cada paso del camino, recordemos que somos parte de algo más grande que nosotros mismos, conectados en una red de humanidad compartida y potencial infinito.

Os dejo con estas palabras del autor y maestro en meditación, Jack Kornfield, de su libro *La sabiduría del corazón*: «Nuestra tarea más profunda es despertar y ser más que nuestro yo pequeño, egoísta y temeroso. Nuestra tarea más profunda es encarnar el "gran corazón" de la sabiduría compasiva». Pongámonos a ello.

Epílogo

La ausencia de la fe no es no creer. La ausencia de la fe es el miedo.

MAHATMA GANDHI

Al llegar al final de este libro, es importante hacer una pausa y mirar hacia atrás para comprender el camino recorrido. Cuando comencé a escribir este libro, lo hice con la ambición de ofrecer una guía de reflexión para aquellos que no sólo buscan liderar, sino hacerlo de una manera que trascienda las métricas convencionales del éxito.

Mi esperanza inicial era que, a través de las experiencias compartidas por mis generosos invitados a *Talent Pills*, todos ellos referentes en su campo, junto con la investigación realizada mientras escribía el libro y mi propia experiencia como consultor en Egon Zehnder, yo mismo pudiera proporcionaros un espacio para la reflexión y, quizá, ayudaros a poner en práctica alguna iniciativa.

Mi intención con este libro no consiste en darte respuestas definitivas o una dirección clara a seguir. En cambio, he buscado plantear preguntas, compartir perspectivas diversas y ofrecer herramientas que puedan ayudarte a buscar tu propio camino hacia un liderazgo más pleno y significativo. He planteado cada capítulo como una invitación a la introspección, un desafío a tus suposiciones y un llamado a la acción.

A medida que reflexiono sobre el proceso de escribir este libro, me siento profundamente agradecido por la generosidad de todos aquellos que compartieron conmigo sus historias, sus luchas y sus triunfos. Cada conversación en *Talent Pills* ha sido una fuente de inspiración y aprendizaje, y constantemente me han recordado que el liderazgo, en su esencia más pura, es un acto de servicio y de amor.

Espero que este libro haya despertado una curiosidad sobre tu propio potencial de liderazgo. Que te haya animado a cuestionar tus creencias y paradigmas existentes y a imaginar nuevas posibilidades para ti mismo y para aquellos que te rodean. Quizá hayas encontrado resonancia en las palabras de alguno de nuestros invitados, o tal vez una idea particular haya provocado un momento de claridad en tu propia reflexión.

El desafío real está en llevar algunas de estas ideas que hayan resonado en ti a la práctica, en integrarlas en tu día a día, en tu forma de interactuar con tu equipo, con tu red de apoyo, con tu círculo más íntimo, en cómo abordas los desafíos y en cómo defines el éxito. Te animo a que dediques tiempo a reflexionar sobre lo que has leído y a considerar cómo puedes aplicar estos conceptos en tu singular contexto.

A medida que avances en tu camino, busca mantener viva esa curiosidad que te llevó a abrir este libro y leerlo. Sigue buscando nuevas perspectivas, desafiándote a ti mismo y desafiando tus suposiciones. Cultiva relaciones auténticas, tanto dentro como fuera de tu ámbito profesional. Recuerda que algunas de las lecciones más valiosas pueden venir de las fuentes más inesperadas.

No subestimes el poder de tu ejemplo. Como líder, cada una de tus acciones, por pequeña que sea, tiene el potencial de crear ondas de impacto que se extienden mucho más allá de lo que puedes ver. Tu compromiso con la autenticidad, la empatía y el crecimiento continuo puede inspirar a otros a hacer lo mismo. Así es como creamos un efecto dominó de liderazgo positivo que puede transformar organizaciones enteras y, en última instancia, nuestra sociedad.

A medida que acabas la lectura de este libro y miras hacia el futuro, te invito a soñar en grande. Recuerda que no estás solo. Somos parte de una comunidad global de líderes que están comprometidos con generar una diferencia positiva en el mundo. Busca activamente conexiones con otros que compartan tus mismos valores y aspiraciones. Comparte tus experiencias, tus éxitos y tus fracasos. Aprende de los demás y permite y fomenta que otros aprendan de ti.

Este libro se escribió con la intención de servir, de ofrecer una luz guía en el complejo mundo del liderazgo moderno. Mi esperanza es que encuentres en estas páginas no sólo información, sino un poco de inspiración; que te sientas con la fuerza de espíritu para liderar con mayor autenticidad, compasión y propósito; que te sientas animado a tomar riesgos calculados, a ser vulnerable, a entender el miedo, a mostrar empatía y a perseguir una visión que sea más grande que tú mismo.

El mundo necesita líderes como tú. Líderes que estén dispuestos a hacer el trabajo interior necesario para liderar desde un lugar de integridad y propósito; líderes que no sólo puedan inspirar a otros con sus palabras, sino con sus acciones y su ejemplo. El liderazgo más poderoso comienza con un acto de amor. Amor por ti mismo, amor por los demás, amor por el trabajo que haces y amor por el mundo que estás ayudando a crear. Cuando lideramos desde este lugar de amor, todo lo demás se alinea.

Acabo con una de las frases de Bertrand Russell, preferidas de mi padre Jaime Carvajal Urquijo, y que resume perfectamente el libro: «Una buena vida está inspirada por el amor y guiada por el conocimiento». Lidera con amor. Sé auténtico y vulnerable. Ten fe. El mundo te espera. Ve y haz brillar tu luz. Inspira. Transforma. Trasciende. Y en el proceso descubrirás la versión más auténtica y poderosa de ti mismo.

Anexo

Biografías breves de mis invitados al pódcast *Talent Pills* (primeros 40 capítulos)

Adrián García-Aranyos

Adrián García-Aranyos es el actual presidente global de Endeavor, una organización internacional sin ánimo de lucro que busca apoyar y desarrollar a los emprendedores de alto impacto, y que está presente en más de cuarenta mercados. Su liderazgo se extiende a Endeavor Catalyst, un fondo de capital riesgo líder en mercados emergentes. Antes de asumir este rol en 2014, García-Aranyos fue el primer director general de Endeavor España, puesto desde el que demostró su compromiso con el ecosistema emprendedor. Hoy, Endeavor España es un referente en la red global de Endeavor gracias a su labor y compromiso durante los años que estuvo al frente en España. Su experiencia ejecutiva incluye su actual rol como miembro del consejo de Thune Eureka y roles pasados en J. P. Morgan Chase & Co., The Economist Newspaper Group y CM Capital Markets, lo que le ha proporcionado una visión integral del mundo financiero y empresarial global.

LinkedIn: <https://www.linkedin.com/in/adrian-garcia-aranyos/>.

Jaime Carvajal Urquijo

Nacido en 1939, Jaime Carvajal Urquijo es un reconocido economista y abogado español cuya carrera abarca el ámbito político, empresarial e internacional. Graduado en Derecho por la Universidad Complutense de Madrid y en Economía por la Universidad de Cambridge, Carvajal tuvo un papel crucial en la Transición española como senador durante la legislatura constituyente y firmante de la Constitución de 1978. En el sector empresarial ha ocupado cargos de alto nivel, incluyendo la presidencia ejecutiva del Banco Urquijo y las presidencias no ejecutivas de Ford España y Ericsson España, además de fundar una de las primeras compañías de capital riesgo en España, Iberfomento, cuyo equipo fue el origen de lo que hoy es Advent en España, donde ejerció de presidente desde 2002 hasta 2016. Su influencia se extiende a organizaciones internacionales como la Comisión Trilateral y el Club Bilderberg. A pesar de su edad, Carvajal mantiene una activa participación en diversas fundaciones y empresas, siendo un referente de dinamismo y relevancia en el panorama español.

Luis Ferrándiz

Luis Ferrándiz es un destacado profesional que ha dejado huella tanto en el mundo corporativo como en el académico. Actualmente, Ferrándiz combina su rol como profesor en IESE con la presidencia de Jakala en España, una innovadora *scale-up* internacional especializada en *martech* (marketing y tecnología), y como consejero de algunas empresas españolas. Su trayectoria incluye la venta exitosa de su propia empresa digital, ADN, a una de las llamadas Big Four (las cuatro empresas más importantes de consultoría y auditoría), así como el liderazgo de la práctica digital para McKinsey en España. Ferrándiz se ha especializado en impulsar la innovación en marketing tecnológico y en estrategias de gestión de clientes a través de canales digitales, convirtiéndose en un referente en la transformación digital de las empresas.

LinkedIn: <https://www.linkedin.com/in/luisferrandiz/>.

Juana Erice

Juana Erice se ha establecido como una experta en transformación empresarial, centrándose en dos áreas clave: la comunicación y el *coaching* empresarial. Su misión profesional se enfoca en desarrollar e implementar políticas de comunicación y liderazgo que permitan a las empresas potenciar sus equipos y extraer el máximo potencial de sus colaboradores. Erice trabaja para dotar a las organizaciones de un estilo diferencial y altamente positivo, contribuyendo así a crear ambientes de trabajo más productivos y satisfactorios. Su enfoque integral combina estrategias de comunicación efectiva con técnicas de *coaching* avanzadas, lo cual la ha convertido en una asesora valiosa para empresas que buscan mejorar su cultura organizacional y su rendimiento.
LinkedIn: <https://www.linkedin.com/in/juanaerice/>.

Aquilino Peña

Aquilino Peña es un destacado emprendedor e inversor en el ecosistema tecnológico español y europeo. Como socio cofundador de Kibo Ventures desde 2012, ha liderado la firma hasta convertirla en un referente del capital riesgo, con más de 300 millones de euros en activos gestionados. Bajo su dirección, Kibo ha invertido en más de sesenta empresas, logrando un IPO (oferta pública inicial), cinco unicornios y más de catorce salidas relevantes. Recientemente ha sido presidente de SpainCap y ha intervenido de manera relevante en la nueva «ley de *start-ups*» (Ley de Fomento del Ecosistema de las Empresas Emergentes). La trayectoria de Peña en el sector tecnológico se remonta a finales de la década de 1990, incluyendo roles como fundador de *start-ups*, ejecutivo en grandes empresas tecnológicas y *business angel*. Su experiencia previa incluye puestos directivos en Orange y WPP, así como ser parte del equipo fundador de Submarino. com. Peña complementa su experiencia práctica con una sólida formación académica, que incluye un MBA en la Harvard Business School y una doble licenciatura en Derecho y Administración de Empresas en ICADE.

LinkedIn: <https://www.linkedin.com/in/aquilinopena/>.

Irene Milleiro

Irene Milleiro es una destacada activista social y líder en el sector de las organizaciones sin ánimo de lucro. Actualmente ocupa el cargo de directora general de Ashoka en España, una organización global dedicada a impulsar el emprendimiento social de alto impacto. Su trayectoria profesional refleja un compromiso inquebrantable con el cambio social y la innovación. Antes de unirse a Ashoka, Milleiro desempeñó un papel fundamental en Change.org, donde fue responsable global de campañas y, posteriormente, directora general para Latinoamérica, Asia y África. Su experiencia también incluye la dirección del departamento de campañas de Oxfam Intermón. Milleiro ha sido reconocida como una de las 100 mujeres líderes en España durante varios años consecutivos. Con una formación que incluye una licenciatura en Derecho y un máster en Derechos Humanos y Democracia, Milleiro combina su experiencia en el campo del activismo digital con un profundo conocimiento de los derechos humanos y la democracia participativa.

LinkedIn: <https://www.linkedin.com/in/irenemilleiro/>.

Juan Casado

El doctor Juan Casado es un eminente pediatra con más de 45 años de experiencia en la práctica médica. Su carrera se ha desarrollado principalmente en el Hospital Infantil Universitario Niño Jesús de Madrid, donde ingresó en 1977 y llegó a ser jefe del Servicio de Pediatría y del área de Cuidados Intensivos Pediátricos. Aunque se jubiló oficialmente en 2015, continúa su labor en activo en el hospital como profesor emérito, siendo el único en hacerlo en la historia. El doctor Casado es reconocido no sólo por su brillante trayectoria en pediatría, sino también por su papel fundamental en el descubrimiento de las implicaciones mortales del aceite de colza desnaturalizado en la década de 1980, una acción que salvó miles de vidas. Autor de varios libros de éxito en pediatría y ficción, a sus 78 años sigue activo en su propio centro médico, dedicado a ayudar a niños y familias con sus conocimientos y su experiencia.

Ricardo Forcano

Ricardo Forcano es un referente en los ámbitos de la transformación digital y del liderazgo consciente. Su carrera incluye roles ejecutivos de alto nivel en BBVA, donde lideró el equipo de Talento y Cultura y, posteriormente, el de Tecnología y Operaciones, reportando su trabajo directamente al presidente del banco. Actualmente, Forcano es consejero de la empresa tecnológica Sngular, asesor de la *start-up* de computación cuántica QCentroid y asesor de la Fundación Microfinanzas BBVA. Imparte también clases en la IESE Business School sobre transformación digital y liderazgo. Es autor del libro *La red de aprendizaje*, que explora la importancia de crear una cultura de aprendizaje continuo en las organizaciones como ventaja competitiva en un entorno en constante cambio. Forcano destaca por su curiosidad intelectual y su profundo entendimiento tanto del mundo empresarial como del desarrollo personal, y es un experto en liderazgo consciente, nuevos modelos organizativos y tecnologías exponenciales.
LinkedIn: <https://www.linkedin.com/in/ricardoforcano/>.

Ramón Reyes

Ramón Reyes es un profesional multifacético con una sólida formación académica y una variada experiencia profesional. Doctor en Ciencias y licenciado en Bioquímica por la Universidad Complutense de Madrid, Reyes ha desarrollado su carrera en tres ámbitos distintos. Comenzó en la investigación en el

Centro de Biología Molecular Severo Ochoa y como profesor adjunto en la Universidad Autónoma de Madrid. Posteriormente, se incorporó a la industria farmacéutica, ocupando diversas responsabilidades en marketing, planificación, estrategia y dirección comercial en empresas como Merck Sharp & Dohme y Laboratorios Knoll (BASF). En la última etapa de su carrera, fue socio en la firma global de consultoría de dirección Egon Zehnder, donde se especializó en los sectores de salud, tecnología y telecomunicaciones. Actualmente, Reyes es presidente de la European Cancer Leagues (ECL) y de la Asociación Española contra el Cáncer (AECC), donde aplica su amplia experiencia en proyectos de transformación, estrategia, *mentoring* y gestión de personas.

LinkedIn: <https://www.linkedin.com/in/ramon-reyes-2b1 0042/>.

Verónica Pascual

Verónica es una reconocida emprendedora que ha liderado durante 18 años ASTI Mobile Robotics Group, compañía radicada en España, Francia, Alemania y Estados Unidos y que ha llegado a operar en 20 países, dedicada al suministro de sistemas de vehículos autónomos para la automatización de procesos industriales en sectores como la automoción, la alimentación, la cosmética, los productos farmacéuticos y el *retail*. Desde agosto de 2021, ASTI Mobile Robotics se integró en la multinacional de robótica ABB (al ser adquirida por esta última), y Verónica pasó a ocupar el puesto de gerente global de Robótica Móvil Autónoma hasta enero de 2023. En la actualidad preside la Fundación ASTI Tecnología y Talento, dedicada a la promoción de la pasión por la ciencia y la tecnología en los jóvenes, y lidera su *family office*, ALBP Corp., uno de cuyos objetivos principales es la inversión en proyectos de impacto de base tecnológica. Asimismo, es consejera de las sociedades cotizadas Telefónica, GAM y Viscofan, y desde finales de 2024 es patrona y presidenta de la red de emprendimiento Endeavor en España. Pascual se graduó en

Aeronáutica por la Universidad Politécnica de Madrid y complementó su formación con estudios de posgrado en la Universidad de Harvard, la Universidad de Stanford, el INSEAD y el Collège des Ingénieurs de París.

LinkedIn: <https://www.linkedin.com/in/veronica-pascual/>.

Antonio Ortega

Antonio Ortega es un ejecutivo muy reconocido y con una extensa experiencia en el sector bancario y en procesos de fusiones y adquisiciones. Hasta hace poco, Ortega ocupó el cargo de consejero ejecutivo y director general de Personas, Medios y Tecnología en Bankia, S. A., formando parte del comité de dirección desde 2012. Gran parte de su carrera se desarrolló en el BBVA, donde fue consejero de BBVA Bancomer y BBVA Continental, vicepresidente de Banca Nazionale del Lavoro y director general de RRHH y Calidad. Ortega ha desempeñado un papel crucial en numerosos procesos de fusión y adquisición tanto en España como en Latinoamérica, incluyendo la integración de CaixaBank y Bankia en 2020, que resultó en la creación del banco más grande de España. Autor de varios libros muy interesantes sobre liderazgo, en los que referencia a la historia, desde los Austrias hasta la antigua Roma y la época de Alejandro Magno, y con un conocimiento extenso en novela negra, su experiencia abarca desde la integración de entidades bancarias hasta la gestión de recursos humanos y tecnología, lo que lo ha convertido en un referente en la transformación del sector financiero.

Francisco Polo

Francisco Polo es un emprendedor de éxito y político de reconocido prestigio. Su trayectoria incluye la fundación de Actuable, una plataforma de activismo online que se convirtió en la *start-up* de mayor crecimiento en España antes de integrarse en Change.org. En esta plataforma, su gestión como director de Expansión

Global y director para España culminó con el avance de la plataforma hasta los 12,5 millones de usuarios registrados. En el ámbito político, Polo ha desempeñado roles cruciales como secretario de Estado para el Avance Digital y alto comisionado para España Nación Emprendedora en el gobierno español. Su labor ha sido fundamental en el desarrollo de la llamada «ley de start-ups» (Ley de Fomento del Ecosistema de las Empresas Emergentes), una iniciativa que ha impulsado significativamente el sector emprendedor en España y que está ayudando a atraer y retener talento nacional e internacional. Francisco combina su visión de largo plazo con el impacto social, la innovación con el progreso colectivo y su capacidad profesional con la determinación por lograr una sociedad más justa.

LinkedIn: <https://www.linkedin.com/in/franciscopolo/>.

Yaiza Canosa

Yaiza Canosa es una joven emprendedora que ha dejado huella en el mundo empresarial desde una edad temprana. A los 16 años de edad fundó su primera empresa, demostrando así una precoz visión para los negocios. Actualmente, a sus 31 años, es fundadora y CEO de GOI, un innovador operador logístico especializado en producto pesado que utiliza inteligencia artificial para conectar transportistas y usuarios. Bajo su liderazgo, GOI ha crecido hasta contar con más de quinientos empleados directos y unos mil doscientos transportistas indirectos. Además de GOI, Canosa también fundó Glue, una consultora tecnológica que también ofrece espacios de coworking. Su capacidad para identificar oportunidades de mercado y desarrollar soluciones tecnológicas innovadoras la ha posicionado como una de las emprendedoras más prometedoras de España, demostrando que la edad no es un factor relevante para un liderazgo fuerte y el éxito empresarial.

LinkedIn: <https://www.linkedin.com/in/yaizacanosa/>.

Claudia Tecglen

Claudia Tecglen es una inspiradora defensora de los derechos de las personas con discapacidad. Nacida prematuramente con parálisis cerebral y enfrentando desalentadores pronósticos médicos, Tecglen ha transformado la adversidad en propósito. Graduada en Psicología, su trayectoria profesional y personal la ha llevado a convertirse en un referente en el fomento de la inclusión y el respeto hacia la diversidad. Su labor ha sido reconocida con el Premio Fundación Princesa de Girona Social en 2022. Desde 2008, Tecglen preside la Asociación Convives con Espasticidad, y a finales de 2023 creó la Fundación Claudia Tecglen, desde donde trabaja incansablemente para mejorar la calidad de vida de las personas con discapacidad. Tecglen se ha destacado en el mundo de la consultoría y la comunicación, utilizando su voz y experiencia para educar y concienciar sobre la importancia de la inclusión. Su positivismo, humanidad y lucha constante la han convertido en un modelo a seguir para muchos, demostrando que la discapacidad no es un obstáculo para que una persona alcance sus metas, aporte a la sociedad y sea feliz.

LinkedIn: <https://www.linkedin.com/in/claudia-tecglen-ong/>.

Javier Rodríguez Zapatero

Javier Rodríguez Zapatero es un destacado ejecutivo y emprendedor en el ámbito digital. En su pasado, Javier fue el director general de Google para España y Portugal, posición desde la cual lideró la expansión de la compañía en esos mercados. Sin embargo, Rodríguez Zapatero decidió dar un giro a su carrera ejecutiva para embarcarse en un proyecto educativo innovador. Fundó el Instituto Superior para el Desarrollo de Internet (ISDI), la primera escuela de negocios nativa digital en España. Esta institución se ha convertido en un referente en la formación de profesionales para la era digital, combinando la experiencia práctica de Rodríguez Zapatero en el sector tecnológico con una visión educativa orientada a las necesidades del mercado actual. Su transición de ejecutivo de alto nivel a emprendedor educativo demuestra su compromiso con la formación de futuros líderes en el ecosistema digital.

LinkedIn: <https://www.linkedin.com/in/javierrodriguezza patero/>.

Ramón Torrelledó

Ramón Torrelledó es un distinguido director de orquesta y compositor español cuya carrera musical ha dejado una huella significativa tanto en el ámbito nacional como internacional. Nacido en el seno de una familia de músicos en Cantabria, Torrelledó mostró desde muy joven un talento excepcional que fue cultivado por su padre, el músico y compositor Nicolás Torre. A lo largo de su carrera, ha contado con la guía de maestros renombrados como Jesús López Cobos, Harold Farberman y Lucas Foss. Torrelledó ha dirigido orquestas de prestigio mundial, y ha ocupado puestos de responsabilidad en la Sinfónica de Moscú, la Orquesta Sinfónica Estatal Rusa, la Great Symphony Orchestra of Siberia-Omsk, la Filarmónica de Bucarest y la Sinfónica de la Ópera de El Cairo, entre otras orquestas. Creó el proyecto Beethoven Universal, empresa artística que lidera con la intención de atraer a las salas de conciertos a «todo el mundo», sabedor de que la industria de la gran música está lejos de alcanzar todo su potencial. Para ello, entre otras iniciativas del proyecto, dirige la Beethoven Symphony Orchestra presentando conciertos con música creada por los genuinos grandes genios de la música, siguiendo un formato de concierto único y revolucionario. Su compromiso con la música va más allá de las salas de conciertos tradicionales; ha llevado su arte a lugares inusuales, como los barracones del antiguo campo de exterminio de Auschwitz, cárceles y hospitales, demostrando así el poder transformador de la música. Además de su labor como director, Torrelledó es un prolífico compositor y un dedicado divulgador musical, ámbito este último en el que contribuye significativamente al desarrollo de nuevos talentos artísticos.

LinkedIn: <https://es.linkedin.com/in/ramón-torrelledó-47 3b61157>.

Jesús Sainz

Jesús Sainz es una figura emblemática en el mundo empresarial español con más de cinco décadas de experiencia. Licenciado en Derecho y en Administración de Empresas en ICADE (de la Universidad Pontificia Comillas), en 1969 inició su carrera en el sector público como técnico comercial y economista del Estado, donde llegó a ser director de la Oficina de Inversiones Extranjeras en el Ministerio de Comercio, y director de Cooperación Económica en el Instituto de Cooperación Iberoamericana hasta 1983. Uno de sus logros más notables fue su papel como consejero delegado (CEO) de la Sociedad Estatal para la EXPO de Sevilla 1992, habiendo conseguido la concesión de la dicha exposición por el Bureau International des Expositions (París) en 1982, compitiendo con Chicago. Su trayectoria internacional se consolidó como vicepresidente ejecutivo en Ogden Corporation, una corporación global con intereses en servicios aeroportuarios, energía y entretenimiento. Sainz ha liderado proyectos monumentales que han marcado hitos en la industria del entretenimiento, incluyendo Parque Isla Mágica, Parque Warner y, más recientemente, Puy du Fou, en Toledo. Su capacidad para enfrentar grandes desafíos con audacia y visión lo ha convertido en un referente en la gestión de proyectos de gran cnvergadura y en la adaptación a los cambios del mercado global.

LinkedIn: <https://es.linkedin.com/in/jesús-sainz-5564b9>.

Carmen García de Andrés

Carmen García de Andrés es una destacada ejecutiva que ha dejado huella tanto en el ámbito empresarial como en el social. Con una sólida formación en Administración y Dirección de Empresas, García de Andrés desarrolló una exitosa carrera en PricewaterhouseCoopers, donde llegó a ser socia hasta 2008. Sin embargo, su verdadero impacto se ha hecho sentir en el sector social, especialmente a través de su labor en la Fundación Tomillo. Bajo su liderazgo, esta organización ha impulsado numerosas iniciativas educativas y sociales, contribuyendo significativamente al desarrollo de comunidades desfavorecidas. García de Andrés ha ejercido como consejera independiente en diferentes consejos de administración, incluido el de Telefónica. Es conocida por su enfoque llamado *liderar desde dentro*, una filosofía que combina el coraje y la autenticidad para transformar la forma en que abordamos nuestras responsabilidades y nuestros desafíos diarios. Su trayectoria ejemplifica cómo se pueden aplicar las habilidades empresariales para generar un impacto social positivo y duradero.

LinkedIn: <https://es.linkedin.com/in/carmen-garcía-de-andrés-09719b9>.

Agustín Peralt

Agustín Peralt es un reconocido experto en productividad personal y gestión del tiempo, y su experiencia se ha forjado a través de su propia historia de reorientación profesional. Peralt ha desarrollado una metodología única para optimizar el tiempo y aumentar la eficiencia, especialmente en el nuevo escenario híbrido de trabajo que caracteriza el mundo pospandemia. Su enfoque se basa en una combinación de técnicas prácticas y perspectivas psicológicas, con el que ayuda a profesionales y organizaciones a adaptarse a los cambiantes entornos laborales. Peralt comparte regularmente sus conocimientos a través de conferencias, talleres y publicaciones, ofreciendo valiosos consejos para mejorar la productividad sin sacrificar el bienestar personal. Es autor de varios libros de liderazgo y productividad personal que merece la pena leer. Su capacidad para reinventarse profesionalmente y su éxito en ayudar a otros a hacer lo mismo lo han convertido en un referente en los campos del desarrollo profesional y de la gestión eficaz del tiempo.

LinkedIn: <https://www.linkedin.com/in/agustinperalt/>.

Claudio Fernández-Aráoz

Claudio Fernández-Aráoz es un reconocido experto global en talento y liderazgo, con una carrera que abarca más de tres décadas en Egon Zehnder, donde fue socio y fundó la práctica del *leadership advisory*. Su influencia en el mundo empresarial se extiende más allá de su trabajo de consultoría, y ha sido clasificado por *Bloomberg Businessweek* y la plataforma Thinkers50 como uno de los consultores y pensadores de talento más influyentes a nivel mundial. Fernández-Aráoz ha dejado una marca indeleble en el campo de la gestión del talento, y es autor de bestsellers y un conferenciante internacional muy solicitado. Su experiencia no se limita al ámbito corporativo; y ha sido reconocido como uno de los ejecutivos más importantes en Argentina durante la década de 2000. Actualmente, Fernández-Aráoz continúa su labor como *senior advisor* y *executive fellow* en la Harvard Business School, donde comparte su vasta experiencia y conocimientos con líderes emergentes y establecidos.

LinkedIn: <https://www.linkedin.com/in/claudio-fernandez-araoz/>.

Juan Arena

Juan Arena es una figura muy reconocida en el mundo empresarial y académico español. Su trayectoria profesional es sobresaliente, habiendo liderado Bankinter durante más de dos décadas, entidad en la que culminó como presidente. Arena destaca por su curiosidad intelectual insaciable, reflejada en su diversa formación académica, que incluye ingeniería, administración de empresas, psicología y antropología cultural. Su compromiso con la educación y la innovación le ha llevado a ser tanto alumno como profesor en la Harvard Business School. Arena ha demostrado su capacidad para influir en diversas organizaciones, tanto con como sin ánimo de lucro, en las que ha aplicado su vasta experiencia. Su enfoque del liderazgo, que combina perspectivas técnicas, empresariales y humanísticas, lo ha convertido en un

314 · Despierta al líder que llevas dentro

referente en la intersección entre negocios, educación e innovación. El gobierno de España le concedió en su día la Gran Cruz de la Orden del Mérito Civil por sus aportaciones al proyecto de la sociedad de la información.

LinkedIn: <https://www.linkedin.com/in/juan-arena-a826 5153/>.

Jessa de la Morena

Jessa de la Morena es un inspirador ejemplo de resiliencia y transformación personal. Ejecutiva de éxito, trabajó durante muchos años para Amadeus, y, tras superar un cáncer agresivo, canalizó su experiencia para fundar la plataforma U Are The Hero, dedicada a ofrecer apoyo a personas que enfrentan adversidades. También es fundadora de la consultoría Creating the Unimaginable, desde donde asesora a empresas como Amazon, Indra o Expedia en proyectos estratégicos transversales, usando el liderazgo como herramienta principal, además de su profundo conocimiento empresarial. Su trayectoria personal la ha convertido en una voz influyente en el ámbito del liderazgo transformacional. De la Morena es autora del libro *The great reconnection: the story of how the U Are The Hero app became a global movement*, en el que plasma sus reflexiones sobre cómo reconectar con uno mismo y con los demás tras experiencias vitales desafiantes. Actualmente, ejerce como profesora del MBA Internacional en la IE University, donde combina su experiencia personal con conocimientos académicos para formar a futuros líderes. Su personal enfoque, que integra la superación personal con el desarrollo profesional, la ha posicionado como una referente en el campo del crecimiento personal y del liderazgo consciente.

LinkedIn: <https://www.linkedin.com/in/jessadelamorena/>.

Enrique Linares

Enrique Linares es un emprendedor de éxito y figura clave en el ecosistema tecnológico español. Es cofundador y ex-CEO de Letgo, una de las primeras *start-ups* españolas en alcanzar el estatus de unicornio. Bajo su liderazgo, Letgo logró un crecimiento espectacular desde su lanzamiento en 2015, alcanzando más de cien millones de descargas en sus primeros cinco años y posicionándose como una de las apps de mayor crecimiento en Estados Unidos, en competencia directa con gigantes como eBay y Craigslist. Tras la venta de Letgo en 2020, Linares ha diversificado su carrera, combinando roles académicos, como consejero independiente en FAES Farma y actuando como inversor y mentor de *start-ups*. Su trayectoria ejemplifica la transición de un emprendedor exitoso hasta un liderazgo que busca un propósito más amplio, equilibrando su experiencia empresarial con una orientación más vocacional y mentora en el ecosistema emprendedor.
LinkedIn: <https://www.linkedin.com/in/enriquelinaresplaza/>.

Rodrigo Aguirre de Cárcer

Rodrigo Aguirre de Cárcer ha forjado una carrera única que combina el éxito en el mundo corporativo con una profunda dedicación al desarrollo personal y al bienestar. Tras una exitosa trayectoria en finanzas y consultoría, trabajando para firmas como Bain & Company, Goldman Sachs y Citigroup, y llegando a ser director general de eBay en España, Aguirre de Cárcer dio un giro radical a su carrera. Cofundó SocialBid, una plataforma innovadora de apoyo a ONG, antes de embarcarse en un viaje de autodescubrimiento y realización personal. Hoy, Aguirre de Cárcer se desempeña como *peace coach*, guiando a ejecutivos y políticos de alto nivel hacia una vida más plena y equilibrada. Como profesor en la IE Business School, comparte sus conocimientos sobre manejo del estrés, meditación y autoconciencia, combinando su experiencia empresarial con técnicas de desarrollo personal para formar a líderes más conscientes y efectivos.

LinkedIn: <https://www.linkedin.com/in/rodrigoaguirredecarcer/>.

Jackie Calleja y Abigail Núñez de Arenas

Jackie Calleja y Abigail Núñez de Arenas son los fundadores de Bmum, un innovador centro médico que ha revolucionado el enfoque de la atención médica en el ámbito de la ginecología, la obstetricia y la pediatría. Calleja, un distinguido especialista en ginecología y obstetricia, y Núñez de Arenas, una reconocida enfermera pediátrica y matrona, han combinado sus experiencias profesionales y personales para crear un modelo de atención que va más allá de lo asistencial. Bmum se caracteriza por ofrecer un cuidado integral que abarca el acompañamiento emocional y la confianza, aspectos especialmente críticos en los momentos más importantes para las familias. A pesar del crecimiento de Bmum, Calleja y Núñez de Arenas han logrado mantener la esencia de su visión original, priorizando siempre la calidad de la atención y el bienestar de sus pacientes. Su enfoque innovador y su compromiso con un cuidado más humano y cercano los han posicionado como referentes en la transformación de la atención médica maternoinfantil.

LinkedIn: <https://www.linkedin.com/in/jackie-calleja-9b095294/>.

LinkedIn: <https://www.linkedin.com/in/abigail-n%C3%BA%C3%B1ez-de-arenas-67665a242/>.

Carlos Barrabés

Carlos Barrabés es un empresario con un conocimiento profundo en innovación digital, y cuya trayectoria profesional es un testimonio del poder de la tecnología y la creatividad en el contexto empresarial. Comenzó transformando una pequeña tienda familiar en el Pirineo oscense en un negocio líder del mercado de deportes de montaña, demostrando una temprana visión para el potencial del comercio electrónico. Desde entonces, Barrabés ha ampliado su influencia más allá del sector deportivo, convirtiéndose en un asesor altamente valorado para instituciones y entidades globales de primer nivel, como, por ejemplo, el Banco Santander. Su capacidad para anticipar tendencias tecnológicas y su profundo entendimiento de la transformación digital lo han convertido en un referente internacional para empresas que buscan adaptarse y prosperar en la era digital. Barrabés combina su experiencia práctica como emprendedor con una visión estratégica del futuro digital, lo cual lo posiciona como un líder de pensamiento influyente en el ecosistema global de innovación.

LinkedIn: <https://www.linkedin.com/in/carlosbarrabes/>.

Ousman Umar

Ousman Umar es un emprendedor social y autor cuya historia personal de superación ha inspirado a muchos. Nacido en Ghana, Umar emigró a Europa a los 12 años de edad, enfrentando innumerables desafíos en su viaje: «Éramos 46 personas; sólo sobrevivimos seis», dice él mismo. Su experiencia lo llevó a fundar en 2012 NASCO Feeding Minds, una ONG dedicada a proporcionar oportunidades educativas y de desarrollo en Ghana. La misión de NASCO se basa en el principio de que la mejor manera de prevenir la migración forzada es ofrecer oportunidades de educación y progreso de alta calidad en los países de origen. Umar ha compartido su impactante historia en el libro *Viaje al país de los blancos*, publicado originalmente en España en 2019 y posteriormente traducido a varios idiomas (en inglés, *North to Paradise*). A través de su trabajo con NASCO y sus esfuerzos como autor y orador, Umar continúa abogando por la educación como herramienta de empoderamiento y cambio social, inspirando a otros a superar adversidades y contribuir positivamente a sus comunidades.

LinkedIn: <https://www.linkedin.com/in/ousman-umar/>.

Alejandro Abad

Alejandro Abad es un reconocido cantautor y productor musical cuya carrera ha dejado una huella indeleble en la industria musical de España y Latinoamérica. Nacido en Santiago de Chile, Abad ha desarrollado una carrera que refleja la rica fusión cultural entre su país natal y España. Vendió más de 33 millones de discos a escala mundial en los antiguos formatos (CD y vinilos), a lo cual se suman millones de descargas en las actuales plataformas en *streaming*; en total ha compuesto más de mil canciones. Abad ha trabajado con algunos de los artistas más importantes del mundo hispano, como David Bisbal, Paulina Rubio y Armando Manzanero, entre otros. Su talento ha sido reconocido con múltiples números uno en diferentes países y premios en el Festival de la OTI y en el Eurovision Song Contest, entre otros reconocimientos logrados. Además de su éxito como compositor y productor, Abad tuvo un papel fundamental en la creación del fenómeno de «Operación Triunfo». Su empresa, Garsa Music, es pionera en España en el modelo llamado *full rights management*, que integra la producción discográfica, la editorial y el management. Más allá de su carrera musical, Abad ha demostrado un fuerte compromiso con proyectos solidarios y la formación de nuevos talentos, siendo socio fundador de la Escuela Superior de las Artes Escénicas (ESART), en Barcelona. Su compromiso con la música y las personas, le ha llevado a escribir, componer y producir los himnos de grandes corporaciones, fundaciones y organizaciones, como Amazon, Toyota y Sanitas, además de los de más de cien medianas y grandes empresas, a través de su compañía Garsa Music.

LinkedIn: <https://www.linkedin.com/in/alejandroabadmusic/>.

José Luis Cordeiro

José Luis Cordeiro es un destacado futurólogo y uno de los expertos más reconocidos en transhumanismo. Su carrera se ha centrado en explorar cómo la tecnología puede trascender las limitaciones humanas, abordando temas como la superinteligencia, la superlongevidad y la superfelicidad. Con una formación académica que incluye estudios en instituciones de prestigio como el Instituto Tecnológico de Massachusetts (MIT), la Universidad de Georgetown y el INSEAD, Cordeiro ha ocupado roles clave en organizaciones como HumanityPlus y The Millennium Project. Su trabajo no se limita al ámbito académico; ha contribuido significativamente al debate público sobre cómo la tecnología puede expandir la vida humana, participando en medios internacionales como la BBC y la CNN, y como autor de libros de éxito, como *La muerte de la muerte*. Cordeiro combina su profundo conocimiento técnico con una visión optimista del futuro, y promueve la idea de que los avances tecnológicos pueden llevar a una mejora sustancial de la condición humana. Su enfoque interdisciplinario, que abarca desde la ingeniería hasta la filosofía, lo ha convertido en un pensador influyente en el campo de los estudios futuristas y la ética tecnológica.

LinkedIn: <https://www.linkedin.com/in/josecordeiro/>.

Iñaki Ereño

Iñaki Ereño es el actual CEO global de Bupa, una prestigiosa compañía internacional de salud con sede en el Reino Unido. Su trayectoria profesional es un testimonio de liderazgo y visión estratégica en el sector sanitario. Antes de asumir su rol actual, Ereño fue CEO de Sanitas, la destacada aseguradora de salud española, y posteriormente lideró el negocio de Bupa en Europa y Latinoamérica. Durante su gestión, fue responsable de la transformación digital de Sanitas y de la expansión internacional de los negocios de Bupa. Ereño también ha sido reconocido como uno de los emprendedores pioneros en internet. Su formación académica incluye una licenciatura en Derecho por ICADE (Universidad Pontificia Comillas), un MBA por IESE y un Programa Avanzado de Gestión por la Wharton School (Universidad de Pensilvania). Su experiencia previa incluye roles como director de marketing en Continente (Grupo Carrefour) y la fundación de la *start-up* online Netels.com en 1999. La carrera de Ereño ejemplifica la combinación de una sólida formación académica con una visión innovadora en el ámbito de la salud y la tecnología. LinkedIn: <https://www.linkedin.com/in/inakiereno/>.

Álvaro Ramos

El padre Álvaro Ramos personifica una notable transformación personal y profesional. Inicialmente, desarrolló una exitosa carrera como abogado y banquero de inversión, destacándose en firmas de prestigio y en el sector financiero. Su trayectoria incluyó posiciones en Bank of America y en el grupo inversor Azora, donde demostró su agudeza en los negocios y las finanzas. Sin embargo, Ramos experimentó un cambio radical en su vida cuando decidió abandonar su próspera carrera para ordenarse sacerdote. Esta decisión lo llevó a dedicar su vida a combatir la pobreza en Honduras a través del proyecto Asociación Colaboración y Esfuerzo (ACOES), una organización que se enfoca en promover la educación y el desarrollo integral en las comunidades hondureñas más desfavorecidas. Bajo el liderazgo del padre Ramos, ACOES ha logrado implementar programas educativos, de salud y de desarrollo comunitario que han impactado positivamente en la vida de miles de personas. Su transición de ejecutivo de alto nivel a sacerdote dedicado al servicio social ejemplifica un compromiso profundo con la justicia social y el desarrollo humano, utilizando sus habilidades y experiencia previa para abordar de manera efectiva los desafíos de la pobreza y la desigualdad.

LinkedIn: <https://www.linkedin.com/in/alvaro-ramos-197 8b1154/>.

Diego del Alcázar Benjumea

Diego del Alcázar Benjumea es el CEO de la IE University, institución universitaria española de renombre internacional. En su rol, Del Alcázar Benjumea lidera la misión de la universidad de fomentar el cambio positivo a través de la educación, la investigación y la innovación. Su visión ha sido fundamental para posicionar la IE University como un referente en educación superior a nivel global. Desde 2014, Del Alcázar forma parte del consejo de Headspring, una empresa conjunta creada por IE Business School y el Financial Times Group, dedicada a diseñar e implementar educación personalizada para empresas. Apasionado por el emprendimiento, es cofundador y miembro del consejo de South Summit, la principal conferencia de *start-ups* e innovación en Europa y Latinoamérica. En 2017 fue galardonado con la David Rockefeller Fellowship, en reconocimiento a su activo papel de liderazgo en asuntos cívicos y públicos. Previamente trabajó como consultor en Bain & Company y cofundó Step Up Capital, un vehículo para identificar, invertir y gestionar oportunidades de negocio. Del Alcázar Benjumea posee un MBA de la escuela de negocios INSEAD y una doble licenciatura en Derecho y Administración de Empresas por la Universidad Complutense de Madrid. Sus áreas de experiencia abarcan la educación, la innovación, el emprendimiento, el capital riesgo, la transformación digital, las humanidades y la gobernanza del cambio, lo que lo convierte en un líder versátil y visionario en el ámbito educativo y empresarial.

LinkedIn: <https://www.linkedin.com/in/diegodelalcazar benjumea/>.

Carmen Vidal

Carmen Vidal es una figura destacada en el campo de la tecnología y la innovación en España. Cofundadora de Paradigma Digital y Stratio, actualmente ocupa el cargo de presidenta de la Asociación de IA Generativa en España. Con más de una década de experiencia impulsando la transformación digital en empresas líderes, Vidal ha demostrado una habilidad excepcional para combinar su experiencia en *big data* e inteligencia artificial (IA) con una visión humanista de la tecnología. Su enfoque se distingue por la aplicación de estas tecnologías avanzadas en áreas cruciales como la medicina de precisión y la genómica. La perspectiva única de Vidal sobre cómo la IA puede enriquecer tanto a las organizaciones como a la sociedad en general la ha posicionado como una líder de pensamiento en la intersección de la tecnología y su impacto social. Su trabajo no sólo ha contribuido al avance tecnológico en el ámbito empresarial, sino que también ha abierto nuevas vías para la aplicación ética y beneficiosa de la IA en campos que influyen directamente en el bienestar humano.

LinkedIn: <https://www.linkedin.com/in/carmen-vidal-gil-bb682b7/>.

Francisco *Quico* Machín

Francisco *Quico* Machín es un destacado experto en inteligencia artificial (IA) y educación, y actualmente ejerce de jefe de IA en la IE University y profesor adjunto en la IE Business School. Su trayectoria profesional se distingue por una notable carrera en consultoría ligada a *business intelligence* e IA en Accenture, donde desarrolló una visión estratégica sobre la aplicación de datos y análisis para la toma de decisiones empresariales y académicas. La experiencia de Machín en el ámbito corporativo le ha proporcionado una perspectiva única sobre cómo integrar la tecnología en la estrategia empresarial, lo que se refleja en su enfoque educativo en la IE. Como líder en su campo, Machín es reconocido por su capacidad para traducir conceptos complejos de IA en aplicaciones prácticas y estratégicas, con lo cual contribuye significativamente a la formación de futuros líderes en la era digital. Su trabajo en la IE University no sólo impulsa la innovación en la enseñanza de IA, sino que también fomenta la comprensión de cómo estas tecnologías pueden transformar industrias y sociedades.

LinkedIn: <https://www.linkedin.com/in/francisco-luis-machin-aragones/>.

Alberto Benbunan

Alberto Benbunan es un emprendedor en serie de gran éxito en el ecosistema tecnológico español. En la última década, ha fundado, desarrollado y vendido seis empresas, cinco de ellas a compañías que cotizan en bolsa, demostrando así una extraordinaria habilidad para identificar oportunidades de mercado y escalar negocios. Benbunan fue uno de los primeros emprendedores de Endeavor en España, lo que subraya su papel clave en el desarrollo del ecosistema emprendedor del país. Actualmente mantiene un fuerte vínculo con Endeavor como uno de los mentores más solicitados para algunas de las *scale-ups* más prometedoras. Su compromiso con la educación y el *mentoring* se vio fortalecido por su participación en el prestigioso Eisenhower Fellowship, donde profundizó en el estudio del desarrollo del potencial humano a través de la tecnología. La dedicación de Benbunan a la formación de futuros emprendedores y su visión de cómo la tecnología puede capacitar y enriquecer a la sociedad lo han convertido en un referente no sólo en el ámbito empresarial, sino también en el desarrollo del talento y la innovación social.

LinkedIn: <https://www.linkedin.com/in/abenbunan/>.

Enric Benito

El doctor Enric Benito es un médico especialista en oncología médica y experto en cuidados paliativos, y su carrera ha dejado una huella significativa en el campo de la atención al final de la vida. Con más de 45 años de experiencia y autor de más de cien publicaciones, el doctor Benito es un precursor en la humanización de los cuidados paliativos. Aunque se jubiló oficialmente en 2015, continúa compartiendo su sabiduría sobre el «buen morir» a través de conferencias, cursos, entrevistas y libros. «El proceso de morir está bellamente organizado» es la frase que resume su filosofía, la cual refleja su enfoque compasivo y humano hacia el final de la vida. El doctor Benito es miembro activo del Consejo Asesor del proyecto «Al final de la vida» y autor del libro *El niño que se enfadó con la muerte*, que ofrece claves para entender y acompañar en el viaje definitivo. Su trabajo no sólo ha contribuido al avance médico en cuidados paliativos, sino que también ha fomentado un cambio cultural en la percepción de la muerte y el proceso de morir.

Ricardo Sunderland

Ricardo Sunderland es un destacado *coach* transformacional y socio de Egon Zehnder, una firma global de asesoría de liderazgo. Su misión profesional se centra en ayudar a líderes a conectar y gestionar su energía para convertirse en líderes más humanos y efectivos. Sunderland trabaja con altos ejecutivos, a quienes muestra cómo aportar coherencia a su liderazgo, desbloquear su pleno potencial y evolucionar hacia mejores versiones de sí mismos. Su experiencia incluye la colaboración con presidentes y comités de nominación responsables de sucesiones de CEO y altos directivos, así como el apoyo a CEO recién nombrados en sus procesos de transición e integración. Sunderland es autor del libro *The energy advantage*, en el que expone sus ideas sobre cómo los líderes pueden optimizar su energía para alcanzar un liderazgo más efectivo y sostenible. Su singular enfoque, que combina principios de psicología, neurociencia y prácticas de liderazgo, ha hecho de Sunderland un referente en el desarrollo de líderes capaces de afrontar los complejos desafíos del mundo empresarial moderno con empatía y resiliencia.

LinkedIn: <https://www.linkedin.com/in/ricardosunderland/>.

Carmen Giménez

Carmen Giménez es licenciada en Administración y Dirección de Empresas y en Ciencias Actuariales y Financieras por la Universidad Pontificia Comillas, e inició su carrera profesional en consultoría actuarial en una multinacional americana. Sin embargo, su vida dio un giro dramático en 2010 cuando fue víctima de una agresión de violencia machista que le causó la pérdida de movilidad en las piernas. Lejos de rendirse, Giménez transformó esta adversidad en una fuente de fortaleza y motivación. En 2018 enfrentó otra prueba personal con el nacimiento prematuro y posterior fallecimiento de su hijo Bruno, una experiencia que, en sus propias palabras, se convirtió en el núcleo de su energía y determinación. Estos eventos la llevaron a reorientar su vida hacia el deporte adaptado, específicamente el atletismo en silla de ruedas. La historia de Giménez es un testimonio poderoso de cómo el deporte puede ser un vehículo de superación personal y un medio para inspirar a otros a enfrentar adversidades con coraje y determinación.

LinkedIn: <https://www.linkedin.com/in/carmen-gimenez-abad-81397129/>.

Pablo d'Ors

Pablo d'Ors es sacerdote, escritor y ensayista español, y su labor ha dejado una marca significativa en la intersección entre la espiritualidad, la literatura y la cultura. Nieto del reconocido ensayista y crítico de arte Eugenio d'Ors, Pablo se formó en un ambiente cultural rico, y estudió Filosofía y Teología en Roma, Praga y Viena. Ordenado sacerdote en 1991, D'Ors ha combinado su vocación religiosa con una prolífica carrera literaria y una exploración de la espiritualidad contemplativa. En 2014, fundó la asociación Amigos del Desierto, dedicada a profundizar y difundir la dimensión contemplativa de la vida cristiana. Su nombramiento como consejero del Pontificio Consejo de la Cultura por el papa Francisco subraya su influencia en el diálogo entre fe y cultura. Como escritor, D'Ors ha publicado numerosas obras, siendo su *Trilogía del silencio* particularmente aclamada, especialmente *Biografía del silencio*, que se convirtió en un fenómeno editorial. Su trabajo literario, que abarca novelas, ensayos y textos espirituales, explora temas como la búsqueda interior, el silencio y la contemplación, ofreciendo una perspectiva única que combina espiritualidad, filosofía y literatura.

Agradecimientos

Este libro no habría sido posible sin la generosidad y sabiduría de todos los invitados a mi pódcast *Talent Pills*. Su franqueza, autenticidad y amistad han sido una fuente de inspiración y aprendizaje. Cada conversación ha sido un regalo que ha enriquecido no sólo estas páginas y a la audiencia del pódcast, sino también mi vida.

A mis socios y compañeros de Egon Zehnder, gracias por vuestro apoyo y por crear un entorno donde el crecimiento personal y profesional son siempre una prioridad, lo cual nos permite explorar y superar nuevos retos juntos.

Este libro es un testimonio de que el verdadero liderazgo nace de la colaboración, la humildad y el amor.

Bibliografía

1. Tu ser físico y mental

Ader, R., y Cohen, N., «Behaviorally conditioned immunosuppression», *Psychosomatic Medicine*, 37, 4 (1975), pp. 333-340.

Beck, A. T., *Cognitive therapy and the emotional disorders*, International Universities Press, Estados Unidos, 1976.

D'Ors, P., *Biografía del silencio: breve ensayo sobre meditación*, Siruela, Madrid, 2012.

Descartes, R., *Meditaciones metafísicas*, 2.ª ed., Alianza Editorial, Madrid, 2011.

Forcano, R., *La red de aprendizaje: diez años de transformación digital en BBVA*, ed. de autor, Madrid, 2022.

Hölzel, B. K., *et al.*, «Mindfulness practice leads to increases in regional brain gray matter density», *Psychiatry Research: Neuroimaging*, 191, 1 (2011), pp. 36-43.

Lowney, C., *El liderazgo al estilo de los jesuitas: las mejores prácticas de una compañía de 450 años que cambió el mundo*, Granica, Barcelona, 2005.

Sunderland, R., *The energy advantage: how to go from managing your time to mastering your energy*, HarperCollins Leadership, Estados Unidos, 2024.

Teresa de Jesús, santa, *Las moradas, o el castillo interior* [1577], Editorial Edaf, Madrid, 2014.

Walker, M. P., *Por qué dormimos: la nueva ciencia del sueño*, Capitán Swing, Madrid, 2019.

2. Tu mundo emocional

Ariely, D., *Predictably irrational: the hidden forces that shape our decisions*, HarperCollins, Estados Unidos, 2008.
—*Las ventajas del deseo: cómo sacar partido de la irracionalidad en nuestras relaciones personales y laborales*, Ariel, Barcelona, 2011.
Baron-Cohen, S., *Empatía cero: nueva teoría de la crueldad*, Alianza Editorial, Madrid, 2012.
Brackett, M. A., *Permiso para sentir: educación emocional para mayores y pequeños con el método RULER*, Diana, Barcelona, 2020.
Bradberry, T., y Greaves, J., *Inteligencia emocional 2.0: estrategias para conocer y aumentar su coeficiente*, CONECTA (Penguin Random House), Barcelona, 2019.
Brown, B., *Dare to lead: brave work, tough conversations, whole hearts*, Random House, Estados Unidos, 2018.
Collins, J., *Good to great: por qué algunas empresas dan el salto... y otras no*, Reverté Management, Barcelona y Ciudad de México, 2021.
Davidson, R. J., y Begley, S., *El perfil emocional de tu cerebro: claves para modificar nuestras actitudes y reacciones*, Destino, Barcelona, 2012.
Goleman, D., Boyatzis, R., y McKee, A., *Primal leadership: realizing the power of emotional intelligence*, Harvard Business School Press, Estados Unidos, 2002.
Gross, J. J., «Emotion regulation: current status and future prospects», *Psychological Inquiry*, 26, 1 (2015), pp. 1-26.
Hatfield, E., Cacioppo, J. T., y Rapson, R. L., «Emotional contagion», *Current Directions in Psychological Science*, 2, 3 (1993), pp. 96-99.
Tan, C.-M., *Busca en tu interior: mejora la productividad, la creatividad y la felicidad*, Zenith, Barcelona, 2012.

3. Fortalezas y valores

Brown, B., *Dare to lead: brave work, tough conversations, whole hearts*, Random House, Estados Unidos, 2018.

Buckingham, M., y Clifton, D. O., *Ahora, descubra sus fortalezas*, Gestión 2000, Barcelona, 2003.

Drucker, P. F., «Managing oneself», *Harvard Business Review*, 77, 2 (1999), pp. 64-74.

Grant, A., *Piénsalo otra vez: el poder de saber lo que no sabes*, Deusto, Barcelona, 2022.

Rath, T., *Descubre tus fortalezas: strengthsfinder 2.0*, Editorial Reverté, Barcelona, 2022.

Scott, K., *Franqueza radical: consigue lo que quieres diciendo lo que piensas*, Ediciones Península, Barcelona, 2024.

Seligman, M. E. P., *La vida que florece: una nueva concepción visionaria de la felicidad y el bienestar*, Ediciones B, Barcelona, 2011.

Stone, D., y Heen, S., *Thanks for the feedback: the science and art of receiving feedback well*, Viking, Estados Unidos, 2014.

Umar, O., *Viaje al país de los blancos*, Plaza & Janés, Barcelona, 2019.

4. Propósito

Alimujiang, A., et al., «Association between life purpose and mortality among U. S. adults older than 50 years», *JAMA Network Open*, 2, 5 (2019), p. e194270.

Chang, R., *Hard choices*, Oxford University Press, Inglaterra, 2017.

Damásio, A., *El error de Descartes: la emoción, la razón y el cerebro humano*, Destino, Barcelona, 2011.

George, B., *Discover your true north*, John Wiley & Sons, Estados Unidos, 2015.

Goleman, D., *Inteligencia emocional*, Kairós, Barcelona, 2006.

—*Focus: desarrollar la atención para alcanzar la excelencia*, Kairós, Barcelona, 2013.

Nadella, S., *Pulsa actualizar: la aventura de redescubrir el alma de Microsoft y concebir un mundo mejor para todos*, HarperCollins Ibérica, Madrid, 2017.

Rogers, C., *El proceso de convertirse en persona: mi técnica terapeútica*, Paidós, Barcelona, 2023.

Sinek, S., *Empieza con el porqué: cómo los grandes líderes motivan a actuar*, Empresa Activa, Barcelona, 2024.

6. Empatía y vulnerabilidad

Avolio, B. J., y Mhatre, K. H., «Advances in theory and research on authentic leadership», en Cameron, Kim S., y Spreitzer, Gretchen M. (eds.), *The Oxford handbook of positive organizational scholarship*, Oxford University Press, pp. 773-783, Estados Unidos, 2012.

Brown, B., *El poder de ser vulnerable: ¿qué te atreverías a hacer si el miedo no te paralizara?*, Urano, Barcelona, 2016.

Businessolver, «State of workplace empathy», Businessolver [web], Estados Unidos, 2019.

Center for Creative Leadership, «Empathy in the workplace: a tool for effective leadership», Center for Creative Leadership [web], Estados Unidos, 2018.

Edmondson, A., «Psychological safety and learning behavior in work teams», *Administrative Science Quarterly*, 44, 2 (1999), pp. 350-383.

Erice, J., *Atrévete: claves del cambio para una nueva vida*, Empresa Activa, Barcelona, 2013.

Goleman, D., *Inteligencia emocional*, Kairós, Barcelona, 2006.

Google, «Guide: understand team effectiveness», Google re:Work, 2015, <https://rework.withgoogle.com/en/guides/understanding-team-effectiveness>.

Hougaard, R., y Carter, J., *La mente del líder: cómo liderarte a ti mismo, a tu gente y a tu organización para obtener resultados extraordinarios*, Reverté Management, Barcelona, 2019.

Lieberman, M. D., *Social: why our brains are wired to connect*, Crown, Estados Unidos, 2013.

Machiavelli, N., *El Príncipe*, Ariel, Barcelona, 2013.

Ortega, A., *La antigua Roma: valores para el éxito empresarial*, Pearson Educación, Madrid, 2006.

Peters, T. J., y Waterman, R. H., *En busca de la excelencia: lecciones de las empresas mejor gestionadas de Estados Unidos*, Folio, Barcelona, 1984.

Rego, A., Cunha, M. P., y Simpson, A. V., «The perceived impact of leaders' humility on team effectiveness: an empirical study», *Journal of Business Ethics*, 148, 1, (2018), pp. 205-218.

Seppälä, E., y Cameron, K., «Proof that positive work cultures are more productive», *Harvard Business Review*, 2020, <https://hbr.org/2015/12/proof-that-positive-work-cultures-are-more-productive>.

Sun Tzu, *El arte de la guerra*, Delfos (Ediciones de Sabiduría Ancestral), Oviedo, 2023.

Welch, J., y Welch, S., *Winning (Ganar)*, Vergara, Barcelona, 2005.

7. Valentía y determinación: supera tus miedos

Ames, D. R., y Flynn, F. J., «What breaks a leader: the curvilinear relation between assertiveness and leadership», *Journal of Personality and Social Psychology*, 92, 2 (2007), pp. 307-324.

Bandura, A., *Self-efficacy: the exercise of control*, W. H. Freeman, Estados Unidos, 1997.

Center for Creative Leadership, «The courage of leadership: how to lead bravely in challenging times», Center for Creative Leadership [web], Estados Unidos, 2017.

Cuddy, A. J. C., Wilmuth, C. A., y Carney, D. R., «The benefit of power posing before a high-stakes social evaluation», documento de trabajo n.º 13-027, Harvard Business School, 2012.

Dweck, C. S., *Mindset: la actitud del éxito*, Sirio, Málaga, 2017.

Finkelstein, S., *Ejecutivos inteligentes: conozca sus errores y aprenda de ellos*, Granica, Barcelona, 2004.

George, B., *et al.*, «Discovering your authentic leadership», *Harvard Business Review*, 85, 2 (2007), pp. 129-138.

Goldsmith, M., *What got you here won't get you there: how successful people become even more successful*, Hyperion, Estados Unidos, 2007.

Grant, A., *Piénsalo otra vez: el poder de saber lo que no sabes*, Deusto, Barcelona, 2022.

Hillson, D., *Managing risk in projects*, Gower Publishing, Inglaterra, 2009.

Klein, G., *The power of intuition: how to use your gut feelings to make better decisions at work*, Currency Doubleday, Estados Unidos, 2007.

LeDoux, J., *Anxious: using the brain to understand and treat fear and anxiety*, Viking, Estados Unidos, 2015.

Long, W., *The upside of fear: how one man broke the cycle of prison, poverty, and addiction*, Greenleaf Book Group Press, Estados Unidos, 2009.

Martin, R. L., *The opposable mind: winning through integrative thinking*, Harvard Business Press, Estados Unidos, 2009.

Quinn, R. E., *Deep change: discovering the leader within*, Jossey-Bass, Estados Unidos, 1996.

Young, J. E., Klosko, J. S., y Weishaar, M. E., *Terapia de esquemas: guía práctica*, Desclée de Brouwer, Bilbao, 2013.

8. Conectando mentes y corazones

Casado, J., *Recuerdos y confesiones: de cincuenta años de pediatría*, Kailas Editorial, Madrid, 2022.

Egon Zehnder, «It's time to reimagine leadership», Egon Zehnder International [web], Suiza 2021.

Nadella, S., *Pulsa actualizar: la aventura de redescubrir el alma de Microsoft y concebir un mundo mejor para todos*, HarperCollins Ibérica, Madrid, 2017.

9. Construyendo puentes: *mentoring*, afinidad y colaboración

Aghina, W., *et al.* (McKinsey Agile Tribe), «The five trademarks of agile organizations», McKinsey & Company, 22 de enero de 2018, <https://www.mckinsey.com/capabilities/people-and-organizational-performance/our-insights/the-five-trademarks-of-agile-organizations>.

Center for Creative Leadership, «Creating a culture of learning», Center for Creative Leadership, Estados Unidos, 2018.

Cutter, C., «Companies start to think remote work isn't so great after all», *The Wall Street Journal*, 24 de julio de 2020.

Emelo, R., *Modern mentoring*, ATD Press, Estados Unidos, 2015.

Endeavor, «Endeavor Impact Report 2023», Endeavor Global, Inc. [web], Estados Unidos, 2023.

Gallup, «State of the American workplace», Gallup, Inc. [web], Estados Unidos, 2017.

Groysberg, B., Polzer, J. T., y Elfenbein, H. A., «Too many stars spoil the team», *Harvard Business Review*, 96, 1 (2018), pp. 98-107.

Lee, Y. N., «Taiwan's "chip diplomacy" aims to build EU tech ties», *Nikkei Asian Review*, 13 de septiembre de 2020.

Maxwell, J. C., *Mentoring 101: what every leader needs to know*, Thomas Nelson, Estados Unidos, 2008.

Noonan, L., «Goldman Sachs CEO says remote work "not ideal" for young staff or collaboration», *Financial Times*, 28 de febrero de 2023.

Zachary, L. J., *The mentor's guide: facilitating effective learning relationships*, 2.ª ed., Jossey-Bass, Estados Unidos, 2011.

11. Curiosidad

Bezos, J., «Carta de 2016 a los accionistas», Amazon.com, Inc. [web], 2017.

Dweck, C. S., *Mindset: la actitud del éxito*, Sirio, Málaga, 2017.

Edmondson, A. C., *La organización sin miedo*, Arpa Editores, Barcelona, 2024.

Fernández-Aráoz, C., *Great people decisions: why they matter so much, why they are so hard, and how you can master them*, Wiley, Estados Unidos, 2007.

—*It's not the how or the what but the who: succeed by surrounding yourself with the best*, Harvard Business Review Press, Estados Unidos, 2014.

Gino, F., *Rebel talent: why it pays to break the rules at work and in life*, Dey Street Books, Estados Unidos, 2018.

Goldsmith, M., *What got you here won't get you there: how successful people become even more successful*, Hyperion, Estados Unidos, 2007.

Goleman, D., *Liderazgo: el poder de la inteligencia emocional*, Ediciones B, Barcelona, 2013.

12. Innovación y pensamiento disruptivo en la era digital

Alcázar Benjumea, D. del, *La genética del tiempo*, Espasa, Barcelona, 2023.

Brown, S., *¡A jugar!: la forma más efectiva de desarrollar el cerebro, enriquecer la imaginación y alegrar el alma*, Urano, Barcelona, 2010.

Christensen, C. M., *El dilema de los innovadores*, 2.ª ed., Granica, Barcelona, 2022.

Cordeiro, J. L., y Wood, D., *La muerte de la muerte: la posibilidad científica de la inmortalidad física y su defensa moral*, Deusto, Barcelona, 2018.

Hamel, G., «The why, what, and how of management innovation», *Harvard Business Review*, 84, 2 (2006), pp. 72-84.

Kolb, D. A., *Experiential learning: experience as the source of learning and development*, Prentice-Hall, Estados Unidos, 1984.

Kurzweil, R., *The singularity is near: when humans transcend biology*, Viking, Estados Unidos, 2005.

—*La singularidad está más cerca*, Deusto, Barcelona, 2025.

Rodríguez Zapatero, J., *Por una España digital*, Deusto, Barcelona, 2020.

13. Resiliencia

Covey, S. R., *Los 7 hábitos de la gente altamente efectiva: la revolución ética en la vida cotidiana y en la empresa*, Paidós, Barcelona, 2015.

Crossan, M., Vera, D., y Nanjad, L., «Transcendent leadership: strategic leadership in dynamic environments», *The Leadership Quarterly*, 19 (2008), pp. 569-581.

Duckworth, A., *Grit: el poder de la pasión y la perseverancia*, Urano, Barcelona, 2016.

Egon Zehnder, «The Egon Zehnder potential model» Egon Zehnder International [web], Suiza, 2014.

Grant, A., *Piénsalo otra vez: el poder de saber lo que no sabes*, Deusto, Barcelona, 2022.

Kanter, R. M., *Confianza: cómo empiezan y terminan las rachas ganadoras y las rachas perdedoras*, Granica, Barcelona, 2006.

Kotter, J. P., *Leading change*, Harvard Business Review Press, Estados Unidos, 2012.

Luthans, F., *et al.*, «Positive psychological capital: measurement and relationship with performance and satisfaction», *Personnel Psychology*, 60, 3 (2007), pp. 541-572.

Mark, G., Gudith, D., y Klocke, U., «The cost of interrupted work: more speed and stress», Proceedings of the SIGCHI Conference on Human Factors in Computing Systems (abril de 2008), pp. 107-110.

Parkinson, C. N., «Parkinson's law», *The Economist*, 177 (1955), pp. 635-637.

Peralt, A., *Lidérate: método FASE - El método definitivo para ser más productivo*, Plataforma Editorial, Barcelona, 2020.

Quinn, R. E., *Beyond rational management: mastering the paradoxes and competing demands of high performance*, Jossey-Bass, Estados Unidos, 1988.

Schroeder, A., *La bola de nieve: Warren Buffett y el negocio de la vida*, Valor Editions, Barcelona, 2017.

Shamir, B., y Eilam, G., «What's your story? A life-stories approach to authentic leadership development», *The Leadership Quarterly*, 16, 3 (2005), pp. 395-417.

The American Institute of Stress, «Workplace stress», The American Institute of Stress [web], Estados Unidos, 2019.

14. Red de apoyo

Angelou, M., *Yo sé por qué canta el pájaro enjaulado*, Lumen, Barcelona, 1993.

Chetty, R., *et al.*, «Where is the land of opportunity? The geography of intergenerational mobility in the United States», *The Quarterly Journal of Economics*, 129, 4 (2014), pp. 1553-1623.

Christakis, N. A., y Fowler, J. H., *Conectados: el sorprendente poder de las redes sociales y cómo nos afectan*, Taurus, Madrid, 2010.

Fowler, J. H., y Christakis, N. A., «Dynamic spread of happiness in a large social network: longitudinal analysis over 20 years in the Framingham Heart Study», *The BMJ*, 337 (febrero de 2008), p. a2338.

Francisco, papa, *Fratelli tutti: on fraternity and social friendship*, Libreria Editrice Vaticana, Estado de la Ciudad del Vaticano, 2020.

Gottman, J. M., y Silver, N., *The seven principles for making marriage work: a practical guide from the country's foremost relationship expert*, Harmony Books, Estados Unidos, 2015.

Grant, A. M., *Dar y recibir*, Gestión 2000, Barcelona, 2014.

Kross, E., *et al.*, «Facebook use predicts declines in subjective well-being in young adults», *PLOS ONE*, 8, 8 (2013), p. e69841.

Primack, B. A., *et al.*, «Social media use and perceived social isolation among young adults in the U. S.», *American Journal of Preventive Medicine*, 53, 1 (2017), pp. 1-8.

Twenge, J. M., y Campbell, W. K., «Associations between screen time and lower psychological well-being among children and adolescents: evidence from a population-based study», *Preventive Medicine Reports*, 12 (2018), pp. 271-283.

Waldinger, R. J., y Schulz, M. S., «What's love got to do with it? Social functioning, perceived health, and daily happiness in married octogenarians», *Psychology and Aging*, 25, 2 (2010), pp. 422-431.

16. Cambiando de rumbo

Azoulay, P., *et al.*, «Age and high-growth entrepreneurship», *American Economic Review: Insights*, 2, 1 (2020), pp. 65-82.

Banco de España, «Envejecimiento y pensiones: situación, perspectivas y retos», Banco de España, Madrid, 2019.

Barker, V. L., y Mueller, G. C., «CEO characteristics and firm R&D spending», *Management Science*, 48, 6 (2002), pp. 782-801.

Bridges, W., *Transitions: making sense of life's changes*, Da Capo Press, Estados Unidos, 2004.

Bright, J. E. H., y Pryor, R. G. L., *The chaos theory of careers: a new perspective on working in the twenty-first century*, Routledge, Estados Unidos, 2011.

Eurostat, «Employment rate of older workers, age group 55-64», Comisión Europea, Luxemburgo, 2021.

Gowan, M. A., «Moving from job loss to career management: the past, present, and future of involuntary job loss research», *Human Resource Management Review*, 24, 3 (2014), pp. 258-270.

Granovetter, M. S., «The strength of weak ties», *American Journal of Sociology*, 78, 6 (1973), pp. 1360-1380.

Kross, E., y Ayduk, O., «Making meaning out of negative experiences by self-distancing», *Current Directions in Psychological Science*, 20, 3 (2011), pp. 187-191.

Kübler-Ross, E., *Sobre la muerte y los moribundos*, Movimiento Cultural Cristiano, Madrid, 2003.

LinkedIn, «Job-hopping report», LinkedIn [web], 2019.

—«Global recruiting trends», LinkedIn [web], 2020.

McAdams, D. P., «The psychology of life stories», *Review of General Psychology*, 5, 2, (2001), pp. 100-122.

Mercer, «Next stage: are you age-ready?», Mercer LLC [web], 2018.

Neff, K. D., y Germer, C. K., «A pilot study and randomized controlled trial of the mindful self-compassion program», *Journal of Clinical Psychology*, 69, 1 (2013), pp. 28-44.

OCDE, «Working better with age: ageing and employment policies», OECD Publishing, 2019.

Schein, E. H., *Career anchors: discovering your real values*, Jossey-Bass/Pfeiffer, Estados Unidos, 1990.

Oficina de Estadísticas Laborales de Estados Unidos (U. S. Bureau of Labor Statistics), «Number of jobs, labor market experience, and earnings growth: results from a national longitudinal survey», Departamento de Trabajo de Estados Unidos (U. S. Department of Labor), 2019.

Wanberg, C. R., *et al.*, «Age and reemployment success after job loss: an integrative model and meta-analysis», *Psychological Bulletin*, 142, 4 (2016), pp. 400-426.

17. Trascendencia

Benito, E., *El niño que se enfadó con la muerte*, Ediciones Obelisco, Barcelona, 2020.

Brach, T., *Aceptación radical: abrazando tu vida con el corazón de un buda*, Gaia, Móstoles (Madrid), 2014.

Church, M., *Love-based leadership: transform your life with meaning and abundance*, Balboa Press, Estados Unidos (2014).

Coelho, P., *El alquimista*, Planeta, Barcelona, 2008.

Jung, C. G., *La interpretación de la naturaleza y la psique: la sincronicidad como un principio de conexión acausal*, Paidós Ibérica, Barcelona, 1991.

Kornfield, J., *La sabiduría del corazón: una guía a las enseñanzas universales de la psicología budista*, La Liebre de Marzo, Barcelona, 2010.

Sunderland, R., *The energy advantage: how to go from managing your time to mastering your energy*, HarperCollins Leadership, Estados Unidos, 2024.